JN434031

개화기에서 일제강점기까지

# 일생의례의 문학적 표상과 그 변용

개화기에서 일제강점기까지

# 일생의례의 문학적 표상과 그 변용

펴낸이 _ 장 호 성
엮은곳 _ 동양학연구원
펴낸곳 _ 단국대학교출판부
등 록 _ 1968.2.27 : No. 제03-00095호
주 소 _ 경기도 용인시 수지구 죽전로 152번지
전 화 _ 031-8005-2405 팩 스 _ 031-8021-7154

2013년 9월 20일 초판 인쇄
2013년 9월 25일 초판 발행

인 쇄 _ 지댄피

[값 20,000원]

Published by Dankook University Press
© 단국대학교 동양학연구원, 2013
Printed in Korea

ISBN 978-89-7092-503-5 94810
ISBN 978-89-7092-374-1 (세 트)

이 저서는 2011년 정부(교육과학기술부)의 재원으로 한국연구재단의 지원을 받아 수행한 연구임. (KRF-2011-413-A00003)

동양학 학술총서 7

개화기에서 일제강점기까지

# 일생의례의 문학적 표상과 그 변용

단국대학교 동양학연구원 편

단국대학교출판부

# 발 간 사

'문화전통'이란 과거 문화유산의 정체성을 밝히는 데 초점을 둔 '전통문화'와는 그 의미를 달리한다. 문화전통은 전통문화를 지속적으로 향유하면서도 새로 유입된 외래문화를 주체적으로 수용하여 자기화하는 과정 속에서 형성되는 것이다.

오랜 역사를 거쳐 형성된 우리의 문화전통은 개화기 이후 서구의 충격과 동아시아 국제질서의 재편 과정에서 큰 혼란을 겪었고, 이어 일제강점기라는 민족적 시련에 의해 새로운 국면을 맞이하게 되었다. 특히 일제강점기 우리의 문화전통은 내적 발전의 역량이 억압된 채 점차 일방적 수용 및 왜곡의 향상으로 '변용'되었다. 그러나 그 가운데에서도 일부에서 우리의 문화전통을 지키고자 하는 노력은 계속되었다.

변화와 왜곡이 가장 극심했던 개화기에서 일제강점기까지의 한국 문화전통의 지속과 변용의 양상을 면밀하게 조사 · 연구하는 작업은 오늘날 우리 문화전통의 정체성과 지향점을 모색함에 있어 구체적인 정보를 제공할 수 있을 것이다. 한국의 개화기 민속 문화에 대한 연구는 극히 미흡하고, 일제강점기에 대한 연구 역시 해방과 함께 단절된 면이 있다는 점에서 이 시기 한국 사회 전반에 걸친 문화전통의 실상 파악은 매우 긴요하다.

본 연구원은 그동안 '동양학총서'를 간행하여 한국학 연구자들과 동양학 연구들의 연구에 실질적인 자료를 제공하여 왔다. 이번에 간행하는 『일생의례의 문학적 표상들과 그 변용』 역시 이러한 작업의 일환으로 이루어진 것이다. 본 연구서에서는 개화기에서 일제강점기를 거쳐 근대에 이르는 과정에서 전통문화의 하나인 일생의례가 문학예술의 영역에서 재현되는 양상과 담론화 과정, 그리고 그 문화적 의미의 변천을 추적하고 탐색하고자 하였다. 문학작품 속에 나타나는 일생의례에 대한 연구는 그동안 연구자들의 관심을 끌지 못한 주제인데, 축적된 연구 성과들을 하나의 책으로 엮어낸 것으로도 의의가 있다고 생각한다. 본 연구원의 연구 과제와 도서의 발간 취지에 공감하여 옥고를 건네주신 필자 여러분께도 진심으로 감사하다는 말을 남긴다.

본 연구서의 발간에 즈음하여 〈'개화기에서 일제강점기까지' 한국 문화전통의 지속과 변용〉의 공동연구원으로 과제를 이끌어 주신 최인학, 송재용, 신종한 교수에게 연구원을 대표하여 감사의 뜻을 밝힌다. 또한 연구과제의 수행을 위해 열성을 다해준 장두식, 김영순을 비롯한 연구교수와 이영주, 이미연 등 연구원에게도 감사의 마음을 전한다.

개화기에서 일제강점기까지 한국 문화전통의 지속과 변용 양상을 다각도로 조명하는 연구를 통해 관련 학문분야에 구체적인 기여를 할 수 있기를 기대하면서, 지원을 아끼지 않은 한국연구재단 관계자와 이 책의 출판을 맡아준 '단국대학교출판부'

관계자 여러분께도 감사의 마음을 드린다.

2013년 8월

단국대학교 동양학연구원장 서영수

개화기에서 일제강점기까지

# 일생의례의 문학적 표상과 그 변용

# 『일생의례의 문학적 표상과 그 변용』 연구의 방향과 의의

서 영 수*

이 책 『일생의례의 문학적 표상과 그 변용』은 개화기에서 일제강점기에 이르는 기간 동안 전통문화의 하나인 일생의례가 문학예술의 영역에서 재현되는 양상과 담론화 과정, 그리고 그 문화적 의미의 변천을 추적하고 탐색하는 일련의 연구 성과들을 한자리에 모은 것이다.

일반적으로 일생의례는 출생의례, 관례, 혼례, 상례, 제례 등 사람이 일생을 살아가면서 순차적으로 치르는 의례 전반을 말한다. 넓은 의미에서는 일생을 벗어난 출생 전과 사망 후에 행해지는 의례까지도 포함한다. 통상 일생의례에 대한 연구는 민속학의 과제로 취급된다. 보다 시야를 넓힌다면 인류학, 종교학, 사회학, 역사학, 심리학 등도 일생의례에 대한 연구를 수행한다. 일생의례가 인간 삶의 특정한 순간을 기념하고 상징화함으로써 질서를 부여하는 하나의 문화적 장치라는 점에서, 일생의례에 대한 연구가 인간의 삶을 다루는 여러 학문의 중심적 주제가 되는 것은 당연한 일이다.

반면 일생의례가 문학예술의 연구대상으로 다루어지는 경우는 매우 드문 편이다. 특히 근대문학의 영역에 한정하면 그러한

---

* 단국대학교 역사학과 교수.

사정은 더욱 심각하다. 문학이 문자언어의 영역으로 축소되기 이전에 아직 말과 글, 행위와 소리가 분리되지 않은 종합예술의 성격이 두드러지는 고전문학 연구 분야에서는 일생의례에 대한 관심과 연구가 지속적으로 나타나고 있다. 그러나 소리와 행위를 배제하고 또는 소리와 행위를 다룬 문학 분과(낭송, 연극 등)가 주변화되거나 이탈하는 현상이 나타나는 근대문학 연구에서 의례에 대한 실천적 관심은 자연스럽게 소멸되었다. 무엇보다 일정한 규칙에 따라 행해지는 절차와 행위의 집합인 의례의 실천적 특성과, 소리 및 행위와 분리되면서 등장한 근대문학의 문자중심주의적인 인식론적 성격은 서로 맞물리거나 호응하기 어려운 관계라는 점이 일상의례에 대한 문학연구가 미진한 한 가지 이유라고 할 것이다.

일생의례의 주제와 근대문학 연구가 만날 수 있는 방법이 전혀 없지는 않다. 근대문학, 예컨대 소설문학이 인간 삶의 중요한 국면인 일생의례의 모습들을 사실적으로 재현하고 있다면 그것은 일생의례에 대한 문학적 연구를 위해선 더할 나위 없이 좋은 사례일 것이다. 그러나 문제는 그러한 재현의 사례가 매우 희소하다는 점이다. 일상적 삶의 다양한 모습, 사회적 풍속과 문물, 정치적 사건과 역사적 풍경 등 인간 삶의 거의 모든 국면을 담아낸 근대 리얼리즘 소설들 가운데 일생의례의 특정한 국면에 초점을 맞추고 그것의 재현에 힘쓴 작품을 만나기는 매우 어렵다. 아마도 민속적 전통의 충실한 재현을 목표로 한 민족지적 서사문학의 전형이라고 할 수 있는 최명희의 『혼불』이 일생의례의 문학적 연구라는 우리의 관심에 적극적으로 부합하는 거의 유일한 작품일 것이다.[1)] 물론 『혼불』 외에도 민속적 삶을 복원하고 재현하는 데 관심과 의도를 둔 작품이 적지 않다. 그러나 민속적 삶에서 취할 수 있는 제재들이 워낙 방만한 데다 일생의례 자체에 주목한 경우는 찾기 어렵다. 더욱 곤혹스러운 점은 설령 그러한 사례를 발견하더라도 시나 소설에 나타난 혼례, 상례, 제례 등이 민속적인 제제 그 자체로 어떤 특별한 의미를 지니지는 않는다는 점이다. 소설에서 전통혼례의 과정을 충실히 그려낸다고 하더라도 그러한 충실한 재현 자체에서 특별한 문학성을 적극 도출하기란 어렵다. 예컨대 소설에 나타난 혼례의 의미는 인물들이 겪는 사건 진행의 한 과정일 것이며, 서사의 의미론적 맥락에 따라 혼례의 상징성이 결정될 것이다. 작가가 민속적인 제재로써 혼례를 작품 속에 부단히 삽입하고 특정한 문학적 장치로 사용하지 않는 이상 문학작품에서 만날 수 있는 다양한 일상의례들은 민속적인 제재나 풍경의 핍진한 묘사 이상의 의미를 획득하기 어렵다.

문학작품에 나타난 일생의례에 대한 연구에서 민속적 의미 탐구와 문학적 의미 탐구가 서로 중첩되고 포개어지는 이상적인 조우를 이끌어내는 과정에는 이처럼 여러 난맥들이 존재한다.[2] 그러나 이러한 난점들에도 불구하고 일생의례에 대한 문

1) 이외에도 채만식의 『탁류』, 홍명희의 『임꺽정』, 백석의 시편들 등 전통적 삶의 양식 또는 민속적 삶의 세계를 복원하고 형상화하는 데에 상당한 노력을 기울인 작품들이 적지 않다. 특히 근대 이전 전통적인 생활세계를 사실적으로 그려내는 리얼리즘적 장편소설들의 경우, 일차적으로 우리의 관심에 부합한다고 할 수 있다. 그러나 이들 경우에도 일생의례에 각별한 관심과 의미를 부여한 예는 역시 찾아보기 어렵다.

2) 덧붙이자면 민속적 제제로서의 일생의례와는 별개로 서사문학에서는 통과의례, 입사소설, 성장소설 또는 교양소설 등의 서사적 모티프와

학적 논의가 활성화되어야 하는 필요성에 관심을 가져야 한다. 문학작품에 나타난 일생의례의 여러 재현적 양상들은 일생의례라는 사회적 삶의 장치에 투영된 탄생과 죽음(출생의례, 상례, 제례), 사랑과 욕망(혼례), 성장과 노화(관례, 회갑례) 등 인간 삶의 본질적 요소와 국면에 대한 가치관의 공존과 대립, 이해관계의 화해와 갈등의 모습들을 드러낸다. 민속학이 다루는 일생의례가 기본적으로 사실로서의 그것이라면, 문학연구의 대상으로서 일생의례는 일종의 가치재로서의 성격을 지닌다. 달리 말해 실제 대상으로서의 상례가 아닌, '상례'라는 이데올로기적 교직물에 관심을 갖는 것이다. 즉 재현된 '상례'를 통해 개인 · 집단 · 사회 · 시대 등 여러 층위에서 생명과 죽음에 대한 인식과 이해를 살펴볼 수 있는 것이다. 사실 이러한 방식의 연구는 사회학, 종교학, 심리학 등 다른 학문연구의 영역과 일정 부분 겹치기도 하는데, 이 점은 최근 문학연구 분야에서 풍속연구 또는 문화연구로 불리는 연구경향이 각광받으면서 일생의례에 대한 논의가 다소간 부상한 것과 무관하지 않다고 할 수 있다.[3] 풍속연구 또는 문화연구란 문학 및 비문학 텍스트를 사회문화적 담론의 그물망 속에서 재조명하는 방법론으로, 텍스트의 내재적 의미를 외재적 맥락에서 재정위한다는 점에서 어느 정도 사회학적 논의를 닮은 것이라고 할 수 있다. 물론 사회학과 달리 재현된 텍스트만을 대상으로 한다는 점, 달리 말해 역사적 사실

양식에 대한 고찰을 통해 자아가 사회로 편입되는 주체화 과정의 의례적 성격을 연구해오고 있다.

3) 이 책에 실린 김주리, 김윤정, 장두식, 박경선 등의 논문이 이러한 연구 경향을 대변한다.

이나 사회적 현상보다는 텍스트에 얽힌 이데올로기적 관계에 주목한다는 것이 차이점이라고 할 것이다.

물론 일생의례가 담론적 대상이 아닌, 시대적 변화에 매우 민감하고 상황에 따라 절차와 의미 등 변화의 편차가 심한 제도이자 규범이라는 사실을 망각해서는 곤란할 것이다.[4] 다른 전통문화도 마찬가지지만, 일생의례는 다른 어느 시기보다 개화기에서 일제강점기에 이르는 식민지 근대화의 과정 동안 급격한 변화의 양상을 보였다. 일제의 강압적인 식민정책에 의해 많은 수의 전통의례들이 말살되었고, 서구문물의 유입 등 근대화의 물결 속에 퇴색되어버린 것들도 적지 않다. 그러나 이러한 급박한 변화 과정에 놓인 일생의례의 문학적 재현을 통해 개개인의 삶에서 지속적으로 보존하려는 전통문화의 가치관과 전근대적 사회질서에서 벗어나려는 근대문화의 가치관이 충돌하고 대립하는 양상을 분명하게 찾아볼 수 있는 예도 드물 것이다. 개화기에서 일제강점기까지 일생의례의 문학적 표상과 그 변용 과정을 고찰해야 하는 필요성이 바로 여기에 있다.

이 책에 실린 논문들은 무엇보다 이데올로기적 교직물로서의 '일생의례'의 양상에 관심을 두고 '일생의례'의 문학적 재현을 통해 나타나는 문화적 충돌과 가치관의 대립, 사회적 권력 간의 투쟁 등 담론적 의미망이 형성되고 재편되는 과정을 분석하고 있다. 부족하나마 여기에 실린 논문들의 핵심을 간단히 요약하면 다음과 같다.

앞서 언급했듯이, 통과의례(the rite of passage)는 서사문학

---

4) 예컨대 일제강점기에 단발령이 시행되면서 관례가 소멸한 것을 그러한 예로 들 수 있다.

연구의 독립적인 주제 가운데 하나다. 민속학의 범주로 환원하자면 통과의례는 일생의례의 하위주제로 포함된다. 인류학자들에 의해 시작된 통과의례에 대한 연구는 서사문학의 영역으로 옮겨오면서 독립적인 이론적 범주로 정착되었다. 서사문학에서 통과의례는 그 자체로 특정한 소설유형을 가리키는 용어이며, 좁게는 하나의 모티프를 의미하기도 한다.

송준호의 「현대소설의 통과제의 구조(1)」은 이니시에이션의 서사구조를 이론적 모델로 삼아 한국 현대소설의 구조를 해명하고자 하는 시론적인 성격의 글이다. 통과제의의 과정이 한국 근대소설의 서사구조를 포괄적으로 설명할 수 있는 보편적인 특성을 지닐 수 있다는 점을 검토하고 있는데, 통과제의가 서사구조로 변환될 때 신화적 혹은 상징적 장치들이 결합되어 문학성을 획득한다는 점을 밝혀내고 있다.

통과의례 소설(입사소설, Initiation Story)은 성장소설의 범위와 거의 일치한다. 교양소설(Bildungsroman), 형성소설(Novel of Fomation), 입사소설(Initiation novel), 보존소설(Perservation novel), 발전소설(Entwicklungsroman) 등은 각 나라마다 상이한 미학적 전통에서 생겨난 동의어들로 그 내포와 외연이 다르지 않다. 통과의례가 그런 것처럼, 성장소설은 서사문학의 독립적인 주제이자 비평적 범주이다. 이에 대한 이미 상당한 성과가 축적되어 있는데, 허병식의 「교양소설과 주체확립의 동력학」은 가족사 연대기소설로 분류되던 김남천의 『대하』를 교양소설의 측면에서 다시 읽으며, 교양소설의 범주를 "근대성의 상징적 형식"[상징적 의례]으로 거론한다. 『대하』의 주인공 '형걸'이 식민지 조선의 사회적 · 정치적 제약과 대결하며 겪게 되는 성장의 고투를 분석하면서 성장의 근대적 성격과 그 형식을 드러내고 있다.

김주리, 김윤정, 박경선, 장두식의 논문은 출산, 결혼 등과 관련된 일생의례의 문학적 표상들에 얽혀있는 상이한 담론들의 양상을 드러내며 그 이데올로기적 성격을 밝히고 있다. 김주리의 「식민지 시대 소설 속 출산 서사의 의미」는 식민지 시대 소설들에서 출산이 서사화되는 방식에 주목한다. 김주리에 따르면 "식민지 근대 조선 사회에서 여성의 출산은 위생과 의료 담론의 개입, 가부장적 남성 담론의 부과, 제국과 민족 담론의 중첩 속에서 파악"되며, 이러한 담론들의 억압으로 인해 "'생명을 위한 출산'이 아니라 '사회를 위한 출산'이라는 형태로 집약된다"고 본다.

김윤정의 「1920년대 신여성의 '사랑'과 근대적 결혼 제도의 함수관계」는 1920년대 신여성들을 둘러싼 주요 문제들이 남성과의 권력 관계의 산물이라기보다는 사회 제도 및 시대 전체와 관련되어 있다는 점에 주목한다. 이 논문은 "나혜석, 김명순, 김일엽 등 당대 신여성들을 대표하는 이들의 언술 활동 및 사회적 실천들을 텍스트로 삼아 이들의 행위가 당대에서 지녔던 사상적 · 제도적 함의를 고찰"하며 이를 통해 "여성을 둘러싼 이데올로기 및 제도의 관계망들"을 분석한다.

장두식의 「근대적 결혼제도 정착과정과 소설의 관련 양상 연구」는 근대적 결혼 제도가 정착하는 과정에 서사텍스트가 끼친 영향을 살펴보는 논의이다. 이 논문의 기본 관점은 사회적 제도나 환경의 변화가 상부구조로서의 문화의 형성과 변화에 영향을 주는 토대적 동인이라는 시각과는 달리 그 반대의 측면, 즉 문학작품 등의 문화적 상부구조가 당대 사회상의 변화를 추동한다는 입장을 취하고 있다. 요컨대 근대적인 신식문물의 일종으로서 근대적 결혼제도가 식민지 사회에 정착하기 위해서는 결혼에 대한 전통적인 사고방식이 근대적인 형태로 먼저 전환되어야 하는데, 이러한 역할을 적극적으로 담당한 것이 자유연애와 근대적 결혼에 관한 사상을 담은 근대소설이라는 것이다. 이 논문은 근대적 결혼 제도의 정착에 필요한 사회적 합의의 형성에 근대소설이 일익이 담당했다는 점을 구체적인 작품분석을 통해 보여주고 있다.

박경선의 「『삼천리』에 나타난 1930년대의 결혼관」은 1930년대 대중잡지인 『삼천리』에 나타난 결혼에 대한 사회적 관념들을 두루 살펴보고 있다. 이 글은 1930년대 근대적인 자유연애 결혼에 대한 사회적 합의 및 동의가 형성되었다는 점을 포착하며, 그것이 전통적 가족제도의 변화라는 사회적 조건과 맞물려 나타난다고 주장한다. 또한 이민족과의 결혼에 대한 사회적 합의의 변화를 확인하며 내선결혼 등 일제의 식민주의 담론이 이러한 사회적 관념의 형성에 영향을 끼쳤다고 본다.

신종한과 장두식의 「근대문학 속에 나타난 상례」는 이광수 소설을 대상으로 작품 속에 나타나는 장례의식을 통해 상례의 지속과 변용 양상을 살펴보고 있다. 주지하다시피 이광수는 근대 문물의 수용을 적극 주장한 반봉건주의자이자 계몽주의자였다. 따라서 이광수 소설 속에 나타난 장례의식을 다루는 것은 그 자체로 논쟁점을 시사한다. 이 글은 과거와의 단절을 강조한 반전통주의자의 소설 속에 나타난 장례의식이 역설적으로 당대의 상례문화의 실상을 우회적으로 드러내는 지점을 찾아볼 수 있다고 전제하며, 이러한 관점에 입각하여 살펴본 결과 당대 사회의 일반적인 상례가 유교식 장례의식이며 기독교식 상례는 상대적으로 확대되어 가는 추세였다고 진단한다. 요컨대 이광수 소설을 통해 일제강점기 상례의 급격한 변화 양상의 단초를 발견할 수 있는 것이다.

권오현의 「한국현대소설에 나타난 한국인의 생사관(生死觀) 연구」는 소설 속에서 한국의 장례의식이 어떻게 형상화되고 있는가와 형상화된 장례의식 속에서 추출된 한국인의 생사관을 고찰하고 있다. 한국인의 장례의식은 유교식 상례를 기본으로 하여 무속신앙과 불교식 상례 그리고 기독교식 상례가 혼재하고 있다고 보고 있다. 그리고 장례의식은 죽은 자의 정체성뿐만 아니라 산 자의 정체성을 언급하고 있고, 죽은 자의 이동이자 산자의 통과의례이고, 장례의식을 통하여 산자의 사회적 교제의 장으로 활용되고 있다고 말한다. 이 논문은 개화기부터 1990년대에 이르는 한국소설 전반을 대상으로 소설 속에 나타난 장례의식을 고찰한 방대한 논의라는 점에서 의미를 지닌다.

김영순의 「한일 근대 창작 동화 속에 투영된 일생의례의 특징」은 한국과 일본의 동화에 나타난 통과의례의 양상을 대조하는 비교문학 연구이다. 1920년대 초 한국과 일본의 아동문예잡지에 실린 두 편의 동화에서 통과의례에 관한 동일한 모티프와 발상이 발견된다는 점에 착안하여 그러한 공통점들이 생겨난 이유를 심리학적 이론과 사회문화사적 관점에서 해명하고 있다.

『일생의례의 문학적 표상과 그 변용』은 단국대학교 동양학연구원이 2005년부터 한국연구재단의 지원을 받아 중점연구소 과제로 수행해온 〈'개화기에서 일제강점기까지' 한국 문화전통의 지속과 변용〉의 3단계 연구의 결과물이다. 총괄과제인 〈'개화기에서 일제강점기까지' 한국 문화전통의 지속과 변용〉은 우리 문화전통의 정체성과 지향점을 모색하기 위한 연구로, 변화와 왜곡이 극심했던 개화기에서 일제강점기까지 한국 문화전통이 어떻게 지속되고 변용되었는지 그 양상을 조사하고 탐색하는 작업이다. 이 책은 이러한 총괄과제의 3단계 세부과제의 하나로, 개화기에서 일제강점기를 거쳐 근대에 이르는 동안 우리 민족의 일생의례가 어떠한 지속과 변용의 과정을 거치며 이어져왔는지를 문화적 표상의 영역에서 살펴보는 연구이다. 아무쪼록 여기에 실린 논의들이 민속학과 현대문학의 접점을 살펴보는 연구 영역의 초석을 마련하여 학제 간 연구의 가능성을 열고 관련 학문분야에 기여할 수 있기를 바란다.

# 식민지 시대 소설 속 출산서사의 의미*

김 주 리**

## 1. 서 론

이효석의 「계절」은 주의자 활동에서 이탈한 남성 '건'과 연인의 배신으로 방황하다 카페 여급으로 전락한 여인 '보배'가 낙태한 아이의 사체를 버리는 의논을 하는 장면으로 출발한다. "천당에 못갈 바에야 공동변소에라도 버릴까?"라는 아버지 건에게 어머니 보배는 "이왕이면 맑은 물 위에 띄워 주세요."[1]라고 부탁하는데, 건은 이 말에서 "그것이 두 사람의 사랑의 귀찮은 선물일망정－아직 생명을 이루지 못한 핏덩이에 지나지는 못할망정－몇 달 동안 배를 아프게 한 그것에 대하여 역시 어머니로서의 애정이 흘러 있음을 본"다. 사산된 태아를 쓰레기로 보는 남성과 달리, 육체의 타격을 받으며 분만한 여성은 태아를 '생명'으로 보며 자신의 행위에 죄의식을 느낀다. 임신과 출산(또는 낙태)을 둘러싸고 남성과 여성이 상이한 육체 경험과 인식 차이를 나타내며 이로부터 운명의 차이까지 나타내는 것이다.

---

* 이 논문은 김주리, 「식민지 시대 소설 속 출산 서사의 의미」(『현대소설연구』 44집, 한국현대소설학회, 2010)을 재수록한 것이다.

** 한밭대학교 교양학부 교수.

1) 이효석, 「계절」, 『이효석전집』 1, 창미사, 1988, p.315.

> 「가슴이 아파요.」 / 「설상가상으로.」
> 「상할 대로 상하라지요. 반갑지 않은 인생!」 …〈중략〉…
> 검은 보는 쉽사리 물 속에 젖어버려 다음 순간에는 보의 위치와 모양조차 사라져 버렸다. 슬픔도 두려움도 양심도 죄악의 의식도-아무 감정도 없다. 목석같이 무감정한 마음을 건은 의아하게 여겼다. 발을 돌릴 때에 마음은 한결 시원하였다. 몸이 자유로와진 것 같고 걸음이 가쁜하였다.[2)]

낙태를 통해 보배는 하혈과 복통뿐 아니라 각혈까지 동반한 심각한 육체 훼손을 겪고 죄의식을 느끼며 처절하게 전락한다. "상할 대로 상하라지요. 반갑지 않은 인생!"이라는 그녀의 말은 고통과 죄의식, 낙태와 전락을 연결하며 운명의 체념과 패배의식을 보여준다. 반면 남성 건은 낙태-분만에 대해 "슬픔도 두려움도 양심도 죄악의 의식도-아무 감정도" 갖지 않으며 오히려 무위의 생활에서 벗어나 사명을 향해 탈출하는 기회로 간주한다. 남성과 여성이 동거, 임신, 낙태를 같이하지만 그로 인한 죄의식이나 고통은 여성에게만 주어지며 남성은 낙태를 통해 오히려 자유를 얻고 신념을 향해 상승하는 것이다. 임신, 출산, 낙태의 경험이 이처럼 상이한 서사를 가능케 하는 이유는 무엇인가. 출산이란 근대 소설에서 어떤 의미로 나타나며 어떻게 서사화하는가. 출산을 둘러싸고 여성/남성, 기혼/미혼, 삶/죽음, 환희/고통, 성장/전락 등의 지점에서 특정한 서사를 가능케 하는 동인은 무엇인가.

출산이란 한 여성의 일생 가운데 (강제 혹은 합의에 의한) 성

---

2) 위의 책, pp.317-318.

관계에서 비롯한 임신, 태교, (낙태 혹은 출생의) 분만과 산후 조리를 포함한 일련의 과정이다.[3] 특정 사회에서 출산은 풍속과 관습, 문화적 산물로서 남녀(부모)간 역할 배분 및 사회 전반의 운용체계 등과 밀접한 관련을 갖는다.[4] 근대 소설 속 출산서사에 대한 연구는 대개 모성 표상과 관련해 출산과 양육에 개입하는 남성－국가 담론의 허위와 이로부터 빚어지는 헌신적 모성 표상의 허구성을 비판하는 연구와, 이에 대한 대안으로 원초적 모성과 여성작가의 글쓰기가 가진 의미를 부각하는 연구로 이루어진다.[5] 이러한 연구에서는 출산과 양육을 동일한 모

---

3) 조선시대에 출산과정은 부인이 아이를 갖도록 기원하는 일, 아기를 갖게 되는 잉태, 임신부가 아기를 낳기 이전까지 하게 되는 태교, 아이를 낳는 출산과 태의 처리, 임산부의 몸조리 그리고 아이의 돌까지를 통틀어 말한다. 주영하, 「조선왕실의 출산풍속: 아들 기원에서 돌잔치까지」, 『조선 왕실의 출산문화』, 한국학중앙연구원장서각 편, 이회, 2005, p.18.

4) 카트린 롤레·마리 프랑스 모렐, 『출산과 육아의 풍속사』, 나은주 역, 도서출판 사람과 사람, 2002, p.10.

5) 출산 서사 자체에 대한 연구는 부재하며 모성 표상과 관련하여 다음과 같은 연구를 들 수 있다. 먼저 남성 담론이 개입한 헌신적 모성의 허구성에 대한 분석으로는 서강여성문학연구회, 『한국문학과 모성성』, 태학사, 1998; 서정자, 『한국근대 여성소설연구』, 국학자료원, 1999; 김택호, 「이태준 장편소설 연구」, 명지대 박사학위논문, 2003; 김연숙, 「식민지 근대 소설에 나타난 모성담론 연구」, 『어문연구』 32, 2004; 전정연, 「식민지 시대 여성성장소설 연구」, 숙명여대 박사학위논문, 2005; 허윤, 「1930년대 여성장편소설의 모성담론 연구」, 이화여대 석사학위논문, 2006; 이상경, 「일제말기의 여성동원과 군국의 어머니」, 『페미니즘 연구』 2, 2002; 신영희, 「식민지 조선에서의 징병제와 군국 모성」, 『대동문화연구』 59, 2007 등이 있다. 원초적 모성에 대한 분석으로는 심진경, 「최정희 문학의 여성성」, 『한국근대문학연구』 7, 2006; 졸고, 「비체화한 모성의 우울증과 육친애」, 『비평문학』 44, 2008; 하신애, 「최정희 문학의 모성주체 연구」, 연세대 석

성 담론의 틀 내에서 고찰하기에 임신과 출산이라는 여성의 몸 경험이 가진 의미나 가치에 대해 상세히 고찰하지 못한다.[6] 출산이 여성의 삶에서 특정한 순간으로 정착되며 강렬한 고통을 환기하는 동시에 특정하게 의례화한 과정이란 점에서 볼 때, 출산 서사에 대해 모성 표상의 관점과 분리해 고찰할 필요가 제기된다. 일반적으로 여성은 출산 의례를 통해 성장 또는 전락하는 것으로 간주된다. 임신과 출산은 한 여성에게 고통의 경험일 수도, 환희의 경험일 수도 있으며 개인적 사건일 수도, 사회적 사건일 수도 있다. 임신한 여성은 자신의 몸을 더럽거나 고귀하거나 나약하거나 건강하거나, 기괴하거나 정상적이라고 간주하는 사회의 담론에 의해 지배되며 이에 따라 자신의 몸을 자신에 속한 것이거나 태아, 가족, 민족, 국가에 속한 어떤 것으로 간주하게 된다.[7] 본고는 '낳는 주체'의 몸 경험과 그 의미에 초점을 맞추어 식민지 시대 소설 속 출산 서사를 분석할 것이다.

---

사학위논문, 2009 등이 있다.

6) 여성 서사를 '몸의 서사'라는 관점에서 분석하고 그 일부로 출산을 문제 삼는 연구로 김미현, 「한국근대 여성 소설의 페미니스트 시학: 여성적 글쓰기를 중심으로」, 이화여대 박사학위논문, 1995가 있다.

7) 손승아, 「첫 어머니됨의 체험 연구」, 서울대 박사학위논문, 2000에 따르면 오늘날 우리 사회에서 출산이란 어머니가 참 자아를 찾아가는 정체성 재확립의 체험, 창조적 존재로서의 여성이라는 자긍심과 완성감을 느끼며 여성성의 극대화를 경험하는 체험, 성숙한 인간됨을 느끼게 하는 체험, 관계맺음의 재인식을 통해 사회적 조직망을 재구축하는 계기 체험으로 존재한다고 한다.

## 2. 의료화한 출산과 마비된 육체

임신과 출산은 근대 사회에서 급격하게 의료화된 분야이다.[8) ] 안전하게 낳기 위한 의료 기술이 개입하면서 출산은 태어나는 생명의 관점에서 재편되며 낳는 주체의 감정이나 의지를 무시하는 형태를 나타낸다. 월경이나 임신, 분만과 낙태 같은 몸의 문제는 근대 의학에 의해 질병화하거나 부도덕한 욕망과 결부된다.[9)] 의사들은 의학 지식 외에 도덕적으로도 우월한 태도를 보이며 임신과 낙태 등에 있어 환자의 도덕성을 판단한다.[10)] 1930년대에는 산부인과 의사들이 신문과 잡지를 통해 성교나 임신, 출산 등 여성의 몸을 둘러싼 지식을 보급하기 시작한다. 가령 『신여성』에서는 1931년부터 1933년까지 '실익기사' '임부독본' '산부독본' '안산교과서' 등으로 산부인과 의사 윤태권의 글을 싣고 있다. 이들 글에서 여성의 몸은 난소, 나팔관, 자궁, 질, 외음부, 음모, 젖과 같은 이름으로 해부되며 가시화된다. 근대 의료 권력은 생명의 탄생을 "남자의생식세포와여자의생식

8) 18세기말 유럽에서 정상적인 분만은 산파가 맡았고 아기의 위치나 태반이 비정상적인 경우 등은 겸자나 지렛대를 사용하는 의사가 담당했다. 이 도구들은 의사의 절대적인 권위를 상징하는 것이기도 했다. 아드리엔느 리치, 『더이상 어머니는 없다』, 김인성 역, 평민사, 1995, p.202.

9) 근대 사회에서 몸에 대한 자연주의적 관점은 출산하는 여성의 몸에 주목함으로써 여성을 사회, 정신, 이성의 대극점에 있는 자연적이고 육체적인 존재로 여기게 만들었다. 크리스 쉴링, 『몸의 사회학』, 임인숙 역, 나남출판, 1999, p.72.

10) 이경희, 「'과학 페미니즘'으로 본 생의(生醫)윤리」, 『사회이론』, 2003년 가을/겨울호, pp.91-92 참고.

세포가결합되야 특유의세포가성립되는것"[11]이라고 간주하고 "해산이라는 것은 태아와그에부속물로 탯줄모래주머니 등이자연한힘으로 자궁에서나와서 전혀 그모체하고는 관계가떠러지는것"[12]이라고 설명하며 임신하고 출산하는 여성의 몸을 질병처럼 다루고 있다.

> 그러하다고임신한부인을 임신하지안은부인과갓치 생활을하면 나종에큰해를보십니다. 조고마한불위생 혹은부주의로써 큰 병을맨들거나 또는태아의근강을해하는일이만습니다. …〈중략〉… 간단히말삼하면 임신중에잇는부인은 근강체와병체의중간에잇는것입니다. 그럼으로정신상으로나 혹은 육체상으로나결코심한운동 혹은 무리되는일은아못조록 피하심이졷습니다.[13]

위 글에서 필자는 임신한 부인을 '건강체와 병체의 중간에 있는' 존재로 설명한다. 임신한 여성은 병자와 마찬가지로 조그마한 부주의나 비위생도 용납 받지 못한다고 간주되는데, 이에 따라 여성의 몸은 의료 권력의 주의 깊은 관찰과 조절 대상으로 자리한다. 의사들은 임신한 여성의 몸을 질병체로 바라보며 강건한 자식을 낳기 위한 섭생법을 강요한다. 출산에 있어 근대 의학은 낳는 육체의 고통에 공명하기보다는 태아의 건강을 중시하며 노동인구의 증가라는 근대 자본주의의 기획에 포섭된다. 19세기 이후 마취가 도입된 것은 출산의 고통이라는 여성

---

11) 윤태권, 「임신독본 : 수태와 태아의 발육」, 『신여성』, 1932. 4, p.69.
12) 윤태권, 「산부독본 : 아기가나오는절차」, 『신여성』, 1932. 10, p.66.
13) 윤태권, 「임산부인독본 : 운동과 위생」, 『신여성』, 1933. 4, p.100.

육체의 문제를 일종의 질병 상태로 받아들이고 건강한 아이의 탄생을 위해 낳는 육체를 마취시켜 수동화, 기계화함으로써 고통을 해결하려는 인식과 관련된다. 이에 따라 분만실은 수술실이 되고 출산은 의사가 주인공인 드라마가 된다.[14)]

채만식의 『탁류』에서 초봉의 임신과 출산은 소설의 전반부(군산)와 후반부(서울)를 가로지르는 핵심적인 사건이다. 초봉은 아버지가 누구인지 알 수 없는 '모듬쇠 자식' 송희의 임신과 낙태 시도, 출산을 겪으면서 이전의 연약함을 버리고 강한 어머니로 재탄생한다. 초봉의 출산에는 그녀가 낙태를 시도한 순간부터 근대 의료 지식과 권력이 적극적으로 개입한다. 그녀가 낙태를 시도하는 것부터가 미약한 의료지식, "제중당에 석달 잇섯든 빈약한경험과 막연한 상식의 힘으로 『xx.xxx』즉 『xxx』이라는 약을 알어내기에"[15)] 가능한 것으로 그려지며, 제호가 불러낸 산부인과 의사 S는 초봉-제호의 비도덕적 관계를 비판하며 초봉의 몸과 마음을 꿰뚫어본다. 초봉의 출산에는 제호의 남성-가부장적 담론, 즉 낙태라는 수단까지 써 가며 태어날 생명을 죽이는 것은 죄라는 관념과, S로 대변되는 일부일처제의 도덕성 및 의료 권력의 육체 투영과 관리, 조절 행위가 개입한다. 출산은 자신의 의사를 제대로 표현하지 못하는 초봉의 소극성, 무의지성을 극대화하는 장면으로, 근대 의료 권력에 의해 마취된 채 어머니로 만들어지는 형태로 제시된다.

배를 눌러 터트린다든지 몽둥이로 팬다든지 어데를 잡어 찟는

14) 아드리엔느 리치, 앞의 책, p.207 참고.
15) 채만식, 『탁류』, 우한용 해설주석, 서울대출판부, 1995, p.344.

> 다든지 하더래도 가령 배가 터지면 터젓지 한번 터진 담에는 오히려 아품이 덜리고 후련할텐데 이건 쭌득히 눌르는채 조금도 느꾸지안코 끗업시 계속이되니 견델 수가업섯다. …〈중략〉… S는 할수업시 『스코포라민』주사를 산모에게 노하주엇다. 효과만은 신속하여, 초봉이는 바루마취가되고 수얼하게 해산 이되엇다.[16]

S의 산실에서 그의 주도하에 이루어지는 초봉의 출산은 '디리 조지는 무서운 고통'이 '조금도 느꾸지 않고 끝없이 계속되는' '분명한 난산'으로 그려진다. 초봉은 자신의 육체에서 고통만을 맛보며 태어나는 생명에 대해서도 "네가 나오는 예가 어덴줄을 안다면, 너는 탯줄을 훌트려잡고 매달리면서 나는 실허요 라고 울며 발버둥을 치리라 마는……"이라며 후회와 걱정을 표출할 뿐이다. 즉 출산 순간 그녀는 고통과 걱정, 불안에 몸부림칠 뿐 스스로의 운명이나 태어날 생명에 대해 어떤 자각이나 주체성도 갖지 못한다. '분명한 난산'은 의료 권력에 의해 '스코포라민 주사'를 놓아 '마취'시킴으로써 출산하도록 하는 결정을 내리게 한다. '바로 마취가 되고 수월하게 해산이' 되는 상황에서 그녀의 육체는 물체처럼 굳어지고, 의식은 상실된다. 마취를 통해 의사의 손이 고통을 없애고 아이를 선사할 때, 그녀 스스로 시행착오를 겪으며 발견해야 할 아이에 대한 책임감이나 사랑은 "경이를 띈 반가움이 기다리고 있었던 것처럼 아낌없이 솟아"오르는 것, 본능적으로 존재하는 모성애라는 신화로 전환되고 만다. 낙태까지 시도했던 그녀의 의사결정권은 의사와 약제사의 논리로 박탈되고, 그들의 손에 육체의 조절권까지 넘기고 마취

16) 위의 책, pp.357-358.

된 채 출산함으로써 이후 그녀의 모성애에는 주체적인 의지가 없으며 오로지 폭력에 가까운 히스테리, '편벽된 모성'만 존재하게 된다.17)

산부인과 산실에서 입원한 상태로 이루어진 초봉의 출산(수술)과 달리, 이태준의 『성모』에서 주인공 안순모의 임신, 출산은 친정어머니, 하숙집노파, 여성-산파의 경험과 참여, (의사를 대신하는 산파의 행위에 의한) 의료 권력의 통제가 어우러진 모습을 나타낸다. 순모는 근대 의료 지식에 대해 절대적인 신뢰를 보이며 임신 진단부터 태교, 출산에 이르기까지 철저하게 '학리적인 지식'을 따진다. 근대 의료 지식은 임신한 여성의 육체와 정신에 작용하며 '안산'과 '태교'를 정형화한다. 순모는 어머니로서의 태도와 마음가짐을 책을 통해 배우며, 책은 하나의 확정된 지식으로서 태교와 모체와 모성애를 공고화한다. "임신이란 것은 부인이 태라는 신기로운 조물주의 공장에서 사람이라는 영묘한 물건을 빚으면서 있는 것을 가리킴입니다.", "너는 내 몸의 일부분이로다. 내 뼈의 뼈, 내 살의 살이로다."18)와 같이 과학화되고 문학화된 담론들이 임신한 그녀의 몸을 관통할 때, 그녀는 개인적인 욕망을 거세하고 태아를 위해 헌신, 희생하는 어머니로서 기계화한다.

새 바가지와 새 곡물들을 가지고 출산에 맞춰 찾아온 친정어머니의 민속적 경험과 친절한 보살핌은 마음의 안정을 주지만,

---

17) 초봉의 본능적 모성이 가진 의미에 대해서는 졸고, 「채만식의 『탁류』에 나타난 여성 폭력과 히스테리의 의미」, 『현대소설연구』 35, 2007. 참고.

18) 이태준, 『성모』, 이태준 전집, 서음출판사, 1988, p.268.

순모는 어머니의 정성을 고맙게 받으면서도 근대 의료 지식만을 신뢰하는 자세에서 벗어나지 못한다. 어머니가 가져온 새 바가지, 돼지고기 등의 속신을 수용하는 동시에 그는 "학리적이 아닌 경험은 그대로 안심하고 믿을 수가 없"[19]다는 이유로 출산 과정에 의사나 산파의 참여를 고집한다. 이에 따라 하숙집 노파에게 소개받은, "전에 제중원에 있던" 산파가 순모의 출산에서 가장 능동적인 역할을 하게 된다. 이때 여성-산파는 전통적인 방식으로 아이를 받는 중년 여성으로 그려지기보다 의사처럼 왕진도구를 들고 다니며 마취주사나 영양주사를 놓는 간호사의 성격이 강하게 그려진다. 산파는 순모의 임신기간부터 의사처럼 그녀의 육체를 통제하며 '진찰'한다.

> 어머니는 산파만 쳐다보았다. 산파는 어느덧 주사침에 약을 넣어가지고 산모의 팔을 두어 군데나 찔렀다.
> 「얘가 아니…… 정신을 잃어선…. … 이거 어떡해?」
> 「괜찮습니다…… 산모가 너무 원기가 부족해 그러니 가만둬요. 좀 쉬게……」
> 하고 산파는 역시 그리 덤비지는 않았다. …〈중략〉…
> 「힘…… 써라…… 써……」/하는 바람에 두주먹을 돌멩이처럼 웅그려 쥐고 그야말로 기를 써 한번 바르르 떨었다. 그리고는 다시 정신을 잃어버리고 말았다.
> 「산모나 살려주…….」/「……」
> 그제는 산파도 손이 제대로 놀지를 못하였다. 주인할머니는 부리나케 부엌으로 나가 밥을 짓고 삼신께 빌 양으로 솥에 불을 넣었다.[20]

---

19) 위의 책, p.301.

순모의 출산에서 산파는 허둥대며 불안해하는 어머니와 달리 침착함을 잃지 않으며 긴 진통으로 자주 정신을 잃는 산모에게 영양제를 주사하거나 아이가 나오기에 적합한 자세를 알려주며 적극적으로 개입한다. 반면 어머니는 딸의 고통 앞에서 말을 잃거나 산파에게 매달리며 딸의 목숨을 구걸한다. 산파의 지식이 어머니의 경험을 능가할 때 순모의 출산 서사는 근대 의료 권력의 일방적 승리로 끝나는 듯하다. 그러나 순모의 출산서사는 근대 의료 권력의 개입이라는 측면 못지않게 출산 경험을 가진 세 여성(하숙집 노파, 친정어머니, 산파)이 각자의 방식으로 조력함으로써 난산 초산부의 성공적인 출산을 가능케 한다는 점을 부각하고 있다. 경험에 입각한 나이든 여성의 유머와 지혜가 출산에 개입한다는 점에서 다른 서사의 가능성을 보여주는 것이다. 그들은 출산을 처음 경험하는 순모가 '얼마나 아플까'를 궁금해 하는 질문에 웃음으로 자신들의 경험을 공유하며 불안을 누그러뜨리거나 그녀의 다가올 아픔에 강한 공감을 보임으로써 위로한다. 출산에서 산파는 근대 의료 지식 부분을 담당하며 어머니는 육친애로서 정신적인 도움을 주고 하숙집 노파는 삼신께 축원한다는 민속적인 측면에서 관여하는 것이다.

근대 의료 권력과 친정어머니의 보살핌, 삼신에의 의탁이라는 민속적 측면까지, 식민지 시기 출산을 둘러싼 다양한 의례를 보여주는 순모의 출산은 그러나 낳은 주체로서의 각성까지는 그리지 못한다. 출산의 순간 순모는 '정신을 잃어버리고' 말며, 길고 힘든 고통은 그녀에게 출산의 순간에 있어 육체를 어떻게

---

20) 위의 책, pp.308-309.

다루고 고통을 어떻게 해소해야 하는지에 대한 결정권을 앗아 가고 있다. 그리하여 순모는 육체의 고통에 의해서 어머니가 되는 것이 아니라 남성 의료담론이 만들어낸 태교와 안산에 관한 책에 의해서, 의료 권력이 명시하는 모성애 담론에 의해서 어머니로 탄생한다. 출산 순간 친정어머니의 보살핌과 하숙집 노파의 민속적 연대가 가진 의미를 중시하지 못하고 산파의 기술, 산파의 도구들에만 의존하고 있기에 그녀의 출산은 환희를 가져오는 낙관적인 경험이라기보다 도덕적 순결과 성장을 위해 넘어야 하는 시련처럼 형상화되는 것이다.

## 3. 처벌로서의 출산과 육체의 고통

1933년 『신여성』지에서는 〈성문제를 중심으로 한 제1회 부인과 의사 좌담회〉를 개최한다. 이 좌담회가 다루는 대상은 여성의 몸으로, 처녀성, 강간, 임신, 낙태와 같은 주제가 거론된다. 좌담을 주최한 편집자가 처음 던지는 질문부터가 "의학상으로 處女와非處女를 어떠케구별합니까."라는 것은 이 좌담회가 과학을 빙자해 임신, 출산, 성교와 같은 행위를 흥밋거리로 가시화하는 것임을 보여준다.

> 김 : 저－오줌이라든가 피를가지고 감별한다고 그러지안습니까
> 윤 : 네 피를가지고는 구별할 수가 잇습니다. 남자의情蟲의 담백질은 특이한것인데 그反應이 女子의 血液中에잇스면 處女가 아니라고 하는것입니다. 그러나 아직은 學說뿐이요. 실험을 하야가지고 결정적으로 말할수는업는것입니다.[21)]

좌담에 참여한 산부인과 의사들은 여성의 몸을 둘러싼 여러 이야기를 들려준다. 그들은 과학적인 담론과 남성적인 담론을 교묘하게 섞어가며 여성의 몸을 가시화하고 대상화한다. 생명을 탄생시키는 여성의 몸이 가진 특성이나 가치에 대해 논의하지 않은 채 그들의 수다는 처녀성, 불감증, 자독, 강간, 피임, 낙태 등과 같은 주제로 이어지는데, 이는 좌담에 참가한 산부인과 의사들이 여성의 몸에 대한 근대 의료 권력을 대변하는 동시에 남성적인 목소리를 대변하는 존재이기도 하다는 점과 결부된다. 여성의 처녀성을 의학적으로 구별할 수 없다고 말하면서도 혈액 감별법과 같은 가설을 이야기하는가 하면 처녀성이란 육체보다 정신으로 결정된다고 이야기하거나 남성의 감정에 입각한 것이라고 이야기하는 식으로 여성의 몸을 둘러싼 남성의 시선과 감정에 절대권을 부여한다. 이렇게 남성중심의 시선과 도덕성이 여성의 몸을 지배해 갈 때 출산은 여성의 부도덕성을 반영하는 사건으로 간주되며 죄의식이 발현되는 고통스러운 순간으로 나타난다.

식민지 시대 소설에서 여성의 출산은 문턱의 시공간으로 작용하며, 출산 이전과 이후의 삶을 본질적으로 다른 것인 양 구분 짓는 서사가 구현된다. 채만식의 『탁류』에서 마취에서 깨어난 초봉이 아이의 울음소리를 들으며 갑작스레 강한 모성애를 느끼고 완전히 다른 존재로 변신하는 것처럼, 특히 식민지 시대 남성 서사에서 여성의 출산은 그녀의 여성적 매력과 결부된 부도덕성을 거세하고 근대 가부장제가 요구하는 헌신적 모성애의

21) 「성문제를 중심으로 한 제1회 부인과의사 좌담회」, 『신여성』, 1933. 7, pp.17-18.

구현자로 전신하는 계기로 나타난다. 이를 위해서 여성의 출산은 무엇보다 큰 고통을 겪는 순간으로 집약된다. 남성 서사에서 간통한 여성(『흙』의 정선)이나 강간당한 여성(『탁류』의 초봉), 미혼모(『성모』의 순모)들은 아이를 낳기까지 엄청난 고통을 겪는데, 그 고통은 아이나 남편에 대한 그녀의 죄의식과 결부되며 형벌로서 구현된다. 『성모』에서 이태준은 전반부와 후반부를 가르는 핵심적 사건으로 순모의 출산을 배치하고 있다. 출산을 통해 순모는 육체적 결벽성에 집착하는 여학생에서 벗어나 성숙하고 강인한 어머니로 거듭난다. 사생아를 낳고 기르기는 부끄럽다는 생각과 어린아이에 대한 사랑 사이에서 고민하던 그녀에게 임신 진단을 위한 병원행은 "무죄거나 사형이거나 그 둘 중에 하나로 판결을 받을 중대한 죄수가 법정에 들어서는 것과 같"[22]이 생각된다. 즉 그는 임신을 유죄(사형)판결처럼 바라보며 부도덕한 행위(동거)에 대한 형벌로 이해한다. 순모의 죄의식은 임신 기간 내내 지속되어, "경솔한 결혼의 벌로서 어떤 병신 아이가 나올지도 모를 일이었다. 그렇게 생각하면 왜 그런지 어디고 병신인 아이가 나 올 것만 같았다."[23]는 공포를 가져온다. 임신을 '경솔한 결혼의 벌' 로 간주하고 아이를 자신의 죄과를 받는 대상으로 바라보는 사고는 출산의 순간 최대의 고통을 겪지 않으면 죄가 사라지지 않고 병신을 낳을 수밖에 없다는 믿음으로 나타난다. 따라서 순모의 난산은 부도덕에 대한 처벌처럼 진행된다.

이러한 『성모』의 시각은 나혜석과 같은 당대 신여성의 출산

22) 이태준, 앞의 책, p.245.
23) 위의 책, p.248.

기에서 유사하게 드러나는 점에서 볼 때, 근대 남성 가부장제 사회 속에서 보편화된 사고로 정착되어 있음을 알 수 있다. 나혜석은 「모된 감상기」에서 임신에서부터 출산에 이르기까지 경험한 번뇌와 공포를 자세히 형상화한다. “그러나 落心일다, 失望일다 내 뱃속에 잇는 것은 普通은 苦辭하고 不具者이다, 病身일다. 뱃속에서 뛰노는 것은 지랄을 하는 것이오 나흐면 미친 짓하고 돌다아닐 것이 眼前에 암암하다. 이것은 全혀 내 罪이다.”[24]라는 고백은 임신한 여성이 아이 대신 ‘자아’를 먼저 생각하는 일을 죄악으로 바라보고 헌신적인 모성으로만 존재하도록 하는 남성 가부장제의 담론이 신여성의 내면에 투영됨을 보여준다. 이와 함께 출산은 무엇보다 고통으로 기억되며 슬프고 원통한 순간으로 기록된다.

> 압흐데 압하 / 참 압하요 眞情 / 果然 압흐데 / 푹푹 쑤신다 할가 / 씨리씨리타 할가 / 딱딱 결린다 할가 / 쿡쿡 찔는다 할가 / 따끔따끔 꼬집는다 할가 / 찌르르 저리다 할가 / 깜작깜 작 따겁다 할가 / 이러케 압흐다나 할가 / 아니라 이도 아니라 / 박박 뼈를 극는 듯 / 짝짝 살을 찢는 듯 / 밧작밧작 힘줄을 옥이는 듯 / 쪽쪽 피주을 뽑아내는 듯 / 살금살금 살점을 점이 는 듯 / 五臟이 뒤집혀 쏘다니는 듯 / 독기로 머리를 바스는 듯 … 〈중략〉 … 어머님 나 죽겟소, / 여보 그대 나 살려주오 / 내 甚히 哀乞하니 / 엽헤 팔장 끼고 섯든 夫君 / 「참으시오」하는 말 에 / 이놈아 듯기 실타 / 내 악 쓰고 痛哭하니 / 이 내 몸 어이 타가 / 이다지 되엇든고[25]

---

24) 나혜석, 「모된 감상기」, 서정자 편, 『원본 정월 라혜석 전집』, 국학자료원, 2001, p.392.

출산 순간 여성은 자신의 고통을 이성적인 언어로 말하지 못한다. 출산은 한 번도 경험한 적이 없기에 서럽고 원통할 따름으로, 생명의 탄생에서 오는 기쁨이나 거룩함도 아니고 어머니가 되는 순간 당연히 존재한다고 가정되는 모성애와도 무관한, 미지의 고통과 한계의 자각을 동반한 울분으로 환기되는 것이다. 출산 순간 여성은 고통과 공포 앞에 울며 신음하고 남편에게 살려 달라고 애걸한다. 하지만 그에게서 돌아오는 것은 '참으시오'란 요구로, 여성은 자신의 고통을 누구와도 나누지 못한 채 침묵하게 되는 것이다. 그녀의 고통은 생명을 위한 희생, 대가로 치환되거나 자신의 도덕적 과오에 대한 처벌-보상으로 치환된다. 이렇게 출산하는 여성의 육체가 희생, 처벌로 서사화할 때, 출산은 여성의 경험이 아니라 남성의 담론으로 채워지게 된다.

이광수의 『흙』에서 정선은 외도를 근거로 이혼을 요구하는 남편에게 충격 받고 철도 자살을 꾀하다 다리를 절단하고 그 소문이 퍼져 친정과 친구들에게 의절당한 끝에 최종적으로 갑진의 아이까지 출산한다. 임신은 부도덕의 증거로 제출되며 출산은 다리병신이 된 몸으로 어떤 남성에게도 유혹적인 자질을 발휘하지 못한 채 남편의 동정심에 기대 살아가는 비참한 상태에서 처절한 고통을 겪는 순간으로 집약된다. 정선의 임신과 출산은 부도덕에 대한 고발을 통해 그녀의 의식적 개선과 성장을 유도하는 시련이기에 "기차에 치이고 다리를 잘라도 뱃속에 든 생명의 씨는 떨어지지를 아니하고 자라고 있었다."[26] 정선은

25) 위의 책, pp.394-396.

26) 이광수, 『흙-이광수 전집 6』, 삼중당, 1963, p.345.

뱃속의 아이가 누구의 눈에라도 배신의 증거로 나타날 것이라고 믿는다. 자신의 죄를 증명하는 존재이기 때문에 그녀는 남편에게 아이를 내놓을 수 없어 뱃속에 담은 채 같이 죽기를 바란다. 그녀의 출산은 비바람이 몰아치는 어느 늦여름 밤사이에 이루어지는데, 고통이 심해지면 비바람 역시 심해지고 정선과 선희, 허숭의 심적 갈등도 깊어진다. 출산의 고통이 절정으로 치달을 때 정선은 남편을 향해 참회하며 그녀의 죄에 대한 남편의 용서가 이루어지고 나서야 난산이 끝나고 비바람도 멎으며 아침이 밝아온다. 정선의 출산은 근대 의료 권력에 의해서가 아니라 남편 허숭의 용서에 의해 가능해지는 것이다. 출산 이후 『흙』의 서사는 허숭의 상승 계보를 멈춘다. 정선의 출산 이후 묘사되는 것은 정근의 등장을 통한 살여울의 타락이다. 허숭이나 유순, 선희와 같은 전반부 서사의 성장하는 인물들은 후반부 서사에서 감옥에 가거나 죽으며 그들의 노력을 통해 계몽되었던 살여울은 정근의 등장과 함께 타락해 간다. 참회와 용서를 통한 출산이 이루어진 정선만이 타락하는 시공간 속에서 홀로 성장하며 이상적인 지식인 부인상으로 나아간다. 이런 점에서 보면 『흙』에서 정선의 출산이란 어린아이의 탄생보다 정선 자신의 탄생으로 서사화되는 것이라고 할 수 있다.

분만 순간을 통해 과거와 단절하고 새로운 각성을 나타내는 서사는 김동인의 「약한자의 슬픔」에서도 발견할 수 있다. 가정교사로 집 주인 K남작의 유혹을 물리치지 못하고 성관계를 맺은 끝에 임신한 엘리자베트는 정조유린죄 소송에서 패소한 후 심각한 정신적 상처 가운데 낙태–분만을 경험하는데, 이를 통해 그녀는 '사랑'만이 가장 큰 힘이라는 각성을 얻게 된다. 그리하여 "그렇다! 강함을 배는 태는 사랑! 강함을 낳-는 자는 사랑! 사랑은 강함을 낳고, 강함은 모-든 아름다움을 낳는다."[27] 고 외치며 강한 자로서 사랑으로 재탄생한 자아를 느낀다. 이는 여성이 출산-분만을 통해 강하고 사랑에 찬자로 재탄생할 수 있다고 보는 남성 담론의 하나의 환상이다.

## 4. 생명의 출산과 죽음의 출산

근대사회에서 여성은 미래의 건강한 '국민'을 출산해야 한다는 의무를 부여받는다.[28] 이는 출산에 대한 전통적인 이해, 즉 생명이란 그 자체로 황송하다는 민속 사회적 관념과 일정한 차이를 나타낸다.[29] 태어나는 생명 자체가 목적이라는 민속 사회적 관념과 달리, 식민지 근대 사회에서 출산은 강건한 시민의 탄생이라는 목적으로 재편되는 것이다. 식민지 시기 말 일제는 임산부가 모성으로서 국가를 위해 봉공한다고 하면서 매년 약 5천 명의 어머니가 출산 중 사망하는 것을 남성의 전사에 비교되는 희생이라고 추켜세웠다.[30] 이는 출산을 생명 자체의 탄생이 아니라 병사의 탄생이라는 의미로 재편하는 것이다. 병사의 탄생은 전쟁에서 장렬하게 전사하기 위해 태어나는 생명이란

---

27) 김동인, 「약한자의 슬픔」, 『김동인 전집』 1, 조선일보사, 1987, p.60.

28) 전미경, 「1920-30년대 '모성담론'에 관한 연구」, 『한국 가정과 교육학회지』 71권 2호, p.97.

29) 미치다 다카시, 「한일 근대 사회와 여성의 신체-'낳는 신체'는 누구 것인가」, 『여성학 연구』 16권 1호, 2006, p.7.

30) 안태윤, 『식민정치와 모성』, 한국학술정보, 2006, p.134.

점에서 '죽음의 탄생'이라는 모순을 나타낸다. 식민지 시대 소설에서 아이의 탄생은 피식민 자본주의 사회의 빈곤, 가부장적 남성의 폭력이 작용하는 지점에서 죽음과 결부되며, 죽음을 출산하는 여성의 육체는 기괴한 모습으로 형상화된다. 백신애의 「호도」나 강경애의 「소금」, 「지하촌」 등은 출산하는 육체의 기괴함, 죽음에 근접한 탄생이라는 모순을 집약한 텍스트이다.

백신애의 「호도」에서 "벌써 네 번째의 임신으로 배는 바가지를 찬 듯이 불쑥 높"으나 "첫째와 둘째는 사십구일 안에 죽고 말았는데, 그 죽은 것도 남편인 최가에게 맞아 죽은 것이나 다름이 없었고, 셋째는 뱃속에 든 채 발길에 채여서 일곱 달 만에 죽어 나"[31]온 옥계댁에게 아이는 태어나는 생명 자체로 사랑스러운 존재가 되지 않는다. "살림도 쥐새끼 일듯 자꾸 불어서 지금은 동네 앞에다 큰 농장을 경영하여 봄철에서 가을까지는 거의 날마다 이삼십 명씩 일꾼을 부리게까지 벌어"진 과거의 혼담자 김문서의 농장에서 일을 하다가 무 한 개를 훔쳐 먹고 해산하는데, 그가 낳는 넷째 아이는 자신이나 남편에게는 아무런 영향도, 의미도 갖지 못한 채 자본가 김문서의 밭에 생명력을 더해주는 존재로 남을 뿐이다. 출산의 순간 "흙 묻은 무를 마구 씹어 삼키"는 입과 "속옷 가랑이에 끼인 새 생명"의 대조로 집약되는 그녀의 육체는 기괴한 것이 된다. 아이가 흙 묻은 무 한 개와 교환되었다고 볼 수 있는 출산이기에 태어난 아이는 김문서의 번창에 '좋은 일'로 남을 뿐 그녀에게는 아무런 의미도, 가치도 나타내지 않으며, 며칠 만에 알콜 중독자 남편의 발길질에

31) 백신애, 「호도」, 『백신애선집』, 이중기 편, 현대문학, 2009, p.196.

죽어버린다. 아이를 낳았으나 키울 수 없는 그의 운명은 그의 육체가 모든 것을 죽게 하고 파멸시키는 기괴한 공간임을 보여준다.

강경애의 「지하촌」은 죽음을 잉태하고 분만하는 여성 육체의 기괴함이 가난한 마을 전체로 확대된 서사 구도를 나타낸다. 지하촌이란 이름의 마을은 그곳 하층민 여성들의 기괴한 자궁, 태, 거기에서 태어난 아이들의 기괴한 육체로 집약된다. 피와 고름이 흐르고 종기와 땀띠가 나고 구더기가 기어 다니고 오물이 넘쳐 들척지근하거나 시큰한 냄새를 풍기는 썩어가는 육체의 이미지가 마을을 뒤덮고 있다.

> 영애를 낳아 놓고 그 다음날로 보리마당질 하던, 그 지긋지긋하던 때가 떠오른다. 하늘이 노랗고, 핑핑 돌고, 보리 이삭이 작았다 커 보이고, 도리깨를 들 때, 내릴 때, 아래서는 무엇이 뭉클뭉클 나오다가 나중엔 무엇이 묵직하게 매어달리는 듯해서 좀 만져 보려했으나, 사이도 없고 또 남들이 볼까 꺼리어 그냥 참고 있다가 소변보면서 보니 허벅다리엔 피가 흥건했고 또 주먹 같은 살덩이가 축 늘어져 있었다. 겁이 더럭 났지만 누구보고 물어보기도 부끄럽고 해서 그냥 내버려 두었더니, 그 살덩이가 오늘까지 늘어져서 들어갈 줄 모르고 또 무슨 물을 줄줄 흘리고 있다.32)

큰년 어머니는 출산의 고통으로 밭을 헤매다 죽은 아이를 낳는다. 극단적인 노동의 상황에서 출산하기에 태어난 아이는 흙투성이로, '살면 또 병신이나 되'고 말기에 차라리 죽기를 잘한

---

32) 강경애, 「지하촌」, 『강경애 전집』, 이상경 엮음, 소명출판, 1999, p.613.

탄생이다. 이렇게 죽음을 탄생시키는 여성의 몸은 출산과 함께 물리적으로도 기괴해진다. 아이를 낳고 몸조리도 하지 못한 채 보리마당질에 투입됐던 칠성모는 그 때문에 늘어진 자궁, 더럽고 냄새나고 기막히게 아픈 자궁을 갖게 되며 괴물화한다. 또한 아이 영애는 제대로 자라지 못한 채 상처에 구더기가 슬거나 피똥을 누거나 자기 오줌을 핥아먹는 병신으로 죽어간다. 출산이 소중한 경험이 아니라 병신을 낳고 죽음을 낳는 체험으로 형상화됨으로써 과연 생명의 탄생이란 어떤 의미를 가져야 하는지를 역설적으로 문제시하는 것이다.

「소금」은 간도 일대를 유랑하는 한 어머니의 운명을 통해 식민지 하층 모성의 현실 자각을 이야기하는 강경애의 대표작 가운데 하나이다. 주인공 봉염 어머니는 남편의 죽음－지주와의 성관계－임신과 출산－아들의 죽음－딸들의 죽음－소금밀수라는 일련의 사건을 통해 하층계급으로서의 적극적인 현실 비판에 도달한다. 봉염 어머니의 출산은 중국인 남성 지주의 폭력에 입각한 것이었기에 그로부터 태어난 아이 봉희는 '체대에 맞지 않은 머리통'을 가진 기괴한 육체, 죽음에 가까운 모습을 하고 있다. 이런 점에서 보면 봉염 어머니의 출산은 죽음의 탄생이며 실제로 그녀가 낳은 모든 아이는 죽고 만다. 그러나 그들의 죽음 이후에도 봉염 어머니의 본능적 모성애－생의 집착이 끊어지지 않는다는 점에서 「소금」의 출산은 단지 죽음의 출산으로만 볼 수 없다.

그는 애기를 그의 뛰는 가슴속에 꼭 대며 자기가 아무렇게서라도 살아야 할 것 같았다. "내가 왜 죽어, 꼭 산다. 너희들을 위하

> 여 꼭 산다."하고 중얼거렸다. 애를 낳기 전에는, 아니 보다도 이 아픔을 겪기 전에는, 죽는다는 말이 그의 입에서 떠나지 않았고 또 진심으로 죽었으면 하고 생각도 많이 하였다. 그러나 마침 죽음과 삶의 경계선에서 아차 아차한 고비를 넘기고 겨우 소생한 그는 어쩐지 죽고 싶지는 않았다. 오히려 삶의 환희를 느꼈다.[33)]

아이의 탄생은 역설적으로 봉염 어머니에게 남편과 아들(가부장들)의 죽음과 거처할 곳 없는 가난에도 불구하고 강렬한 생의 의욕을 불러일으킨다. 그것은 아이를 낳은 자기의 생명력에 대한 한없는 사랑, 자신의 육체와 삶에 대한 사랑으로 볼 수 있다. 늘 죽고 싶다고 외쳤지만 정작 극단적인 상황에서 출산을 경험하자 자신의 생명력, 출산력이 가진 강함을 깨닫게 되는 것이다. 출산은 여성에게 생명력을 부여하며 이 힘을 통해 여성은 사회적 깨달음에까지 도달한다. 그녀의 출산은 하층민 여성의 일생 서사 가운데 한 순간으로 자리하며 자식들의 죽음, 생명의 각성, 계급의 각성으로 이어지는 일련의 인생 이야기로 나아가게 한다. 즉 출산이 봉염모의 일생에서 '가장 중요한 전신의 순간'이 아니라 '일생 이어지는 전신의 한 순간'으로 그려지고 있기에 새로운 서사를 나타내는 것이다. 자연스러운 삶의 한 과정으로서 출산을 이해할 때, 여성들은 낳는 주체로서 임신과 출산 과정에 대해 보다 적극적인 목소리를 낼 수 있다.

국가나 민족을 위한 출산이라는 관념이 중심에 놓일 때, 소설에서 출산은 여성의 자율성이나 주체성의 구현보다 마취되고 통제되며 거세된 모성의 탄생으로 그려지는 가운데 고통에 찬,

---

33) 강경애, 「소금」, 위의 책, p.515.

기형화한 육체로 왜곡된다. 반면, 출산에 대한 근대적 인식과 달리 민속사회(전통)적 인식은 생명의 탄생 자체를 목적으로 하며, 이태준의 『성모』에서 산파의 근대 의술, 친정모의 보살핌, 하숙집 노파의 삼신기원 연대를 보여주듯 특히 나이 많은 여성 출산 보조자들을 통해 식민지 시대 소설 속에 형상화된다. 「약한자의 슬픔」의 경우 엘리자베트에게 임신을 시키고 내쫓는 K 남작의 반대편에 그녀의 출산을 돕는 오촌모가 존재한다.

> "깨를 어떻게 먹으면 올라붙기는 한다더라만……"
> 잠깐 후에 아주머니가 말을 시작했다.
> "그건 올라붙어 무엇해요." / 엘리자베트는 낯을 찡글고 대 답하였다.
> "그래도 낙태로 죽는 사람두 있느니라……"[34)]

오촌모는 아이를 임신한 채 남작의 집에서 쫓겨난 엘리자베트를 받아들이고 보살핌으로써 모체와 태어날 생명을 보호한다. 뱃속의 아이가 불의의 자식이며 태어나 봤자 사생아밖에 되지 않고 그 때문에 엘리자베트의 삶이 망가진다는 것과 같은 타산은 깃들지 않는다. 어머니 엘리자베트조차 아이가 떨어진다는 사실에 반가움을 느끼는데, 오촌모만은 낙태가 되지 않기를 바라며 올려붙이는 방문을 구하러 다니다 결국 낙태되자 가장 아쉬워하는 모습을 보인다. 생명이란 태어남 자체로 가치 있는 것임을 보여주는 것이다. 엘리자베트의 재탄생이란 어떻게 보면 남작으로 대변되는 제국 부르주아 남성의 논리와 반대편

---

34) 김동인, 앞의 책, p.51.

에 선 피식민 하층 여성 오촌모의 민속 세계가 가진 생명력에 기댄 각성이라고 말할 수 있을 것이다. 백신애의 「적빈」은 엘리자베트의 오촌모가 보여준 하층민 여성의 생명력과 탄생을 관장하는 보살핌의 세계를 가장 잘 보여주는 소설이다. 주인공 매촌 늙은이는 출산을 관장하며 오랜 경험과 지혜를 바탕으로 마을의 아이들을 돌본다.[35] 그녀는 근대 자본주의 사회에서 몰락한 존재로, 그의 생산적인 능력이 발휘되면 될수록 그는 더 가난해지거나 비천해진다. "모두들 '매촌댁 늙은이'하면 으레 더럽고 불쌍하고 얄미운 거러지보다 더 가난한 늙은이다, 하는 멸시의 대명사로 여기는"[36] 그의 존재란 근대 사회의 관점에서 보면 가장 더럽고 비천한 괴물이지만, 그의 기괴성은 역설적으로 그에게 신과 같은 생산력과 치유력을 자아낸다. 천하고 더러운 존재로 집약된 매촌댁 늙은이의 돼지 아들과 벙어리 며느리 사이에서 태어나는 손자의 출산은 그러므로 그들의 지독한 가난과 비위생, 무능력과 어리석음 등에도 불구하고 생산적이며 고귀한 순간으로 그려진다. 그들의 출산이란 근대 자본주의 사회를 살아가는 마을 사람들에게는 "제 입추신도 못하면서 자식 만들줄은 어떻게 알아."[37]라는 핀잔과 비웃음을 사는, 쓸모없는 일로 보인다. 그러나 민속적 세계에서는 생명이란 그 자체로 가

35) 김미현은 「적빈」에서 매촌댁의 생명을 두 며느리가 대신 잉태한 것으로, 그가 며느리의 출산을 통해 긍정적인 미래를 꿈꾸게 되었으며 이 때문에 작품 전체가 상승구조를 나타낸다고 본다. 김미현, 앞의 글 참고. 그러나 미래를 위해 출생을 긍정한다기보다 출산 자체, 탄생 그 자체를 긍정적으로 본다고 봐야 할 듯하다.

36) 백신애, 「적빈」, 『백신애선집』, 이중기 편, 현대문학, 2009, p.86.

37) 위의 책, p.89.

치로운 것이기에 매촌은 한심한 아들 며느리 사이에서 태어나는 손자를 그 자체로 기뻐한다. 이는 그 아이가 자신의 미래에 도움을 준다든지 하는 것과는 무관한 기쁨이다. 아무런 대가 없이 출산을 돕는 그의 모습은 생명의 가치를 중시한다는 측면에서 그의 육체에 치유력을 부여하며 신성성을 부여하고 있다고 볼 수 있다.

평생에 하도 많이 남의 집에를 돌아다닌 늙은이라 남 앓는 것도 많이 보고, 고치는 것도 많이 보고 듣고 해온 터이라 지금 와서는 웬만한 서투른 의원보다 아는 것이 많아 체증도 내려주고 객귀도 물려주고 조약도 가르쳐주고 하여 동네에서는 앓는 사람이 있으면 약방의 감초같이 반드시 불려가는 것이었다. 그러므로 면장 마누라는 안심하고 아이를 맡기는 터이다. 이윽고 아이는 한바탕 토하고 나더니 한참 만에 잠이 들었다.[38]

마을 공통의 일꾼이며 웬만한 굶주림과 천대, 비위생에는 끄떡하지 않는 육체의 소유자로서 그는 여러 곳을 돌아다니며 남의 집 일을 많이 보았기 때문에, 즉 그의 비참함 때문에 아픈 아이나 병자가 있는 곳에서 근대 의료 권력보다 큰 능력을 발휘한다. 그의 몸은 모든 것을 소화하고 생산하는 기관으로 형상화한다. 그의 손은 치료의 힘을 가지며 위장은 무쇠로 된 듯하고 항문은 조여진다. "그의 몸뚱이는 곯아 비틀어졌어도 오직 그의 창자만은 무쇠같이 억세고 튼튼하여 지금까지 배앓이란 것을 해본 적이 없었다."[39] 이러한 강인한 육체는 벙어리의 해

38) 위의 책, p.96.

산 장면에서 궁극적인 힘을 발휘한다. 첫 출산으로 돼지와 벙어리가 당황하는 사이 매촌 늙은이는 먹은 것이 없어 힘을 쓰지 못해 아이를 낳지 못하는 벙어리의 고통을 짐작하고 장국을 끓여 먹여 아이를 낳게 한다. 아이가 태어난 이후에는 탯줄을 끊고 아이를 싸고 태와 피를 태우게 하는 등 안전한 해산을 관장한다. 늙은 여성의 지혜와 돌봄은 생산성을 발휘하며 산모와 아이를 보호한다. 마지막 장면에서 그는 "이윽히 걸어가는 사이에 몹시 뒤가 마려워져 잠깐 발길을 멈추고 사방을 둘러본 후 속옷을 헤치려다가" "'사람은 똥 힘으로 사는데……'하는 것을 생각해내"고는 마려운 것을 억지로 참으며 비틀비틀 걸어간다. 그의 육체에서는 똥과 식량, 항문과 입이 모두 생산적인 역할을 하며 그는 모든 것을 먹고 소화 시키고 모은다. 생명의 탄생 자체를 목적으로 그의 지혜가 발휘될 때, 그는 자본주의 근대 사회 속에서 비천하기 때문에 위대한 양가적인 존재로 구현된다.

이렇게 태아의 생명을 탄생의 소중함으로 환기할 때 분만은 긍정적 자질로 묘사된다. 그것은 반드시 하층 여성 노인의 생산성만은 아니어서, 박태원의 경우 「진통」에서 남성-보살핌의 미학을 암시해 보인다. 동경시내 아파트 위층 여성의 일방적인 요구를 자신에 대한 사랑이라고 착각한 한 남성이 여성의 분만 순간을 목격하고는 여성의 애인이 무책임할 것이라고 단정하고 "이것은 아무래도 자기가 언제까지든 돌보아 주지 않으면 안 될지도 모르겠다고, 막연하게 그러한 난데없는 생각을 하여보며, 어느 틈엔가 제 자신 하복부에 격렬한 진통을 느끼기조차"[40]한

39) 위의 책, p.97.

40) 박태원, 「진통」, 『성탄제-한국소설문학대계 19』, 동아출판사, 1995,

다는 서사가 펼쳐진다. 이는 생명의 출산과 결부하여 돌봄의 미학을 실천하는 남성의 모습을 아이러니한 소동으로나마 보여준다고 하겠다.

## 5. 결 론

식민지 근대 조선 사회에서 여성의 출산은 위생과 의료 담론의 개입, 가부장적 남성 담론의 부과, 제국과 민족 담론의 중첩 속에서 파악된다. 즉 식민지 근대 조선 사회에서 여성의 출산이란 산고를 겪는 여성의 몸, 자궁을 해부하는 의료 권력의 시선, 태아의 이력을 추적하는 피식민 남성 담론의 억압과 함께 출산 통제권을 행사하는 제국과 헌신적 모성의 사명을 부각시키는 민족의 억압이 작용하며 '생명을 위한 출산'이 아니라 '사회를 위한 출산'이라는 형태로 집약된다. 이러한 관점에서 본고는 식민지 시대 다양한 소설에서 출산이 어떠한 방식으로 전체 서사와 관련되며 어떤 의미를 가진 것으로 나타나는지, 그 속에서 당대의 출산 담론은 어떤 형태로 작용하는지, 남성 작가와 여성 작가의 출산 서사가 어떤 차이를 나타내는지 등을 분석해 보았다.

식민지 시대 담론에서 출산은 무엇보다 의료 권력의 틈입에 의해 여성의 육체를 가시화하는 것으로 집약된다. 채만식의 『탁류』와 이태준의 『성모』 등에서 여성의 출산은 마취된 여성의 몸에 대한 의료 권력의 적극적인 개입으로 형상화된다. 또한 식민지 시대 남성 서사 에서 출산은 여성의 죄의식과 결부되어

---

p.313.

고통으로 특징된다. 부도덕한 여성은 임신과 출산 과정에서 죄의식에 시달리며 엄청난 고통을 받음으로써 어머니로 재탄생해야 한다. 이러한 근대적 출산의 관점에서는 생명의 탄생이란 죽음의 탄생과 결부된다. 피식민 자본주의, 가부장제의 모순을 드러내는 강경애의 「지하촌」, 백신애의 「호도」 등에서 출산은 죽음의 출산이며 여성의 몸은 기괴한 것이 된다. 이러한 근대적 출산의 관점과 달리 민속 사회적 관점에서 출산이란 생명 자체의 탄생에 목적이 놓이는 것으로 식민지 시대 소설에서 출산을 보조하는 나이든 하층민 여성인물들에게서 잘 나타난다. 백신애의 「적빈」은 특히 근대 자본주의 사회에서 가장 어리석고 비천하며 무능력하지만 민속 사회적 시각에서 가장 생명력 강하고 신성하며 권위를 갖는 양가적 자질을 가진 매촌댁 늙은이를 통해 생명 자체의 탄생이란 관점에서 출산의 순간을 긍정적으로 형상화하고 있다.

## 〈참고 문헌〉

1. 기본 자료
강경애, 『강경애 전집』, 이상경 편, 소명출판, 1999.
김동인, 「약한자의 슬픔」, 『김동인 전집』 1, 조선일보사, 1987.
나혜석, 『원본 정월 라혜석 전집』, 서정자 편, 국학자료원, 2001.
박태원, 「진통」, 『성탄제-한국소설문학대계 19』, 동아출사, 1995.
백신애, 『백신애선집』, 이중기 편, 현대문학, 2009.
이광수, 『흙-이광수 전집 6』, 삼중당, 1963.
이태준, 『성모』, 이태준 전집, 서음출판사, 1988.
이효석, 「계절」, 『이효석전집』 1, 창미사, 1988.
채만식, 『탁류』, 우한용 해설주석, 서울대 출판부, 1995.
기타 『신여성』.

2. 단행본
서강여성문학연구회, 『한국문학과 모성성』, 태학사, 1998.
서정자, 『한국근대여성소설연구』, 국학자료원, 1999.
안태윤, 『식민정치와 모성』, 한국학술정보, 2006.
리치, 아드리엔느, 『더이상 어머니는 없다』, 김인성 역, 평민사, 1995.
롤레, 카트린ㆍ모렐, 마리 프랑스, 『출산과 육아의 풍속사』, 나은주 역, 사람과 사람, 2002.
쉴링, 크리스, 『몸의 사회학』, 임인숙 역, 나남출판, 1999.

3. 논문
김미영, 「일제하 ≪조선일보≫의 성병관련 담론 연구」, 『정신문화연구』 103호, 2006년 여름.
김미현, 「한국근대 여성 소설의 페미니스트 시학 : 여성적 글쓰기를 중심으로」, 이화여대 박사학위논문, 1995.
김연숙, 「식민지 근대 소설에 나타난 모성담론 연구」, 『어문연구』 32, 2004.
김주리, 「비체화한 모성의 우울증과 육친애」, 『비평문학』 44, 2008.
______, 「채만식의 『탁류』에 나타난 여성 폭력과 히스테리의 의미」, 『현대소설연구』 35, 2007.
김택호, 「이태준 장편소설 연구」, 명지대 박사학위논문, 2003.
소현숙, 「일제시기 출산통제담론 연구」, 『역사와 현실』 38, 2000.
손승아, 「첫 어머니됨의 체험 연구」, 서울대 박사학위논문, 2000.
신영희, 「식민지 조선에서의 징병제와 군국 모성」, 『대동문화연구』 59, 2007.
심진경, 「최정희 문학의 여성성」, 『한국근대문학연구』 7, 2006.
이경희, 「'과학 페미니즘'으로 본 생의(生醫)윤리」, 『사회이론』, 2003년 가을/겨울호.
이상경, 「일제말기의 여성동원과 군국의 어머니」, 『페미니즘 연구』 2, 2002.
전미경, 「1920-30년대 '모성담론'에 관한 연구」, 『한국 가정과 교육 학회지』 71권 2호, 2005.
전정연, 「식민지 시대 여성성장소설 연구」, 숙명여대 박사학위논문, 2005.
주영하, 「조선왕실의 출산풍속: 아들 기원에서 돌잔치까지」, 『조선왕실의 출산문화』, 한국학중앙연구원장서각 편, 이외, 2005.

하신애, 「최정희 문학의 모성주체 연구」, 연세대 석사학위논문, 2009.

허 윤, 「1930년대 여성장편소설의 모성담론 연구」, 이화여대 석사학위논문, 2006.

미치다 다카시, 「한일 근대 사회와 여성의 신체-'낳는 신체'는 누구 것인가」, 『여성학 연구』 16권 1호, 2006.

# 현대소설의 통과제의 구조 (1)*

## -「벙어리 삼룡이」의 경우 -

송 준 호**

## 1. 머리말

'통과제의(the rite of passage)' 혹은 '통과의례'는 인류학자 이 방 쥬네(A. Van Gennep)에 의해 그 의미가 정립된 이래 문학은 물론 인문학 전반에 걸쳐서 원용되고 있는 인류학적 개념이다. 보편적으로 이는 유년이나 사춘기에서 성인사회로 진입하기 위해 치르는 고통스런 의식을 일컫는다. 그러므로 통과제의를 치르는 당사자에게는 언제나 일련의 육체적 · 정신적 고통과 시련이 부과된다. 이러한 고통과 시련을 스스로 극복함으로써 그는 비로소 성인사회 구성원으로서의 자격을 부여받게 되는 것이다. 통과제의 구조는 필연적으로 분리(separation) - 전이(transition) - 결합(incoporation)의 순차적 과정을 수반한다.[1] 말하자면 주인공은 분리의 시련을 통해 육체적 · 정신적

---

* 이 논문은 송준호, 「현대소설의 통과제의 구조(1): 「벙어리 삼룡이」의 경우」(『한국언어문학』 45집, 한국언어문학회, 2000)를 재수록한 것이다.

** 우석대학교 문예창작학과 교수.

1) A. Van Gennep, *the rite of passage*, Cicago Univ. Press, 1966,

으로 성숙해짐으로써 존재적 전이 단계를 지나 새로운 상태로 존재론적 전환을 성취하게 되는 것이다. 그러한 거듭남은 곧 자아의 발전과 확장을 의미하게 되는데 이는 반드시 자기해제를 경험해야만 가능하다.

통과제의 소설(Initiation Story)은 자아와 세계에 대한 인식이 미성숙한 단계에 있는 주인공이 일련의 고통과 시련을 겪음으로써 이전 단계보다 성숙한 인간으로 전이되고 결합됨으로써 존재론적 전환을 획득해 가는 과정을 그린 소설을 일컫는 말이다. 이니시에이션 소설은 구조적인 측면에서 크게 두 가지로 분류된다. 그 하나는 주인공이 젊은이가 자신을 둘러싼 외부세계에 대한 무지 혹은 미발견 상태에서 벗어나 그에 관련된 생생한 지식을 획득하기까지의 과정을 다루는 경우인데, 이 경우는 이미 알려져 있는 보편적 사실은 체득해가는 과정이 주된 내용을 이룬다. 그리고 다른 하나는 자야발견 혹은 인식을 통해 스스로의 존재를 인식함으로써 사회적 존재로 적응해 나가는 과정을 다룬다. 이 두 가지 경우는 각각 그 인식방향이 외부와 내부로 향해 있다는 차이에도 불구하고 사회의 구조적 모순과 그 안에 위치한 스스로의 존재를 결합시켜 파악해 나간다는 점에서 매우 유기적인 관계에 놓여있다고 할 수 있다. 이 글에서 다루고자 하는 나도향 소설「벙어리 삼룡이」역시 주인공 삼룡이가 자신에게 가해지는 외부세계의 부당함과 자신의 존재의식을 통해서 스스로를 분리시키고 전이시킴으로써 이상세계와 결합되어 가는 과정을 다루고 있다.

---

p.11.

널리 알려진 바와 같이 나도향의 「벙어리 삼룡이」(『黎明』, 1925년 7월)는 포악하고 열등감이 많은 주인아들과 그의 신부와의 불목에서 갈등의 씨가 싹터서 순종적 벙어리인 삼룡이의 정의감과 사랑의 인식에 의하여 삼각관계로 확대되어 모두 죽음의 결말에 이른다는 비극적인 이야기[2]를 다루고 있다. 보다 구체적으로는, 머슴으로 학대받는 삶을 숙명적으로 받아들이던 벙어리 삼룡이가 선녀 같은 주인집 아씨가 주인아들에게 학대받는 것을 봄으로써 의문을 품게 되고, 차츰 주인집 아씨에 대한 동정과 연모가 깊어지면서 주인집 아들과의 갈등이 심화되고, 마침내 방화에 의하여 죽음을 맞게 되는 일련의 갈등과 사건을 서술한 소설[3]로, 특히 삼룡이라는 비극적 인물을 통해 진정한 인간적 가치의 추구, 혹은 자기동일성의 회복과정과 애정의 욕구를 접합시켜 극화한 작품[4]이라는 점에서 전형적인 이니시에이션 소설구조를 갖추고 있다고 볼 수 있다.

나도향은 초기의 감상주의적이고 낭만주의적인 자리에서 벗어나 「벙어리 삼룡이」에 이르러 사회계층의 문제 곧 계급적 생활인의 문제를 다루기 시작했다. 물론 이 작품은 계층적인 측면이 아니라 남녀간 애정문제에 구심점이 놓인 것이지만 초기의 허황된 내용보다는 좀 더 현실적이다.[5] 따라서 「벙어리 삼룡이」는 나도향 소설의 대표작이면서 동시에 낭만성과 현실성의 조화를 이룬 작품으로서 1920년대 단편소설의 정립과 형성과정을

2) 신동욱, 『우리 이야기문학의 아름다움』, 한국연구원, 1981, p.215.
3) 문학과문학교육연구소, 『한국현대소설사』, 삼지원, 1999, p.114.
4) 홍태식, 「한국근대단편소설의 인물연구」, 명지대학교 대학원 박사논문, 1987, p.215.
5) 김윤식 · 정호웅 공저, 『한국소설사』, 예하, 1995, p.112.

해명하는 데 중요한 단초를 제공하는 작품이라고 할 수 있다. 이 글에서는 현대소설의 통과제의 구조를 해명하기 위한 첫 단계로 나도향의 「벙어리 삼룡이」를 분석 대상으로 삼았다. 즉 이니시에이션 소설의 기본 구조를 통과제의 구조의 필연적 과정인 분리(分離) – 전이(轉移) – 결합(結合)으로 보고 그에 따라 주인공 삼룡이가 세계와 스스로의 존재 혹은 그 유기적 관계를 인식함으로써 존재의 전환을 이루어가는 과정을 검토해 보고자 하는 것이다. 또한 이러한 연구방법은 작중의 인물과 행동이 보이는 신화적 혹은 상징적 장치들과 결합되어 나타나게 된다는 점에도 주목할 필요가 있다.

## 2. 본능의 억압과 '타오르는 물'

이 소설의 주인공인 삼룡이는 누구인가, 혹은 어떤 인물인가 하는 물음은 삼룡이라는 인물이 가진 신화적이고 상징적인 요소를 해명하는 일이 될 것이다. 작중에도 제시되어 있는 바와 같이 삼룡이는 일반인들보다 신체적으로 열등한 벙어리이다. 그뿐만 아니라 '땅딸보'이고 얼굴이 몹시 얽기까지 했다. 걸어 다니는 모습이 '마치 옴두꺼비가 서서 다니는 것같이 숨차 보이고 더디어' 동네사람들은 삼룡이라는 이름 대신 그를 '벙어리' 혹은 '앵모'라고 부른다. 더구나 그는 무조건의 순종만이 강요되는 하인의 신분이다. 삼룡이의 운명이 갖고 있는 비극적 요소는 바로 이 같은 추악한 용모와 선천적인 불구성, 그리고 하인이라는 신분에서 비롯된다. 그는 주인인 오생원을 닮아서, 혹은 그의 자상한 보살핌에 보답하기 위해서 '진실하고 충성스러우며 부지런히' 일할 뿐만 아니라 '말하고 듣는 사람보다 슬기로운 적이 있고 평생 조심성이 있어서 결코 실수한 적이 없는' 인물이기까지하다. 형벌과도 같은 육체적 불구성과 외모의 추악함을 삼룡이는 운명으로 받아들이며 거기에 순종하고 있는 것이다.

'노예'를 '천직으로 알고' 살아가면서도 그 이외의 삶은 생각조차 하지 않는 삼룡이처럼 주어진 삶의 열악한 조건을 운명으로 받아들일 때 인간은 욕구나 원망 대신 모든 것을 체념으로 받아들이게 된다. 삼룡이는 다만 주어진 자신의 삶에 충실할 뿐이며, 그것으로 자신의 존재 의의를 느낀다. 이는 삼룡이의 현재적 삶을 유지시켜 주는 근간을 이룬다. 그렇다고 해서 삼룡이가 스스로의 존재와 자신을 둘러싼 세계를 명백하게 인식하고 있는 것은 아니다. 그렇게 때문에 외부적 요인에 의해 그같은 숙명적 삶의 인식은 전환될 수 있었던 것이다.

삼룡이의 유일한 적대인물인 주인아들은 신체적 불구자도 아닐뿐더러 삼룡이보다 여섯 살 아래인 오생원의 독자이다. 그는 '누구에게든지 버릇이 없을' 뿐만 아니라 '사람에게나 짐승에게 잔인포악한 짓을' 서슴지 않는다. 그는 또한 삼룡이에게 주먹이나 발길질을 예사로 하며, 화승불을 놓는 등 갖가지 일로 삼룡이를 괴롭히곤 한다. 이는 물론 신분상의 차이 때문에 지속적으로 이루어질 수 있는 일이기도 하다. 그럴 때마다 삼룡이는 주인아들이 '철없이 그러는 것이 도리어 귀엽기도 하고 또는 그 힘없는 팔과 다리로 자기의 무쇠 같은 몸을 건드리는 것이 우습기도 하고 앙증하기도 하여 돌아서서 방그레 웃으면서 툭툭 털고 다른 곳으로 몸을 피해' 버리는 것으로 대처한다. 이 역시 삼룡이가 스스로 선택한 것이라고 할 수 있다. 하지만 겉으로 드러난 것과 삼룡이의 내면은 다르다. 다음을 보자.

> 그러나 그는 결코 눈물을 흘리지 않았다. 그의 눈물은 나오려 할 때 아주 말라붙어 버린 샘물과 같이 나오려 하나 나오지를 아니하였다. 그는 주인의 집을 버릴 줄 모르는 개 모양으로 자기가 있어야 할 곳은 여기밖에 없고 자기가 믿을 것도 여기 있는 사람들밖에 없을 줄 알았다. 여기서 살다가 여기서 죽는 것이 자기의 운명인 줄 밖에 알지 못하였다. 자기의 주인 아들이 때리고 지르고 꼬집어 뜯고 모든 방법으로 학대할 지라도 그것이 자기에게 으레 있을 줄밖에 알지 못하였다. 아픈 것도 그 아픈 것이 으레 자기에게 돌아올 것이요, 쓰린 것도 자기가 받지 않아서는 안 될 것으로 알았다. 그는 이 마땅히 자기가 받아야 할 것을 어떻게 면할까 하는 생각을 한 번도 하여 본 일이 없었다.[6)]

주인아들로부터 고통을 당할 때마다 삼룡이의 내면에서는 비분한 마음이 생겨나는데, 이같은 분노는 곧 불의 이미지를 보이고 있다. 삼룡이의 내면에서 타오르는 불은 그러나 철저히 억압된 채 외부로 향하지 못한다. 삼룡이가 본능을 스스로 억누르고 있기 때문이다. 하지만 그건 참기 힘든 일이기 때문에 분노와 울분을 느낄 때마다 삼룡이는 주인아들을 원망하는 대신 자신이 병신인 것을 원망하며 주인아들 대신 세상을 저주한다. 여기에서 삼룡이의 감정적 에너지의 전이가 발생한다. 즉 분노의 대

---

6) 나도향, 「벙어리 삼룡이」, 『한국소설문학대계』 22, 동아출판사, 1996, p.147. 이하 작품 인용은 따로 주석을 달지 않고 페이지만 기입한다.

상이 주인아들에게서 세상 혹은 자신의 선천적 불구성으로 대체되며, 그것이 곧 자신의 운명과 자신의 소외시키는 세상에 대한 원망과 저주로 나타난 것이다.[7] 반복되는 주인아들의 횡포는 삼룡이로 하여금 육체적 고통은 물론 감내하기 힘든 정신적 고통을 지속적으로 불러일으킨다. 고통의 반복을 통해 삼룡이는 초자아의 지배하에 놓여 있던 자아를 회복해 가는 계기를 마련한다. 그럼에도 불구하고 아직 삼룡이의 초자아가 자아를 억누를 수 있는 것은 신분상의 차이에 대한 명백한 인식 때문이다. 자신의 인내에 의존해서 삶을 지속시켜야하는 삼룡이의 내면에 흐르는 눈물은 '말라붙어 버린 샘물'이 되어 외부로 흐르지 않는다. 일반적으로 눈물은 본능적인 감정표현의 일종이다. 본능적이기 때문에 슬픔이나 아픔이 일정한 지경에 이르면 눈물은 자연스럽게 수반된다. 그런데도 삼룡이가 결코 눈물을 흘리지 않는다는 것은 그의 본능이 철저히 억압되어 있음을 말해준다. 눈물은 여성의 속성을 띤 사물이지만 본능의 억압에 의해 외부로 표출될 수 없는 삼룡이의 눈물은 '타오르는 물'[8]로서 거센 힘의 상징인 남성의 이미지를 띠고 있다. 말라붙은 샘물과도 같은 눈물은 그 타오르는 이미지로 하여 외부로 흘러내리는 눈물보다 더욱 강렬하고 뜨겁다. 이와 같이 좀처럼 흘러내리는 법이 없는 삼룡이의 눈물은 그의 내면에서 불보다 더 큰 힘으로 타오른다. 삼룡이의 내면에서 '타오르는 물'은 참을 수 없는 수모와 고통을 가져다주는 주인아들, 나아가 자신과 세상에 대한

---

7) 홍태식, 앞의 논문, p.220.
8) G. Bachrlard, 민희식 역, 『불의 정신분석』, 삼성출판사, 1982, pp.99-108.

원망과 저주에서 비롯되고 있어서 그것을 세계를 한꺼번에 태울 수 있는 힘을 갖게 된다. 하지만 삼룡이는 그와 같은 불을 내면에 가두고 있는데 그것은 자신의 삶을 운명적인 것으로 간주하고 있기 때문이다.

삼룡이에게는 성적 본능을 정상인들처럼 발산할 수 있는 기회가 주어져 있지 않다. 성적 충동은 개인이 갖고 있는 삶의 모든 목적이나 관심들을 일시에 전복시킬 만큼 강렬한데도[9] 삼룡이가 '정욕에 대하여 벌써부터 단념을 하고 있었'다는 것은 주어진 운명에 순응하고자 하는 인고의 노력이며 뼈아픈 체념이다. 대신 그 같은 욕구는 그의 뜨거운 피 속에 녹아 엿처럼 굳어 '휴화산'의 내면에 갇힌 채 분출의 계기를 기다리게 된다.

그런데 이와 같이 생사마저도 걸었던 삼룡이의 운명의식은 주인아씨가 등장함으로써 차츰 무너져간다. 즉, 주인아씨의 등장은 '휴화산 모양으로' 억제되어 있던 삼룡이의 에로스를 재생시키는 계기를 마련해 주는 구실을 하게 된 것이다. 이는 바꿔 말하면 삼룡이가 주인아씨 때문에 발생된 주인아들과의 갈등과 반목을 겪으면서 스스로의 존재에 대해 각성해 나가게 되었다는 뜻이기도 하다. 어쨌든 아직은 그 내면에 불을 담고 있는 '휴화산'은 그대로 삼룡이의 내면세계를 상징하고 있으며, 스스로의 존재에 대한 각성은 휴면을 끝낸 화사의 분출을 예감하게 만들고 있다. 융(C. G. Jung)에 의하면 리비도(Libido)란 공복, 갈증, 성욕 등과 같은 욕망을 의미한다.[10] 따라서 성욕은 단순

---

9) B. K. Malinowski, 한완상 역, 『미개사회의 성과 억압』, 삼성출판사, 1982, p.74.

10) C. S. Hall, 최현 역, 『융 심리학 입문』, 범우사, 1989, p.74.

한 에로티시즘의 욕구가 아닌 자기보호와 보전의 의미를 갖는다. 그것은 궁극적으로 생명의 본능을 말하며, 생명의 본능은 모든 신체적 욕구의 정신적 대표자이다. 그 중에서도 성적 본능은 생명의 본능이 포함하고 있는 모든 것 중 가장 본질적이라고 할 수 있다.[11] 철저히 억압되어 있거나 스스로 억압하고 있는 삼룡이의 본능 중 가장 본질적인 것이 바로 성적 욕구인 셈이다. 하지만 삼룡이의 경우는 이것마저도 내면에 가두고 있을 수밖에 없다는 데 비극의 근원으로 작용하는 것이다. 삼룡이는 표면상으로는 주인집과 그 구성원들에 예속되어 있는 것처럼 보이지만, 그의 내면에서는 이미 그로부터의 분리가 진행되고 있다는 사실을 암시해준다.

## 3. 소외 혹은 불모의 공간

「벙어리 삼룡이」는 작중의 인물들 간에 야기되는 관계파탄으로 인해 집의 부정성이 두드러지게 나타나는 작품이다. 이 작품의 서술상 중심에 놓이는 것은 삼룡이의 비극적 운명이지만, 이는 주로 주인아씨의 등장에서 비롯된 삼룡이와 주인아들과의 갈등과 반목에 따른 인물들 간의 관계변화로 집약된다. 그러한 일련의 행위 혹은 사건은 전적으로 삼룡이의 주인인 오생원의 집안에서 발생하고 있다. 특히 '집'은 보편적인 인간 삶은 물론 문학에 있어서도 여러 가지 상징적인 의미를 가지고 있다. 예컨

11) C. S. Hall, 황문수 역, 『프로이트 심리학 입문』, 범우사, 1977, p.74.

대 안전과 방호의 상징이기도 하며 거기에 함께 동거하는 혈연 집단의 내밀한 삶과 그 관계와 관련된 사랑과 갈등의 공간적인 상징이 되기도 한다. 혹은 집은 우주와 상응하는 중심으로 이해되기도 하며, 때로는 여성의 감옥으로서 표상되기도 한다. 이렇듯 인간은 어차피 집속에 사는 존재이며 또 집이라는 사회적 가족 공동체를 구성하는 일원이기 때문에 집은 문학에 있어서 중요한 비중을 가질 수밖에 없는 것이다.[12) 「벙어리 삼룡이」의 중심 공간인 오생원집은 삼룡이에게 '우주와 상응하는 중심'이며 주인아씨에게는 '여성의 감옥'을 상징한다. '사랑과 갈등의 공간적인 상징'이기도 하지만 결국은 씨를 내리지 않을뿐더러 비마저 내리지 않는 척박한 사막과도 같은 공간이기도 하다.

자신의 생사마저도 모두 주인댁에 걸고 살아가는 삼룡이에게 있어서 주인집은 전 우주에 해당되는 공간으로서 우주적인 규모에서 우주를 재현하는 것으로 간주 될 수 있는 세계의 중심이다. 위의 인물들 상호간에 빚어지는 반복되는 불화와 그에 따른 관계변화가 작품의 처음부터 끝까지 모두 오생원의 집안에서 이루어지고 있으며, 기존에 지속되어 오던 그들 간의 관계파탄이 궁극적으로는 삼룡이와 세계 사이의 관계불화를 의미하게 되는 것도 이와 같은 이유에서라 할 수 있다.

삼룡이는 오생원이 현재의 집으로 이사올 때 데리고 온 '벙어리 하인'이다. 주인인 오생원은 삼룡이를 인간적으로 대우하고 삼룡이 역시 그에게 충성으로 보답함으로써 철저한 주종관계 속에서 집은 그 생산성을 이어왔다. 물론 이같은 관계의 근원은

12) 이재선, 「집(家)의 시간성과 공간성」, 『가와 가문』, 서강대학교 인문과학연구소, 1989, p.49.

우선 너그럽고 인자하며 인정이 많은 오생원의 성품에서 구할 수 있다. 왜냐하면 그들의 관계가 갖는 주종의 성격상 관계지속 여부의 중심 역할을 하는 편은 주인에 있기 때문이다. 반면에 삼룡이와 주인아들의 사이는 처음부터 원만하지 못하다. 주인아들은 오생원의 독자로서 아버지와 달리 포악한 인물의 전형이다. 그는 '벙어리를 사람으로 알지도' 않기 때문에 마치 짐승을 대하듯 삼룡이를 괴롭히는 반면에 삼룡이는 주인인 오생원을 생각해서 그에 대한 끓어오르는 분노를 내면에서 스스로 삭힌다. 주인에 대한 삼룡이의 맹목적인 충성과 주인집에 대한 운명의식이 주인아들과 삼룡이의 관계를 지속시키는 근원적인 힘이 되고 있음을 알고 있다. 주인아들로부터 가해지는 정신적 · 육체적 고통을 당할 때마다 삼룡이는 주인아들을 자신을 언제나 사랑으로 보살펴주는 오생원과 동일시하려고 한다. 주어진 삶의 열악한 조건을 운명으로 받아들이기 때문에 삼룡이는 주인아들로부터 가해지는 굴욕을 인내함으로써 자신의 존재 의의를 느낀다. 삼룡이에게는 오생원집이 아닌 다른 어떤 곳에서의 삶도 아직 생각해 본 적이 없다. 따라서 주인집은 그에게 세계의 중심으로서 근원적인 공간에 해당된다고 할 수 있다. 오생원집은 그의 삶의 시작이자 끝이기 때문에 삼룡이는 자신이 어떻게 행동해야 하는가를 분명히 인식하고 있는 것이다. 그리하여 그가 선택한 것이 바로 절대 복종이었던 것이다. 그걸 지켜옴으로써 삼룡이는 집안의 어는 누구에게도 소외되지 않을 수 있었던 것이다.

그런데 주인아들의 결혼과 그에 따른 주인아씨의 등장은 삼룡이가 기존에 맺어왔던 인간관계에 하나의 전환점을 맞이하게 되는 결정적인 계기가 되고 있다. 그것은 또한 삼룡이가 그동안 신앙처럼 믿고 의지해 왔던 절대적인 운명의식에 변화가 찾아왔음을 의미한다. 운명의식이야말로 삼룡이가 자신의 외부세계와 지속적으로 관계를 맺고 살아오는 데 절대적인 역할을 하고 있었음에 비춰볼 때 이러한 변화는 곧 관계질서의 변화를 의미하는 것이기 때문이다.

주인아들의 결혼은 그 출발부터 원만하지 못했다는 데 보다 근원적인 문제가 있다. 주위의 기대와는 정반대로 결혼은 오히려 주인아들의 열등감을 강화하는 구실을 한 것이다. 주인아들은 사사건건 트집을 잡아서 아내를 못살게 군다. 그리하여 '평화스러운 날이 하루도 없'는 집은 생산성을 상실한 불모의 공간이고 죽음의 공간에 불과하다. 주인아들의 혼인과 그 혼인을 자연스럽게 받아들이지 않는 그 아들로 인해서 삼룡이가 일하고 있는 주인집은 그 생산성을 상실해가기 시작한 것이다. 일반적으로 '집'은 주로 혈연에 얽힌 가족집단이나 혹은 일정한 관계를 맺고 있는 사람들이 삶을 공유하는 공간이다. 그것은 존재의 이동에 따른 생의 전환을 상징하는 길과는 많은 면에서 대조를 이루며, 근본적인 원리는 인간관계의 지속을 상징한다. 관계를 맺고 있는 개인들은 그곳에서 함께 잠을 자고 식사를 나눔으로써 끊임없는 친교행위를 반복한다. 그렇게 함으로써 집은 고유의 생산성을 유지해 나갈 수 있게 되는 것이다. 그런데 집은 경우에 따라 새로운 인간 존재 상호간의 관계맺음이 이루어지거나 기존에 유지되어 오던 관계파탄이 행해지는 공간이기도 하다. 남녀 간의 새로운 만남을 통한 부부관계의 성립과 가족의 발생이 나, 살아가는 데 필요한 이해관계에 따른 새로운 공동체의 형성 등이 전자의 경우라면, 혈연의 토대라 할 수 있는 부부 관계의 소멸, 가족 구성원 상호간의 갈등에서 빚어지는 갖가지 불화, 혹은 여타 공동체의 분리 등은 후자의 진형적인 예들이라고 할 수 있을 것이다.

자신의 의사는 전혀 고려하지 않은 채 강압에 의해서 이루어진 결혼으로 인해 주인아들은 주위의 기대와는 달리 오히려 더욱 포악해져 간다. 하루는 '술이 잔뜩 취하여 무지한 놈에게 맞아서 길에 자빠진' 주인아들을 삼룡이가 업어다 주는데, '벙어리의 충성된 마음이 고마워서 주인아씨는 그에 대한 보답으로 삼룡이에게 부시쌈지를 만들어 준다. 그런데 이 사건은 삼룡이의 운명에 커다란 전환점을 가져오는 계기가 된다. 주인아씨가 삼룡이에게 부시쌈지를 만들어 준 것은 그의 충성스러움에 대한 주인으로서의 고마움을 표시한 것에 불과하다. 이는 또한 주인이 삼룡이를 대하듯 주인아씨 역시 삼룡이를 인간으로 대우하고 사랑을 배푸는 행위로 해석된다. 그같은 주인아씨의 행위는 또한 자신을 학대만 할 뿐 남편으로서의 책임과 의무는 등한시하는 남편에 대한 아내로서의 불만이 역설적으로 표현된 것 이라고 볼 수도 있다. 일반적으로 결혼한 두 사람은 상호간에 심리적 · 경제적 · 사회적 의무를 수행해야 한다. 인간의 결혼은 본능적 충동의 결과가 아니라 복잡한 문화적 유인의 결과이기 때문이다.[13] 하지만 주인아들은 아내에게 비를 내리지 않는 마른 하늘에 불과하다. 그런데도 이 일을 시기한 주인아들에 의해 주인아씨는 '자던 몸으로 마당 복판에 머리를 푼 채 내동댕이가

13) B. K. Malinowski, 앞의 책, p.177.

쳐'지고 '온몸에 피가 맺히도록 얻어맞'는다. 주인아씨를 구타하는 주인아들의 행위는 기존의 그에 대한 삼룡이의 증오심을 북돋우는 결정적인 계기가 된다. 상대방에 대한 증오심의 강화는 당사자들 간 관계불화의 전형적인 원인이라고 할 수 있다.

삼룡이의 증오심은 주인아들에게 처음으로 폭력을 행사하는 행위로 나타나는데 이같은 행위는 전에는 상상조차 하지 못한 것이었다. 어쨌든 이러한 삼룡이의 행위는 항거로 받아들여져서 주인아들의 심기를 더욱 불편하게 만든다. 무조건적인 순종만으로 일관하던 삼룡이가 주인아들을 구타했다는 것은 초자아의 억압에 의해 내면에서만 타오르던 삼룡이의 울분이 본능적 충동에 의해 유인되어 나타난 결과라 할 수 있다. 그 일로 삼룡이는 '북받치는 분노'를 억제하며 다음날 주인아들로부터 구타당한다. 그렇지 않아도 아내에 대한 열등감에 사로잡혀 있는 주인아들 편에서 볼 때 삼룡이의 행위는 주종이라는 기존의 질서에 대한 항거의 의미를 띤 것으로서 삼룡이와 아내에 대한 질투심을 유발할 뿐이었다. 이는 또한 아내에 대해 품어오던 열등감의 투사(injection)로써, 주인아들은 삼룡이를 '채찍'으로 갈기면서 주인도 몰라본다고 말한다. 하지만 삼룡이의 편에서 볼 때 그것은 신분상의 질서에 대한 항거라기보다는 자신을 '측은하고 불쌍히 여기는 정'으로 대하는 주인아씨에 대한 고마움에서 비롯된 것으로서 '마치 살구를 보면 입 속에 침이 도는 것같이 본능적으로 느껴지는 감정'에 불과했다.

부시쌈지 사건으로 안채 출입이 금지됨으로써 삼룡이는 이제 더 이상 주인아씨를 자유롭게 대할 수 없게 된다. 사실 '새댁이 온 뒤에 다른 사람들은 자유로운 안 출입을 금하였으나' 삼룡이는 '마치 개가 맘대로 안에 출입할 수 있는 것같이 아무 의심없이 출입할 수가 있었다.' 그런 삼룡이에게는 결코 뛰어넘어서는 안 되는 인간관계의 담이 드리워지게 된 것이다. 보편적으로 담은 바깥세계의 차단을 의미하며, 거기에는 금기를 수반한다. 차단된 내부의 측면에서 그것은 보호와 방어, 혹은 유예와 구속의 양면성을 띠지만, 차단된 내부에 이르고자 하는 사람에게 그것은 오로지 욕구의 강제적인 구속의 의미만을 갖고 있어서 삼룡이를 가로막는 담은 '비탄의 담'에 해당된다고 할 수 있다.[14] 삼룡이에게 안 출입이 금지되었다 는 것은 물론 삼룡이가 지켜야 할 신분상의 벽에 해당된다. 신분의 차이, 즉 삼룡이의 내면에 주종관계가 철저히 지켜져 왔기 때문에 삼룡이는 기존의 삶의 틀 안 에서 집안의 사람들과 관계를 유지해 올 수 있었다.

하지만 삼룡이는 그 담을 뛰어넘음으로써 이제 그 동안 자신의 삶을 지탱해 오던 운명의식을 내던져 버린다. 이는 기존에 자신에게 우호적인 태도를 보였던 모든 집안사람들에게 무조건적인 복종만이 강요되는 하인의 신분에 대한 항거의 의미를 띠게 된 것으로 받아들여지게 된다. 더구나 그같은 항거가 주인아들의 아내와 내통까지 한 것이 아닌가 하는 의구심을 불러일으키고 있기 때문에 상황의 심각성은 배가된다. 삼룡이의 행위는 그 동안 지속되어 오던 오생원집의 관계질서가 중단되면서 다시 관계질서 형성 이전 단계로 회귀하는 발단이 된다. 그것은 또한 삼룡이의 자아에 대한 인식의 발단을 이루는 것이기도 하다.

---

14) J. R. Cirlot, *A Dictionary of Symbols*, New York : Philosophical Librarary, 1962, p.343.

> 그때부터 벙어리는 안방에 들어가지 못하였다. 이 들어가지 못하는 것이 더욱 벙어리로 하여금 궁금증이 나게 하였다. 그 궁금증이라는 것이 묘하게 빛이 변하여 주인아씨를 뵈옵고 싶은 심정으로 변하였다. 뵈옵지 못하므로 가슴이 타올랐다. 몹시 애상의 정서가 그의 가슴을 저리게 하였다. 한 번이라도 아씨를 뵈올 수가 있으면 하는 마음이 나더니 그의 마음의 넓은 느끼기를 시작하였다. 센티맨틀한 가운데에서 느끼는 그 무슨 정서는 그에게 생명 같은 희열을 주었다. 그것과 자기의 목숨을 바꿀 수 있을 것 같았다. 어떤 때는 그대로 대강이로 담을 뚫고 들어가고 싶도록 주인아씨를 뵈옵고 싶은 것을 꾹 참을 때도 있었다.(154)

이제 삼룡이는 이전의 예속적인 자신을 벗어던지고 주인아씨에게 연모의 정을 느끼고 있다. 그것은 삼룡이가 자아인식을 통한 분리의 단계를 지나 이제 전이(轉移)의 단계로 접어들었음을 의미한다. 그 구체적인 행위가 스스로 담을 뛰어넘는 것으로 나타난다. 즉 삼룡이는 주인아씨의 방을 드나드는 계집하인으로부터 주인아씨가 죽어간다는 말을 듣는다. '자기의 그리운 주인아씨가 죽었다는 말이나 아닌가' 하고 한숨을 쉬며 '자기 방에서 무엇을 생각하는 것처럼 두어 시간이나 두 눈만 껌벅껌벅하고 앉았'던 삼룡이는 그날 밤 담을 뛰어넘기에 이른다. '무섭게 격동'하는 삼룡이의 가슴은 억압되어 왔던 본능이 비로소 표출단계에 와 있음을 말해준다. 삼룡이는 자살하려는 주인아씨를 구해내지만 그 일로 인해 삼룡이는 또 다시 주인아들로부터 쇠몽둥이로 살점이 묻어나도록 문초를 당한다. 삼룡이가 주인아들로부터 당하는 육체적 고통은 짐승 형상의 마귀에게 먹히고, 입사의 괴물의 입속으로 조각나며 그의 뱃속에서 소화되는 자의 상황에 해당한다. 이를 뽑히는 것이나 손가락의 절단 등 육체적인 훼손도 역시 죽음의 상징을 전달한다.[15] 결국 삼룡이가 주인댁에서 쫓겨나는 것은 그 곳에서의 삶이 자신의 모든 것이라고 믿고 있던 그에게 있어서 죽음과도 맞바꿀 수 있는 시련이며 충격이라 할 수 있다. 그같은 시련을 통해서 삼룡이는 통과의례에서 필수적으로 요구되는 상징적인 죽음(symbolical death)을 경험하게 된다.

담을 넘어가 주인아씨를 구해낸 그 일은 의미가 확대 해석되어 주인아들은 물론 그토록 삼룡이를 아끼던 오생원마저도 삼룡이에게서 등을 돌리게 만들었다. 삼룡이의 행위가 기존의 질서에 대한 항거를 의미하는 것으로 받아들여졌기 때문이다. 삼룡이의 그같은 행위는 신분상의 주종관계를 무시한 행위로 여겨져 삼룡이는 더 이상 그 집에 머물 수 없게 되는 것이다.

> 주인은 집안이 망하였다고 사랑에 누워서 모든 일을 들은 채만 체 문을 닫고 나오지를 아니하며, 집안에서는 색시를 쫓는다고 야단이다. 그날 저녁에 벙어리는 다시 끌려 나왔다. 그때에는 주인 새서방이 그의 입던 옷과 신짝을 주며 눈을 부릅뜨고 손을 멀리 가리키며,
>
> 가! 인제는 우리집에 있지 못한다."
>
> 하였다. 이 소리를 듣는 벙어리는 기가 막혔다. 그에게는 이 집외에 다른 집이 없다. 살 곳이 없었다. 자기는 언제든지 이 집에서 살고 이 집에서 죽을 줄밖에 몰랐다.(156)

---

15) M. Eliade, *The Sacred and the Profane*, New York: Harcourt Brace Jovanovich, 1959, p.190.

그토록 삼룡이를 아끼고 애정을 쏟아주었던 주인인 오생원마저도 삼룡이를 외면할 때 삼룡이는 더 이상 집에서의 삶을 지속해 나갈 수가 없게 된다. 그리고 그같은 사실을 삼룡이는 죽음과도 같은 상황으로 받아들이게 된 것이다. 자신의 '모든 힘과 정성'의 대가가 자신의 죽음과도 같은 내쫓김의 결과로 돌아왔을 때 삼룡이는 자신이 그 동안 온몸을 다 바쳐서 충성을 다해 '믿고 바라던 모든 것이 자기의 원수'임을 깨닫는다. 따라서 삼룡이가 '모든 것을 없애버리고 자기도 또한 없어지'고자 하는 것은 기존에 그가 맺어 왔던 주종관계에 대한 항거의 의미를 띠게 된다. 오생원집이라는 정해진 공간에서 벌어진 일련의 사건은 삼룡이가 결국 그 집으로부터 추방당하는, 즉 기존에 삼룡이가 믿고 따르던 관계가 파탄되게 되는 직접적 요인이다. 결국 삼룡이가 자신의 전 세계나 다름없는 집을 불태우는 것은 그같은 공간의 부정성을 드러내는 것이면서 동시에 집안에서 이루어지던 기존의 모든 관계가 파탄되었음을 말해준다. 이처럼 삼룡이가 주인집으로부터 철저히 소외됨으로써 주인집의 불모성은 더욱 강화된다. 그리고 삼룡이는 이제 분리와 전이의 단계를 지나 존재론적 전환을 이루기 위한 결합의 단계로 내닫게 된 것이다.

## 4. 존재의 자각을 통한 이니시에이션

앞에서 살펴본 바와 같이 삼룡이는 이제 자아인식을 통해 주인집으로 상징되는 세계와 분리되었다. 표면상으로는 문밖으로 내쫓긴 것으로 보이지만 그 과정은 스스로 행한 것이므로 삼룡이는 분리와 전이를 자의에 따라 선택한 것으로 볼 수 있다. 즉 주인아씨에 대한 연모의 정에서 비롯된 본능의 자각과, 주인아들의 부당한 폭력에 대항함으로써 삼룡이는 이제 분리와 전이를 행한 다음 존재론적 전환을 성취하기 위한 결합을 모색하게 된 것이다. 이제 삼룡이는 자신의 운명을 스스로 자각하고 자신에게 고통만 가져다주는 부당한 세계와 능동적으로 맞서 싸워나 가고자 한다. 하지만 그같은 세계에 삼룡이가 대항해서 싸울 수 있는 방법은 한계가 있고, 삼룡이 역시 주인집을 떠나 살아가는 방법을 알지 못하고 있다. 담을 뛰어넘어서 주인아씨 방에 들어간 일로 삼룡이는 주인아들로부터 쇠줄 몽둥이로 문초를 당하면서도 고통을 참아낸 것은 새롭게 맞이할지도 모르는 두려움 때문이었던 것이다.

> 그는 문을 두드렸다. 그의 마음으로는 주인 영감을 찾았으나 부를 수가 없었다. 그가 날마다 열고 날마다 닫던 문이 자기가 지금은 열려 하나 자기를 내어쫓고 열리지를 않는다. 자기가 건사하고 자기가 거두던 모든 것이 오늘에는 자기의 말을 듣지 않는다. 어려서부터 지금까지 모든 정성과 힘과 뜻을 다하여 충성스럽게 일한 값이 오늘에는 이것이다.
>
> 그는 비로소 믿고 바라던 모든 것이 자기의 원수란 것을 알았

다. 그는 모든 것을 없애버리고 자기도 또한 없어지는 것이 나은 것을 알았다.(157)

삼룡이의 이러한 급격한 변화는 전에 없었던 행동이다. 자신이 '믿고 바라던 모든 것이 자기의 원수란 것을' 깨달은 삼룡이는 이제 완전히 분리와 전이의 단계에서 벗어난다. 이전의 그는 자신의 주인집에 절대적으로 의존하는 가운데 그에게 운명을 맡겨두고 있었다. 그러나 이제 문밖으로 내쫓김으로써 그는 존재론적 전환을 모색하게 된 것이다. 이는 또한 자신을 소외시키는 세계의 부당함에 대한 명백한 자기인식의 결과이기도 하다. 그리고 그같은 외부로부터 가해지는 소외가 삼룡이로 하여금 억압되었던 본능이 외부로 표출될 수 있는 계기를 부여한 것이다.

사실 그 동안 삼룡이는 주인아씨에 대하여 막연한 연모의 정은 품었을지언정 아씨를 감히 어떻게 해 보겠다는 생각은 꿈에도 없었다. 주인아씨는 삼룡이에게 주인아들의 부당성을 확인시켜 주는 매개물에 지나지 않았다. 주인아씨가 오기 전까지만 해도 삼룡이는 주인아들의 학대를 당연시했던 것이다. 그러나 별같이 아름다운 주인아씨가 학대받는 것을 보고 삼룡이는 주인아들의 부당성을 명백하게 인식하게 되었고, 주인아씨를 위한다는 것이 오히려 주인의 오해를 불러일으켜서 비극을 초래하였다. 따라서 이 작품을 벙어리 삼룡이의 순애보로서 이해하는 것은 사실과 다르다. 삼룡이가 끝부분에서 주인집에 불을 지르는 것도 사랑을 성취하기 위한 행동이 아니라 억울한 누명과 구타, 자신의 보금자리나 다름없는 주인집에서 쫓겨난 절망감,

주인아들의 부당한 행위 등 극한적 상황에서 보여준 반항이었다. 마지막에 꿈에도 생각지 못한 주인아씨를 안고 죽어간 광경에서 계급을 초월한 사랑의 성취를 보는 것은 관찰자 자신의 낭만성의 표백 이외에 다른 것이 아니다.[16] 실제로 삼룡이에게 있어서 주인아씨는 '보기에도 황홀하고 건드리기도 황송할 만치 숭고한' 존재였다. 주인아씨는 절대미를 상징하며, 삼룡이의 무의식 속에 자리하고 있는 영원한 노스텔지어에 해당되는 존재였던 것이다. 따라서 삼룡이의 입장에서 주인아씨는 현세에서는 자신과 동류항에 묶일 수 없고 초월적인 천상의 세계에나 존재할 수밖에 없다. 이같은 주인아씨의 이미지는 밤하늘에 떠 있는 달을 쳐다보면서 삼룡이가 주인아씨를 연상하고 있는 장면으로 구체화되고 있다. 일반적으로 달빛은 퍼져가는 넓이, 부푸는 넓이이면서 아울러 스미고 잠긴다. 그것은 달빛이 사물에 내릴 때 흡사 사물이 달빛에 젖는 듯 느끼게 하기 때문이다. 이렇듯 달빛은 그 가벼움으로 사물들로 하여금 잠겨들게 한다. 멍석 위에 드러누워 달을 바라보는 삼룡이는 그를 감싸는 운명에 이끌리듯 달빛에 젖어들고 있다. 이 때 달빛은 주인아씨와 동일시되는 대상이다. 주인 색시와 별, 달은 동일체(identity)로 유추되고 있다. 달은 이상화된 불꽃(idealized fire)으로 순수화되어 본능은 결국 달처럼 순화됨을 지시하고 있다.[17] 주인아씨를 위해서라면 '자기의 목숨이라도 빼앗기지 않겠다는' 삼룡이의 '의분'은 달빛을 매개로 한 삼룡이와 주인아씨의 동일시를 의미

16) 한점돌, 「총체적 식인지현실의 형상화」, 『한국근대작가연구』, 삼지원, 1992, p.156.
17) 윤홍로, 『한국문학의 해석학적 연구』, 일지사, 1976, p.181.

한다. 초월의 빛인 달빛을 바라보며 삼룡이는 그 자신의 영혼의 자유로운 비상을 꿈꾸고 있다. 조화의 상징인 달빛 속에서 삼룡이의 자아는 비로소 초자아의 품속에 잠긴다.[18] 삼룡이가 이처럼 그의 초자아의 품속에 갇혀서 영혼의 자유로운 비상을 꿈꿀 수 있는 것은 혼자만의 시간과 어둠 속에서 그의 의식 이 평온을 맞이하고 있기 때문이다.

죽음을 향해 흐르는 시간의 불가역적 방향성을 의식한 인간이 제일 먼저 주시 한 것은 반복 또는 회귀하는 우주자연의 움직임이다. 그중 달빛은 영원한 회귀(Etemal Return)의 상징이다.[19] 주인아씨를 마음대로 만날 수 없는 상황에서 삼룡이는 달을 바라보며 주인아씨를 생각했다. 달은 여성의 이미지를 띠고 있으며 영원히 죽지 않는 삶의 상징물이다. 한번 생겨나고 자라고 그러다간 찌들고 이내 사라져 버리는 것이 인간이다. 수유의 일회성, 그것이 삶의 본질이다. 하지만 달은 새로이 태어나 자라서 차고 잇달아 기울어 이지러지기는 하되 또 다시 태어난다. 꼬박 사흘 모습을 감추어, 달의 사라짐이 있기는 하되, 그것은 오직 거듭남의 전제에 불과하다. 달은 거듭 태어나기 위해 잠시 죽어간다. 사람들이 그 생의 한계와 일회성에 눈뜨고 허무에 젖었을 때, 달을 우러른 것은 달이 보여주는 이와 같은 삶의 영속성 때문이다. 일회성의 극복을 달에 부쳐서 이룩하고자 한 것이다.[20] 노스텔지어를 향한 삼룡이의 열망은 재생에

---

18) 김열규, 『한국문학사』, 탐구당, 1983, pp.248-263 참조.

19) M. Eliade, *The Myths cf the Eternal Return, or Cosmos and History*, Princeton, New Jersey: Princeton University Press, 1971, p.86

20) 김열규, 앞의 책, p.240.

대한 자연스런 욕구로 이어져서 달을 바라보며 주인아씨를 그리는 행위로 나타나고 있는 것이다.

삼룡이는 이제 주인집으로부터 완전히 내쫓겼다. 자신의 전우주로만 알고 충성을 다해왔던 주인집으로부터 쫓겨남으로써 삼룡이는 더 이상 삶을 지속할 수 없게 된다. 더구나 이제는 그토록 그리워하던 주인아씨를 볼 수조차 없게 된 것이다. 삼룡이의 내면에서는 그리움에 가슴이 타오른다. 그것은 주인아씨에게서 받은 '목숨이라도 바꿀 수 있을 것 같은' '생명같은 희열'에서 비롯된다. 세계에 대한 삼룡이의 울분이 강렬할수록 그의 본능을 억압해 왔던 초자아의 힘은 약화된다. 본능이 초자아의 억압보다 더 큰 힘을 갖게 됨으로써 삼룡이의 울분은 외부로 표출될 수밖에 없게 되는 것이다. 이제 주인아씨는 삼룡이의 무의식 속에 절대미의 초월적 상징의 존재가 아니라 구체적 현실의 대상으로 의미 지워지기 시작한다. 즉 삼룡이 자신도 의식하지 못하는 사이에 주인아씨는 주종관계로서가 아니라 남녀의 대등한 관계로 인식되기 시작한 것이다. 그리고 그것은 오랫동안 무의식 속에 억압되어 왔던 삼룡이의 성적 욕구의 발현이라 할 수 있다.

또한 삼룡이는 완전히 내쫓김으로써 처음으로 주인집에 대한 환멸과 증오의 감정을 갖게 되었으며, 주인집으로부터 완전히 소외된다. 죽음이 좌절이요 파국일 뿐만 아니라 흡사 폭풍에 나무뿌리가 뽑히는 것 같은 일이기에 더는 어쩔 수 없는 막다른 골목에 갇히는 것이기에 한은 죽음에 즈음하여 막바지에 다다른다.[21] 삼룡이가 날마다 열고 닫던 문은 그의 삶, 나아가 존재를 확인시켜주는 사물이다. 삼룡이의 손에 의해서만 열리고 닫히는 문은 삼룡이의 삶에 의미를 부여해 왔다는 것이다. 그러나 그 문이 더 이상 삼룡이의 손에 열리지 않음으로써 삼룡이는 상징적인 죽음을 맞이한다. 문은 통과제의의 객관적 상관물로서 죽음과 탄생의 경계를 의미한다. 문을 통해 내쫓김으로써 삼룡이는 상징적인 죽음을 맞이하게 되며 새로운 탄생을 도모하게 된다. 탄생충격(birth trauma)은 모든 인간 충격의 원형이다.[22] 인간은 자신의 삶이 외부세계에 의해 위협을 당하고 우주가 그들의 눈에 탈진되고, 공허하게 된 것으로 보일 때마다 근원으로의(in principio) 회귀에 대한 필요를 느낀다. 즉 인간은 우주적 생명의 재생을 그것의 회복으로부터가 아니라, 그것의 재창조로부터 기대하고 있었던 것이다. 그래서 신화와 제의에 있어서 가장 본질적으로 중요한 것은 '태초', 근원적인 것, 혹은 원시적인 것 동을 의미하게 되는 것이다.[23] 자신이 바라는 대로 주인댁에서 다시 살아가는 일이 불가능함을 명백히 인식한 삼룡이는 새로운 탄생을 얻기 위해 근원적인 생명의 시간으로 회귀하고자 한다. 삼룡이는 그 동안 주인에게 복종만 하고 자아를 억압해 왔던 단계에서 벗어나 비로소 자기의 자각과 진정한 생의 실천 단계에 이르게 된 것이다. 인간은 외적인 인상과 영향에 좌우되는 단순한 베틀의 북과 같이 되기를 그친다. 그리하여 스스로의 의지를 움직여서 사건의 진전을 자기의 필요와 희망에 맞추어 진행하게 된다.[24] 삼룡이는 전에는 단 한

---

21) 김열규, 앞의 책, p.272.
22) C. S. Hall, 『프로이트 심리학 입문』, p.79.
23) M. Eliade, *The Myths cf the Eternal Return, or Cosmos and History*, p.81.
24) E. Cassirer, 『인간론』, 대양서적, 1981, p.447.

번도 경험해 본 적이 없는 분노를 느끼며, 그의 분노와 울분의 불은 불처럼 타오른다. 그동안 억압에 의해 삼룡이의 내면에서만 타오르던 불이 한꺼번에 외부세계를 향해 표출된다.

> 그날 저녁 밤은 깊었는데 멀리서 닭이 우는 소리와 함께 개 짖는 소리만이 들린다. 난데없는 화염이 벙어리 있던 오생원 집을 에워쌌다. 그 불을 미리 놓으려고 준비하여 놓았는지 집 가장자리 쭉 돌아가며 흩어 놓은 풀에 모조리 들라붙어 공중에서 내려다보면 집의 윤곽이 선명하게 보일 듯이 타오른다.
>
> 불은 마치 피묻은 살을 맛있게 잘라먹는 요마(妖魔)의 혓바닥처럼 날름날름 집 한 채를 삽시간에 먹어 버리었다. 이와 같은 화염 속으로 뛰어들어가는 사람이 하나 있으니 그는 다른 사람이 아니라 낮에 이 집을 쫓겨난 삼룡이다. 그는 먼저 사랑에 가서 문을 깨뜨리고 주인을 업어다가 밭 가운데 놓고 다시 들어가려 할 제 그의 얼굴과 등과 다리가 불에 데어 쭈그러져 드는 것을 알지 못하였다.
>
> 그는 건넌방으로 뛰어들었다. 그러나 색시는 없었다. 다시 안방으로 뛰어들었다. 그러나 또 없고 새서방이 그의 팔에 매달리어 구원하기를 애원하였다. 그러나 그는 그것을 뿌리쳤다. 다시 서까래에 불이 시뻘겋게 타면서 그의 머리에 떨어졌다. 그러나 그는 그것을 몰랐다. 부엌으로 가보았다. 거기서 나오다가 문설주가 떨어지며 왼팔이 부러졌다. 그러나 그것도 몰랐다. 그는 다시 광으로 가보았다. 거기도 없었다. 그는 다시 건넌방으로 들어갔다. 그때야 그는 색시가 타죽으려고 이불을 쓰고 누워 있는 것을 보았다. 그는 색시를 안았다. 그리고는 길을 찾았다. 그러나 나갈 곳이 없었다. 그는 하는 수 없이 지붕으로 올라갔다. 그는 비로소 자기의 몸이 자유롭지 못한 것을 알았다. 그러나 그는 자기가 여

태까지 맛보지 못한 즐거운 쾌감을 자기의 가슴에 느끼는 것을 알았다. 색시를 자기 가슴에 안았을 때 그는 이제 처음으로 살아난 듯하였다. 그는 자기의 목숨이 다한 줄 알았을 때 그 색시를 내려놓을 때는 그는 벌써 목숨이 끊어진 뒤였다. 집은 모조리 타고 벙어리는 색시를 무릎에 뉘고 있었다. 그의 울분은 그 불과 함께 사라졌을는지! 평화롭고 행복스러운 웃음이 그의 입 가장자리에 엷게 나타났을 뿐이다.(157-158)

'요마(妖魔)의 혀바닥처럼 집 한 채를 삽시간에 먹어' 버리고 있는 불은 그 고유의 파괴성과 공격성을 드러내며, 집으로 상징되는 삼룡이를 둘러싼 모든 부당하고 사악한 대상을 일시에 소멸시킨다. 세계에 정면으로 맞서서 방화를 스스로 행함으로써 삼룡이는 새로운 존재론적 전환을 맞이하고자 한다. 삼룡이는 '정화(淨化)의 불'[25] 속으로 불나비처럼 뛰어들어 타는 가슴을 태우고 사랑의 열정을 태우고자 한다. 그럼으로써 끝내는 영원히 타는 가슴으로, 타는 불로 남고자 하는 열렬한 사랑의 불꽃이 된다. 삼룡이로 하여금 행복스러운 웃음을 입 가장자리에 머금고 죽게 만드는 것은 목숨을 태우고 목숨을 죽임으로써 영원히 죽지 않는 삶을 살고자 하는 애트나 화산의 전설을 근원적으로 이어받고 있다는 원형의 해석이 뒤따른다.[26] 타오르는 불

25) 프레이저에 따르면 정화(淨化)는 생명이 있는 것에 해륜 가하는 더러운 악마나 흡혈귀, 역병 등의 힘을 파괴하기 위해 고대 유럽에서 행한 불의 축제에서 유래된 것이다. 다른 모든 불의 축제가 일정한 시기에 해마다 정기적으로 집행된 데 반해 정화의 불의 의식은 곤궁과 파멸이 닥쳐오는 경우에 집행되었다. J. G. Frazer, 장병길 역, 『황금가지』, 삼성출판사, 1977, pp.332-337 참조.

26) 김정자, 「불의 기법의 문체론적 해석」, 『국어국문학』 93호, 1987,

처럼 삼룡이는 스스로 죽음을 맞이하고자 하며, 죽음을 통해 존재의 전환을 실현하고자 하는 것이다.

불속으로 뛰어 들어가 주인아씨를 찾아 헤매는 과정에서 삼룡이의 팔은 부러지며 온몸이 불에 데이고 쭈그러든다. 그것은 재생을 위한 마지막 시련의 과정이라 할 수 있다. 불속에 뛰어드는 것은 산화를 통해 죽음을 실행하는 것이며, 죽음을 각오하고 찾아낸 주인아씨는 삼룡이의 영원한 이데아의 상징적 존재라는 사실을 다시 한 번 확인하게 한다. 건넌방에서 주인아씨를 발견한 삼룡이는 이제 어떤 대상이나 혹은 초자아로부터 아무런 구속도 받지 않고 그녀를 품에 안을 수 있게 되었다. 그리고 이제는 숙명처럼 되어버린 죽음을 맞이하기 위해 삼룡이는 주인아씨를 안고 지붕으로 오른다. 지붕은 하늘의 돔(dome)을 상징하며 하늘로 올라가는 방향은 초월을 향한 욕망을 뜻한다. 왜냐하면 하늘은 초월의 모범적인 이미지를 이루기 때문이며 그것은 결국 하나의 존재양식에서 또 다른 존재양식으로, 하나의 실존적 상황에서 또 다른 실존적 상황에로의 전환을 가능케하기 때문이다.[27] 그 동안 삼룡이의 의식에서 주인집은 곧 세계로 인식되어 있기 때문에 새아씨와 함께 삼룡이가 올라간 지붕은 천상에 제일 가까운 지상의 맨 꼭대기에 해당된다. 따라서 지붕으로 오른 삼룡이의 행위는 죽음을 통한 초월과 존재론적 전환의 의지로 집약될 수 있다.

'새아씨를 자기 가슴에 안았을 때' '처음으로 살아난 듯'한 느낌을 갖고 있다는 것은 곧 그 같은 행위를 통해 삼룡이가 재생

---

p.256.

27) M. Eliade, *The Sacred and the Profane*, pp.99-137 참조.

의 과정을 무의식중에 경험하고 있음을 말해준다. 따라서 그같은 느낌은 일종의 재생의 환희이며, 삼룡이를 속박해 온 모든 것들을 파괴해 버림으로써 얻은 근원적인 생의 회복을 의미한다.[28] 집은 모조리 타고 삼룡이는 새아씨의 무릎에 누운 채 새아씨와 함께 타고 재가 된다. 모든 것을 얻기 위해서 모든 것을 잃는다. 불꽃 속에서 죽는 것은 가장 고독하지 않은 죽음이다. 그것이야말로 바로 거기서 전 우주가 사객가와 더불어 무로 돌아가는 진실로 우주적인 죽음이다.[29] 불은 고대로부터 상승의 개념과 연결되어 왔다. 불은 위로 타오르며 더욱이 땅위의 불과 빛의 궁극적인 원천인 태양은 저 밝은 하늘 위에 날마다 자리하고 있는 것이다.[30] 타는 불의 힘을 빌어 인간은 존재론적 전환을 모색하고, 불의 타오르는 상승의 방향에 따라 인간은 무질서의 연속인 현재의 삶에서 영원히 벗어나 초월적 세계에 도달하고자 하는 열망을 갖게 된다. 상승의 개념과 연결된 불이 초월의 상징물로 나타나는 것도 바로 이 때문이다. 자신의 구원과 유토피아의 상징인 주인아씨의 무릎에 누워 영원한 어머니의 상징인 주인아씨와 함께 산화한 삼룡이에게 죽음은 공포의 체계가 아니라 승화되고 오묘한 신비론을 두르고 있는 유미적 낭만미학의 죽음이다. 이제 삼룡이가 도달하게 된 세계는 현세적인 고통이나 병신으로서의 제약이 없는 초월적 세계이며, 그는 자신의 전 우주인 주인집에 불의 제단을 세움으로써 세계를 성

---

28) 이재선, 『한국단편소설연구』, 일조각, 1975, p.205.
29) G. Bachrlard, 앞의 책 pp.44-46.
30) P. Wheelwright, *Metaphor and Reality*, Indiana University, 1962, p.119.

화(聖化)하고 나아가 자신을 거룩한 근원의 시간 속에 위치시키려 하고 있다.[31] 삼룡이는 몽환 속에서나 꿈꿀 수 있는 주인아씨와 함께 불 속에서 죽음을 맞이하고 있다. 그와 더불어 사회적 소외자로 억눌려 왔던 삼룡이의 울분은 바로 불 속에서 소멸되고 있다. 또한 삼룡이는 모순되고 부당한 기존질서를 파괴하는 것을 불 속에서 실현 하고 있는 셈이 된다. 불 속에서 죽어가는 삼룡이와 주인아씨는 지상에서 이루어질 수 없는 현세의 유한성을 극복하고 천상적인 재생을 이루고 있다.[32] 즉, 현세에서는 가능하지 않은 존재론적 전환을 위한 결합을 주인아씨와 함께 하늘을 향해 타오르는 불 속에서 스스로 행하고 있는 것이다.

## 5. 맺음말

지금까지 이 글에서는 통과제의의 관점에서 한국 현대소설의 구조를 해명하고자 하는 첫 단계로 나도향의 「벙어리 삼룡이」를 분석해 보았다. 통과제의 구조는 분리, 전이, 결합의 순차적 형태를 띤다는 방 쥬네의 견해에 입각하여 작중의 주인공인 삼룡이가 자신의 존재를 자각하고 부당한 세계로부터 스스로를 전이시켜 궁극적으로는 자신이 꿈꾸는 이상세계에 도달하기까지의 과정을 살펴본 것이다.

삼룡이는 신체적 불구와 충성심으로 인하여 주인집에 철저히

31) M. Eliade, *The Sacred and the Profane*, p.74.
32) 윤홍로, 앞의 책, p.180.

예속된 존재이다. 삼룡이는 스스로의 존재인식을 하지 못하고 있으며 주어진 삶을 운명으로만 받아들이고 본능마저도 철저히 억압하며 살아온 인물이다. 감추어진 본능이 억압될 때 그 본능은 내면에서 소진되지 않는 한 휴화산처럼 외부로 분출될 계기를 기다리게 마련이다. 이는 분리 이전의 단계 혹은 분리의 시작 단계라고 볼 수 있다. 삼룡이의 본능 분출은 주인아들의 혼인과 주인아씨의 등장에 의해 그 계기가 마련된다. 주인아들은 삼룡이를 철저히 억압하는 인물이다. 그와 함께 주인아씨는 주인아들로부터 학대를 받음으로써 삼룡이에게 연민의 대상으로 내면에 자리하게 된다. 그리고 시간의 흐름에 따라 그 연민은 연모의 정으로 탈바꿈하게 된다. 주인아씨에 의해 삼룡이의 본능은 용암처럼 외부로 분출되게 되며, 삼룡이는 이제 주인집에 예속시키고 억압했던 자아를 인식함으로써 분리와 전이 과정을 함께 겪는다.

주인아들로 인해 생산성이 상실된 주인집은 불모의 공간으로 자리한다. 그리고 주인집에서 완전히 내쫓김으로써 그러한 불모성은 더욱 강화된다. 이 작품에 나타난 공간 모티프는 기존 관계의 파탄이 반복적으로 행해지거나, 인물들 간의 시기와 갈등과 반목, 그리고 불화가 발생하는 주인집으로서, 그같은 행위들은 행위 당사자들에게 상징적인 혹은 실존적인 죽음을 가져다주는 원인이 되고 있다. 또한 이 시기의 소설들 속에 그려지고 있는 집의 공간 모티프가 「벙어리 삼룡이」의 경우와 같이 생산적 공간으로서의 기능을 상실하고 죽음의 연속으로 나타나고 있다는 것은 1920년대라는 시대적 상황이 가져다주는 삶의 질곡을 상징하는 공간 모티프이기도 하다. 그러한 공간으로부터 스스로 벗어남으로써 삼룡이는 존재론적 전환을 모색하게 되는데, 결말부에 보이는 불의 상징이 바로 그것이다. 집을 일시에 태워버릴 만큼 거세게 타오르는 불은 세계를 향한 삼룡이 내면에서의 분노와 울분의 집적 과정을 거쳐서이다. 삼룡이의 방화 행위는 그렇게 해석된다.

## 〈참고 문헌〉

김열규, 『한국문학사』, 탐구당, 1983.

김용희, 『현대소설에 나타난 '길'의 상징성』, 정음사, 1985

김윤식 · 정호웅 공저, 『한국소설사』, 예하, 1995.

김정자, 「불의 기법의 문체론적 해석」, 『국어국문학』 93호, 1987.

신동욱, 『우리 이야기문학의 아름다움』, 한국연구원, 1981.

윤홍로, 『한국문학의 해석학적 연구』, 일지사, 1976.

이재선, 「집(家)의 시간성과 공간성」, 『가와 가문』, 서강대학교 인문과학연구소, 1989.

진정석, 「단편소설의 미학을 위한 모색」, 『한국근대작가연구』 22, 동아출판사, 1995.

한점돌, 「총체적 식인지현실의 형상화」,『한국근대작가연구』, 삼지원, 1992.

홍태식, 「한국근대단편소설의 인물연구」, 명지대학교 대학원 박사논문, 1987.

A. Van Gennep, *the rite of passage*, Chicago Univ. Press, 1966.

B. K. Malinowski, 한완상 역, 『미개사회의 성과 억압』, 삼성출판사, 1982.

C. S. Hall, 최현 역, 『융 심리학 입문』, 범우사, 1989.

G. Bachrlard, 민희식 역, 『불의 정신분석』, 세계사상전집16, 삼성출판사, 1982.

J. R. Cirlot, *A Dictionary of Symbols*, New York: Philosophical Librarary, 1962.

J. G. Frazer, 장병길 역, 『황금가지』, 삼성출판사, 1977.

M. Eliade, *The Sacred and the Profane*, New York: Harcourt Brace Jovanovich, 1959.

M. Eliade, *The Myths cf the Eternal Return, or Cosmos and History*, Princeton, New Jersey: Princeton University Press, 1971.

P. Wheelwright, *Metaphor and Reality*, Indiana University, 1962.

# 교양소설과 주체확립의 동력학*

## - 김남천의 『대하』를 중심으로 -

허 병 식**

## 1. 교양소설과 가족 로망스

『대하』는 김남천이 그의 일련의 장편소설 개조론에서 강조하였던 바, '풍속을 통해 전형을 묘사하고, 연대기를 가족사의 가운데 현현시킨다'는 의도를 직접 창작으로 구체화한 작품으로 알려져 있다. 일급의 비평가이자 작가였던 김남천이 당대의 문학현실을 위기로 인식하고, 그 상황을 타개하기 위해 제출한 '로만개조론'과 『대하』의 창작의도에 대해서는 그가 쓴 여러 논문을 통해 확인할 수 있는데, 그 중 한 대목을 들면 다음과 같다.

> 풍속을 가족사로 들고 들어가면 우리 작가가 협착하게밖에 살펴보지 못하던 넓은 전형적 정황의 묘사가 가능할 수 있으리라고 생각한 때문이고 그것을 다시 연대기로 파악하자는 생각은 우리의 정황의 묘사를 전형화하고 그 묘사의 핵심에 엄밀한 합리성과

---

* 이 논문은 허병식, 「교양소설과 주체 확립의 동력학」(『한국근대문학연구』 2권 1호, 한국근대문학회, 2001)을 재수록한 것이다.

** 동국대학교 한국문학연구소 연구교수.

> 과학적 정신을 보장하겠다는 심사이다. 다시 말하면 작가의 지적 관심을 높이겠다는 심사이다. 한편 우리가 현순간에서 발견하지 못하였던 발랄한 생기 있는 인물로 된 이데를 현세인의 형성 내지는 생성과정에서 잡아보려는 야심을 일으키어 현세인 그 자체에 대한 새로운 발견이 가능하지는 않을까. 그것을 희망하는 마음도 실인즉 없지 아니하다.[1)]

여기에는 풍속이나 가족사, 혹은 연대기에 대한 김남천 자신의 생각이 드러나고 있거니와, 기존의 『대하』에 관한 연구들 또한 가족사소설 혹은 가족사 연대기소설의 맥락에서 작품에 접근하고 있는 것이 주류를 이루고 있다. 그러나 『대하』를 가족사소설의 문맥에서만 파악하는 것은 이 작품이 지닌 풍요로운 해석의 가능성을 탐구하는 데 도움을 주지 못한다. 가령 위의 인용에서, '현세인의 형성'을 통해 현세인 자체에 대한 새로운 발견을 이루어 보고 싶다는 의사를 피력하고 있는 부분은 주목할 필요가 있다. '발랄하고 생기 있는' 청년을 주인공으로 삼아 그의 자아가 형성되어가는 과정을 살펴보는 서사라면 그것은 교양소설, 혹은 성장소설의 양식이라고 할 수 있을 것인데, 실제로 『대하』에는 그것을 교양소설의 맥락에서 파악할 수 있도록 만드는 여러 가지 모티브들이 존재한다.

> 시대정신의 구현된 성격으로 발랄하여 전통의 파괴자, 가족계보의 이단자를 청소년에서 구하되, 서자 학도로 할 것. 이리하여

---

1) 김남천, 「현대 조선소설의 이념」, 정호웅 · 손정수 편, 『김남천 전집1』, 박이정, 2000, p.405.

박성권의 3남, 서자, 19세의 박형걸이가 선발되었다.[2)]

작가가 『대하』의 주요 인물 중 하나인 형걸에 대해 설명하고 있는 위의 인용에서, '전통의 파괴자', '가족계보의 이단자'로 하여금 시대정신을 구현하도록 하겠다는 의도는 앞에서 살펴본 "현세인의 형성 내지는 생성과정에서" 하나의 이상을 택하여, "현세인 그 자체에 대한 새로운 발견"을 시도해 보겠다는 창작 의도와 부합하는 측면이 있다. 특히 서자가 '가족 로망스'에서 차지하는 위치를 고려해 본다면, 『대하』의 서사는 가족로망스나 교양소설의 측면에서 새롭게 읽혀질 가능성을 내장하고 있다는 판단을 내릴 수 있다.

프로이트의 '가족 로망스'가 알려주는 바에 따르면, 한 인간이 성장하고 발전하는 과정에서 반드시 겪어야 할 통과의례 중의 하나는 부모로부터 독립을 이루는 것이다. 사회의 발전은 아버지의 세대와 아들 세대 간의 반목을 통해 이루어지는 것이므로, 모든 아들들은 부모의 권위를 의심하거나 비난하게 되며, 자신을 정당화하기 위해서 스스로가 업둥이거나 사생아라는 생각을 갖게 되기도 한다.[3)] 말할 것도 없이 이와 같은 가족 로망스가 개인의 성장의 조건이 되는 상황은 근대적인 것이다. 한 개인의 신원이 생득적인 것이고 그의 정체성이 상속되는 안정된 공동체에서 아버지의 역할은 아들에게 고정된 질서를 부여하는 것

2) 김남천, 「작품의 제작과정」, 위의 책, p.499.
3) 지그문트 프로이트, 김정일 역, 「가족 로맨스」, 『성욕에 관한 세 편의 에세이』, 열린책들, 1996, pp.57-61.

이며, 그 질서에 복속할 것을 요구하는 것이다. 이러한 안정된 공동체에서 젊은이의 성장은 커다란 문제로 대두하지 않으며, 아버지의 권위는 도전 받지 않는다. 젊음이 문제적인 것이 되는 것은 개인의 자아가 생득적 신원에 의해 결정되거나 상속되지 않고, 개인이 끊임없이 스스로의 자아를 창출해내고 정당화시켜야 할 과제에 직면하게 되는 근대의 국면에 이르러서이다. 그리고 이러한 역동적 근대가 산출해낸 사회적 유동성에 의해 아버지의 권위는 도전받게 된다. 유럽의 교양소설에 관한 연구에서 프랑코 모레티가 지적하고 있는 것처럼, 사회적 제관계들의 기민한 변화와 유동성(mobility)을 그 특질로 삼는 근대성의 경험에 충실한 서사라면 개인의 성장은 사회와의 조화가 아니라 갈등의 국면으로 나타나게 된다. 자유와 행복, 정체성과 변화, 안정성과 변모 사이의 공존은 한편으로 교양소설의 특질을 구성하지만, 우리가 경험하고 있는 근대의 국면에서 그것은 심각한 모순으로 존재하기도 한다. 젊음의 형성이라는 문제가 근대성의 뚜렷한 징후로 부각되고, 젊은이의 성장을 다룬 교양소설이 '근대성의 상징적 형식'이 되는 것은 이 때문이다.[4)]

한국의 교양소설[5)]들 또한 이러한 가족 로망스의 커다란 틀

---

4) Franco Moretti, *The Way of the World: Bildungsroman in European Culture*, London: Verso, 1987.

5) 교양소설(Bildungsroman)이란 엄밀하게 말하면 개인의 형성과 사회로의 통합을 상정하는 독일적인 전통에서 나온 소설의 양식을 일컫는다. 그러므로 이광수의 『무정』을 시초로 하는 성장체험을 다룬 한국소설들에 교양소설이라는 이름을 부여할 수 있는가는 고려해야 할 사항이다. 그러나 몇몇 연구자들이 지적한 것처럼 한국의 성장체험 소설들 또한 근대의 역동성이 부여한 성장의 과제에 대한 고투와 기획

속에서 이해될 수 있다. 그러므로 근대적 성장의 문제를 다룬 최초의 한국 소설이라 할 수 있는 『무정』의 주인공 이형식이 고아로 등장한다는 점은 결코 우연이 아니다. 근대적 주체를 구성하는 중요한 특질 중의 하나이자 고유한 성격인 '정치적 고아의식'은 가족 로망스를 통해 아비를 부정하고 스스로를 고아 또는 서자로 규정하는 근대 가족 로망스의 산물인 것이다.[6] 김남천의 『대하』 또한 가족 로망스로부터 자유롭지 못하며, 그렇기 때문에 이 소설에서 가장 문제적인 인물은 박성권의 셋째 아들이며 서자인 박형걸이라고 할 수 있다. 형걸이 서자라는 사실은, 이형식에게 있어서 고아라는 상황이 그런 것과 마찬가지로, 주어진 신원에 자족함으로써가 아니라 자아의 형성을 모색함으로써 스스로를 정당화해야 하는 숙명을 그에게 안겨준다. 그가 보여주는 성장의 여정을 좇아가는 것은 근대 조선의 사회와 근대기획을 담당한 젊은이들이 직면하였던 다양한 혼란과 가능성의 국면을 징후적으로 파악할 수 있게 만든다는 점에서 흥미로운 것이다.

## 2. 자기결정과 사회화의 대립

『대하』의 서사는 자수성가하여 신흥부호가 된 차함 참봉 박

---

을 보여주고 있으며, 그것을 일러 빌둥의 상상력이라고 부를 수 있다면, 그 성장체험 소설들을 교양소설이라 지칭하는 것도 가능하리라고 판단된다.

6) 권명아, 『가족이야기는 어떻게 만들어지는가』, 책세상, 2000, p.23.

성권의 신분상승담을 포함하고 있다. 그는 중인 신분으로 청일 전쟁의 혼란기를 발판으로 삼아 재산을 모은 인물이다. "무엇을 한번 결정하면 무엇이든지 해놓고야 마는 괴팍한 성질"을 지니고 있으며 "돈의 위력을 누구보다도 확신하는 날카로운 선견의 명"[7]을 가진 인물이라는 묘사는 그의 자수성가가 어떤 경로를 통해 이루어진 것인가를 짐작하게 만든다. 그는 기회가 있을 때마다 토지를 매입하여 지주의 위치에 올라섰으며, 고리대금업을 통해 재산을 축적해나가는 자산가이다. 그는 아직까지 가문이나 문벌이 행세하고 있으나, 자신의 돈 앞에 세상이 머리를 숙일 날이 얼마 남지 않았음을 확신하고 있다. 박성권이 "때때로 뒤곁에 나가 십이봉 밑으로 유유히 흘러 대동강을 이루는 비류강의 강물을 만족하니 바라보"며, "이십 년 가까운 동안 저 강물은 나와 함께 노력과 공포와 기쁨을 일시에 휩쓸어 삼키면서, 몇천 년 한날처럼 대동강으로, 황해 바다로 흘러가는, 그의 걸음을 멈춘 적이 없었다"(p.24.)라고 생각하는 대목은 그가 이제 막 펼쳐지기 시작한 '근대성의 소용돌이'의 역동적인 국면을 어느 누구보다도 빠르게 간파하고, 기민하게 그 흐름에 몸담은 인물이라는 것을 적시한다.

풍속과 세태를 다룬 가족사소설이라는 작가의 지향이 드러내듯이, 『대하』의 서사는 박성권의 자산 축적 과정뿐만 아니라, 부흥하기 시작하는 자본주의적 시장경제의 국면을 단편적으로 보여주고 있다. 나카니시 상점을 중심으로 한 몇몇 잡화점들이

7) 김남천, 『대하』, 동아출판사, 1995, p.22. 앞으로 이 책에서의 인용은 페이지수만 표시함.

단오를 대비하여 평양으로부터 물건을 실어오고, 고장 사람들이 남포등이나 성냥이나 양말 같은 잡화들에 비상한 관심을 보여주는 장면을 묘사한 대목이 그것이다. 그것은 장날의 분주함과 흥겨움에 대한 묘사 이상으로 무언가 세태가 빠르게 변해가고 있다는 느낌을 주기에 충분한 서술들로 이루어져 있다. 이러한 자본주의적 시장경제의 대두가 지니는 의미를 상징적으로 드러내고 있는 에피소드로 박리균 형제의 일화를 들 수 있다. 조상 중에 열녀가 나온 양반가임을 드러내놓고 자랑하고 다니던 박리균 형제는, 박성권이 자신들과 같은 밀양 박씨라고 주장하는 것을 못마땅해하며 그를 근본 없는 인물라고 멸시하여 왔지만, 결국은 국수집을 여관으로 개축하는데 필요한 자금을 융통하기 위해 그에게 비굴하게 돈을 빌리게 되기에 이른다. 이 일화는 신분적 질서가 중시되던 사회에서 물질적 거래가 주도적이 되는 시장 경제로 변화하는 사회의 새로운 양상을 상징적으로 보여주고 있다. 별다른 관련이 없는 인간활동들을 매개하는 '연결망'을 발견하기에는 시장이 가장 적합한 체계라는 것이 나카니시 상점과 박리균 형제의 일화에서 잘 드러나고 있다. 나카니시 상점의 잡화들이나 칠성이가 평양에서 사온 자전거에 대해 사람들이 보이는 지대한 관심들은 아무리 사소하고 무의미한 대상에도 의미를 할당하는 시장경제의 면모를 단편적으로 보여주고 있다.

단오날의 운동회 행사장에서 다른 양반가의 인물들을 모두 제쳐놓고 대운동회 부회장의 자리에 박성권이 앉아 있는 장면 또한 이러한 시대의 움직임을 유감 없이 보여준다. 『대하』의 서사에서 단오의 운동회가 지니는 상징적 의미는 간과되어서는 안 될 것이다. 형걸과 대봉이를 비롯한 청년들이 운동회를 준비하며 보여주는 역동적이고 활기찬 모습들은, 사람과 사람 사이의 교류와 화합이 새로운 형식을 통해 이루어지는 근대적인 집회로서의 운동회가 젊은이들에게 매우 중요한 비중으로 다가오고 있음을 암시하고 있다. 그것은 낯선 고장의 사람들을 한 자리에 불러모으고, 위생과 체육이라는 근대적 사상을 계몽하기 위한 중요한 장소로 기능한다. 신사상과 신학문을 장려하자는 취지를 대회의 주지로 삼고 있는 이러한 운동회의 부회장으로 박성권이 추대되어 있다는 것은 자본주의적 근대화의 면모를 단적으로 파악하도록 만들어 준다.

『빌헬름 마이스터』를 전범으로 삼는 독일의 고전적 교양소설에서 교양의 이상은 개인의 자아 형성과 사회로의 통합의 조화를 통해서 성취되는 것이다. 빌헬름의 성장은 '탑의 사회'라는 후견인들의 원조를 바탕으로 한 사회로의 통합을 통해 성숙으로 이어지게 된다. 『대하』에서 성장의 과제를 수행하는 인물인 형걸은 빌헬름과 마찬가지로 '교양의 발견'을 수행하기 위한 여정의 한 가운데에 있다. 그러나 형걸에게 교양의 발견을 가능하도록 해 주는 토대로서의 사회가 존재하고 있었던가는 의문이다. 고전적 교양소설에서 개인에게 '고향'을 구축해 주고 교양을 부여해주는 후견인으로서의 사회가 개인의 성장에 필수적이었음을 상기한다면, 형걸에게는 그런 후견인이 결여되어 있거나, 그것이 있다고 해도 그 역할이 사회적 통합을 이루도록 만드는데 있지 않다는 것을 예견할 수 있다. 형걸의 경우, 자기 결정과 사회화의 요구 사이에는 통합의 가능성이 존재하지 않는다. 『대하』는 오히려 "공적인 영역과 사적인 영역을 동일시하려 하지 않고, 그것들의 갈등하는 관계를 조망하려 하고 그 균형과 타협이 파괴되는 것을 지켜보는"[8] 소설의 양식에 가깝다. 그것은 충만하게 공적인 존재와 엄격하게 개인적인 열정의 양극단을 탐구하는 양식이다. 이러한 점에서 『대하』의 주인공 형걸이 보여주는 성장의 드라마는 부르주아 사회로의 편입을 시도하였던 『무정』의 이형식이나, 할아버지가 모은 곳간의 재산을 물려받는 『삼대』의 조덕기의 행로[9]와는 상반되는 것이다. 그렇다면 형걸은 조선의 사회가 경험하고 있는 혼란과 역동성에서 어떠한 성장의 가능성을 보여주고 있는가.

## 3. 결혼의 장애와 성장의 시련

고전적 교양소설에서 결혼은 사회적 계약의 새로운 유형에 대한 모델이다. 결혼은 위태로워진 가족의 토대가 될 뿐만 아니라 개인과 세계 사이의 협정으로 기능한다. 결혼은 자유로운 개인으로 하여금 스스로의 자유를 제한하도록 만드는, '사회적 계약에 대한 은유'이다. 박성권이 자신의 신분을 상승시키기 위하여, 재산의 축적뿐만 아니라 아들들의 혼사에도 세심한 배려를

---

8) Franco Moretti, 앞의 책, p.79.

9) 『삼대』의 덕기가 보여주는 모습을 공동체의 토양에서 자라난 문화를 습득하면서 전체적인 삶의 세계로 나아가는 교양인의 예시로 볼 수도 있을 것이다. 그렇게 볼 때 그의 좌절은 당대의 조선사회가 안고 있는 교양과 문화적 사명의 파탄으로 읽을 수 있다.

보이는 것도 그러한 맥락에서 파악할 수 있다.

> 아들의 혼인에도 박참봉은 머리를 썼다. 맏아들 형준은 이미 삭명 경주 김씨와 혼사를 지내, 벌써 장손과 손녀를 보았고, 또 보아하니 가도 범절이 옳아서, 며늘아이의 하는 품이 상냥하고 손 쓰는 법도, 맏며느리 되기에 흠잡을 곳이 없다.
>
> 둘째 아들 형선이는 한고을 안 상부, 강선루 뒤에 있는 연일 정씨와 혼사를 작정하여, 편지도 부쳤고 선채도 보냈다. 오래지 않아 장갓날이 올 것이다. 정씨 집안일은 한고을 안이니 손에 끼어들게 잘 안다. 지금은 그만두었으나 벼슬도 높았고, 또 재산도 상당하다.(23)

인용한 구절에서 알 수 있는 것은 박성권에게는 그의 며느리감이 어떤 인물인가보다는, 그들이 누구의 자손인가가 더욱 중요하다는 것과, 그가 양반들과의 혼사를 통해서 무엇보다 자신의 지위를 확고히 다지려한다는 점이다. 이러한 '사회적 계약에 대한 은유'로서의 결혼을 하는 젊은이의 자유는 제한되고, 그의 자기결정은 무망해지리라는 것을 예상하는 것은 어렵지 않다. 맏아들 형준이가 결혼한 이후에 "젊은 사람의 정력을 이끌어들일 만한 힘"(p.128.)을 가진 일을 하지 못하고 권태로워 하다가 쌍네의 방을 기웃거리고 도박에 빠지게 되는 것이나, 형선이가 결혼식을 올린 날 밤에 "행복되게 부귀를 누리면서 첫아들 낳고 잘살아 보기를 이뤃도록이나 저도 모르게 희망하고 있는"(p.59.) 것은 그들이 개인의 자유를 제한하도록 만드는 결혼이라는 계약 속에 안주하는 인물들임을 보여주는 대목이다.

고전적 교양소설에서 젊은이가 직면하게 된 자기결정과 사회화의 대립은 그가 결혼을 통해 안정된 사회 속으로 편입하게 됨으로써 조화를 이루게 된다. 고전적 교양소설의 결말에 등장하는 주인공의 결혼 장면은 곧 그의 '성숙'을 의미하는 것이다. 그러나 결혼이라는 결론으로 젊은이들을 인도하는 화해로운 결말은 근대성의 경험을 구현하는 성장의 서사에는 더 이상 어울리지 않는다. 형걸이 근대적인 교양소설로서의 『대하』의 주인공으로 등장하는 것은 이러한 맥락과 무관하지 않다. 『대하』에서 형걸이 최초로 경험하게 되는 성장의 시련은 결혼의 장애로부터 발생한다. 그와 그의 어머니가 신부감으로 여겨오던 보부라는 고을의 처녀가 그의 이복형인 형선과 결혼하게 되는 것은 형걸에게 쓰라린 경험으로 다가오게 된다.

> 어머니가 오늘 아침 형걸이의 태도에 아무 말을 못 건넨 것도 이런 일이 있는 때문이었고, 또 형걸이 자신도 어머니의 심경을 모르는 바 아니다. 그러나 가슴에 솟구쳐 오르는 지향없는 울분을 또한 어떻게 처치할 길이 없었다. 그 울분을 억눌러서 삭발로 인도해 놓은 것만 지극히 온당한 행동이었다고 아니할 수 없을 것이다.(74)

이복형인 형선과 정좌수집의 보부가 혼인을 올리는 날, 형걸은 "가슴에 솟구쳐 오르는 지향없는 울분"을 느끼게 되고, 그 울분은 삭발을 감행하는 것으로 이어진다. 결혼의 장애가 삭발이라는 전통파괴의 행위로 이어지는 것은 자연스럽다. 공동체적 사회에서 결혼이란 신분이나 연고를 바탕으로 하여 한 사람의 성인으로 추인받는 자연스런 성숙의 과정이다. 형걸이 결혼에 장애를 느끼고 결국 결혼이라는 제의를 거부하게 되는 것은 공동체로부터 추인받는 성숙을 거부하겠다는 것을 의미하며, 삭발은 그러한 공동체와 전통에의 거부를 가장 극명하게 드러내 주는 상징으로 기능한다. 그것은 "한 사람의 정체성은 창조되는 것이지 상속되는 것이 아니라는 관념"[10]의 발현이다. 이와 같이 자각한 개인들이 출현하는 것은 이전의 사회와는 근본적으로 다른 정체(政體)를 지닌 사회의 도래를 가능하도록 만든다. 한 사람의 남성과 한 사람의 여성이 자유롭게 계약하는 개인으로 등장하고, 그들의 계약적 관계가 새로운 정체의 근본적인 단위를 이루게 되는 사회란, 아버지에 의해 전제적으로 조정되던 가부장적 가족관계를 대체할 수 있는 힘을 지니게 될 것이다.[11] 『대하』의 형걸은 결혼을 거부함으로써 개인의 자유에 대한 각성의 징후를 보여주는 인물로 한국 문학사에서 뚜렷한 맨 얼굴을 드러내고 있다.

## 4. 섹슈얼리티의 발견과 낭만적 사랑

결혼에 장애가 발생하고, 공동체적 성장에 대한 막연한 기대가 좌절되었을 때 형걸에게 생겨나는 것은 리비도적인 애욕의 출현이다. 그것은 전통과 관습으로부터 자신을 분리시키도록

10) Franco Moretti, 앞의 책, p.214.
11) 린 헌트, 조한욱 역, 『프랑스 혁명의 가족로망스』, 새물결, 1999, p.69.

만드는 섹슈얼리티의 발견이라 말할 수 있다. 형걸은 머리를 깍은 후에도 울분을 다스리지 못해 산으로 배회하다가 자기 집의 막서리인 두칠이의 아내 쌍네를 만나게 된다. 그런데 그가 발견하는 것은 지금까지 보아 오던 쌍네라는 존재가 아니라 "하나의 난만한 원숙한 여자의 육체"(p.76,)이다. 그는 이후로 쌍네에 대한 그리움을 감추지 못하며, "눈, 코, 입, 등골, 그리고 가슴, 저고리 속에 감춰진 채 불룩한 가슴, 이런 것을"(p.93.) 생각하게 된다. 그는 결국 두칠이가 없는 틈을 타서 쌍네의 방으로 찾아가기에 이른다. 그러한 형걸의 행동은 아버지 박참봉과 전통의 관습으로부터 형걸을 더욱 멀어지도록 만들게 된다.

쌍네에 대한 애욕이 형수가 된 보부를 향한 욕망의 대리만족이라는 의미를 지니고 있기에 일시적인 것이라면, 그에게 보다 더 의미 있는 사랑의 대상으로 다가오는 것은 기생 부용이다. 대봉이와 함께 나선 전도의 과정에서 일어난 부용과의 만남은 형걸의 자아의 성장에 결정적인 계기로 작용하게 된다. 그것은 쌍네에게 지녔던 강렬한 애욕을 일시에 무화시킬 만큼 그에게 깊이 있는 체험이 된다. 그는 부용이와 나눈 약속을 생각하며, 기생인 그와 자신의 관계를 계속 이어나가기 위해서 무엇이 필요한가를 심각하게 고민하게 된다.

> 그러나 막상 당하고 보니, 형걸이로서 부용의 애정은 적지 않이 그의 행동을 견제하였다. 부용이는 어떻게 생각하는지 모르나, 형걸이 자신만은 부용이를 잊을 수 없을 것 같다. 그렇다고 그와 어엿하니 결혼생활을 이루어 보자면, 어떻게, 무엇부터 차비를 차

려야 옳을는지 도무지 염이 나질 않았다.(267)

부용과의 관계를 통해 형걸이 보여주는 것은 사랑을 위해 스스로 무언가를 준비해야 되는 존재로서의 자아를 인식한 주체의 모습이다. 그는 부용이라는 타인에 대해 각별한 관심을 갖게 되면서, 자신이 지니게 된 사랑을 의미 있는 것으로 만들기 위해, 타인들이 느끼고 필요로 하는 것이 무엇인가를 돌아보게 되고, 그것을 준비하기 위해 노력하는 모습을 보이게 된다. 그것은 버먼이 그의 파우스트론에서 말한 연인으로 변신한 주체의 모습[12]을 닮아 있다. 삭발이라는 행위를 통해 아버지와 전통의 권위에 도전을 하고도, 구체적으로 어떠한 행동을 취해야 할지 알지 못하던 형걸은, 사랑을 통해 자아를 돌아보게 되고, 무언가 다른 것이 되고 싶다는, 자신을 바꾸고 싶다는 발전의 가능성을 염두에 두게 된다. 이러한 점은 형걸에게 애욕적인 생활이 "그가 어떻게 살아가고 어떻게 행동할 것인가를 처음으로 알게 해준 영역"이 되며 그 속에서 그의 자아가 "실제적이고 찬양할 만한 인간의 성장"[13]을 이루어 갈 것이라는 점을 암시한다. 푸코가 보여준 것처럼, 섹슈얼리티의 발명(invention)은 근대적 사회제도가 형성되고 굳어지는 가운데 자리잡고 있는 뚜렷한 과정 중의 하나이다.[14] 그리고 프로이트가 알려준 것처럼, 그

---

12) Marshall berman, 'Goethe's Faust: The Tragedy of Development', *All That is Solid Melts into Air: The Experience of Modernity,* New York/ Penguin Books, 1988, p.52.

13) Marshall berman, 앞의 책, p.52.

14) 앤서니 기든스, 배은경 · 황정미 역, 『현대사회의 성 · 사랑 · 에로티시즘』, 새물결, 1999, p.59.

것은 자기정체성의 문제와 연관되는 것으로, '자아에 대한 성찰적 서사를 창출하는 환경'을 만들어 내는데 도움을 주었다.[15) 형걸에게서 나타나는 자아각성과 자기발견의 욕망을 강조하는 것은, 섹슈얼리티의 발견으로 인하여 그가 '자아의 서사'에 눈떠 가는 과정에 주목할 필요가 있기 때문이다. 섹슈얼리티를 자각하고, 애욕적인 삶을 받아들임으로써 성장을 이루어가는 형걸의 모습은 섹슈얼리티와 사랑이 한 개인을 주체로 만들어 주는 원천이자 동력학이 된다는 것을 깨닫게 한다.[16)]

형걸과 부용이가 사랑을 나누는 장면에서, 그들은 같은 고을의 기생이었던 김부용이 어느 선비와 주고받았던 사랑의 노래들을 인유하고 있다. "차라리 비류강물이 다하여라(寧有沸流江盡) 어이 그대와의 이 기약을 잊으리오(妾心終不負初盟)"라고 옛 연인들의 사랑의 언약을 종이에 적으며 그들의 사랑에 비추어 자신들의 감정을 나누고 있는 형걸과 부용의 행위는, 그러나 단지 이전과 같은 '열정적 사랑'의 표현이라고 이해해서는 안 된다. 형걸은 옛 연인들의 사랑의 방식을 전유하여, 근대적 의미

15) 위의 책, p.70.

16) 애욕의 발견이 자아의 성장으로 이어진다는 점은 쌍네와 부용의 모습에서도 파악될 수 있다. 특히 쌍네는 사랑의 자각을 통해 자아의 인식과 성장의 가능성을 보여주는 여성 인물로서 유래를 찾기 힘들만큼 뚜렷한 모습을 보여준다. 그녀는 유랑민의 딸로 박참봉의 집에 팔려와서 두칠이의 아내가 되었지만, 형걸과의 단 이틀 간의 만남은 그녀의 삶을 송두리째 바꾸어 놓을 만한 경험이 된다. 형걸의 관심을 통해서 "비복의 지위를 망각한, 순수한 하나의 젊은 색시인 자기를 의식"(p.95.)하는 그녀는 형걸을 찾아가서 자신의 모든 것을 버리고 그와 도주하고 싶어하는 욕망을 전달하게 된다. 그녀의 애욕과 욕망은 유혹당한 하층계급 여인의, 탐색되지 못한 또 다른 자아의 모습으로 남아 있다.

의 사랑과 자아발전의 서사를 시작하고 있다.

기든스는 열정적 사랑과 구분되는 낭만적 사랑의 요소로 개인의 삶에 어떤 서사의 관념을 도입하는 점을 들면서, 낭만적 사랑은 어떤 개인적 서사 안에 자아와 타자를 삽입하는 그러한 이야기를 이룬다고 말하고 있다.[17] 형걸이 부용에게 애정을 느끼고, 그에 이어지는 사랑에 의한 결혼을 꿈꾸게 될 때, 그것은 자유의 이념과 결합하게 되고, 그 때의 사랑과 결혼이란 개인의 권리와 인간애를 나타내는 표지가 된다. 낭만적 사랑을 통해서 개인들이 행복을 추구하려는 충동과 내적 탐구에 대한 열정, 자아발전의 기나긴 여정을 시작하려는 욕구가 구현되기 시작하는 것이다.[18] 형걸의 이복형들에게 결혼이 가문이나 어른들의 계약에 의해 증여되는 것이었다면, 형걸이 꿈꾸는 결혼은 스스로의 자각에 의해 성취되어야할 성질의 것이다. 그것은 개인간의 사랑과 자기결정에 의해 결혼을 만들어 가겠다는 관념의 발현으로, 그것을 일러 낭만적 사랑이라고 부를 수 있을 것이다. 형걸이 스스로 걸어들어 간 낭만적 사랑의 영토는 그가 사회로 편입되는 것을 더욱 가로막게 되는 장애로 작용한다. 그에게 '서자로서의 원한'이 조화로운 사회화를 방해하는 장애로 작용하는 것처럼, 낭만적 사랑 또한 그것이 지닌 반사회적 측면으로 인해 그를 사회로부터 추방하는 요소로 기능하게 된다.

---

17) 기든스, 앞의 책, p.84.

18) 재클린 살스비, 박찬길 역, 『낭만적 사랑과 사회』, 민음사, 1985, pp.24-30.

## 5. 기독교, 주체확립의 동력학

『대하』의 서사에서 형걸의 삭발은 문명의 개화를 상징하며, 시대의 진보적인 분위기를 대변하고 있다. 형걸과 대봉이가 학교의 언덕에서 삭발식을 감행할 때, 주위에 모여든 동료 학도들이 "문명의 선도자가/ 되어봅세다"(p.69.)라는 창가를 불러주는 장면이 보여주는 것은 삭발로 대표되는 문명개화가 젊은 청년들에게 공통의 소명을 이루며, 그러한 소명을 학교라는 근대적 교육기관이 뒷받침하고 있다는 점이다. 특히 형걸을 비롯한 젊은이들의 후원자 역할을 하는 것은 문우성이라는 젊은 교사이며, 그의 교사로서의 역할의 대부분이 기독교에 기반한 것이라는 점은 중요하다. 형걸은 문교사로부터 신분차별이나 적서의 관념이 안고 있는 문제들과 조혼의 희생이 되어서는 안 된다는 점을 배우게 되며, 기독교는 이러한 개화의 사상과 등가를 이루는 것이다.

실제로 개화기에 본격화된 기독교의 수용이 당대의 조선 사회에 끼친 가장 큰 영향은 개화의 사상을 전파하고, 사회개혁운동과 자주독립운동에 기여한 점이었다는 것은 잘 알려져 있다. 기독교의 수용에 앞장섰던 당대의 지식인들은 봉건사회의 병폐를 지적하고 풍속을 개선하는데 많은 주의를 기울였다. 기독교인들은 합리적 사고와 노동관념을 일깨우고 우상숭배와 미신을 타파할 것을 가르쳤으며, 장례와 혼례 등에 나타난 구습을 개혁할 것을 계몽하였다.[19] 이러한 사정은 일본 메이지 시기에 서

19) 이만열, 「기독교 수용과 사회개혁」, 『한국 기독교 수용사 연구』, 두

구의 교육을 받았던 청년지식인들에게 기독교가 계몽과 자유, 독립에 대한 리버럴한 정치사상, 그리고 서구 낭만주의와 밀접하게 연관되어 받아들여졌던 것과도 비슷한 맥락이라고 이해할 수 있다.[20] 『대하』에서 기독교는 인물들과 사회를 문명개화로 인도하는 주도적인 역할을 담당하고 있어서, 기독교와 관련되지 않은 것은 올바른 개화의 모습이 아닌 것으로 인식되기까지 한다. 이를테면, 형걸이 부용의 집을 찾아갔다가 그녀의 집에서 패악을 부리고 나오던 측량사들과 만나 다툼을 벌이는 에피소드는 기독교와 관련되지 않은 문명개화의 부정적인 이미지에 대한 예시라고 볼 수 있다.

앞장에서 지적했듯이 형걸의 삭발에 결정적인 계기로 작용한 것은 그의 이복형에게 마음에 두어 왔던 여인을 빼앗겨 버리고 "가슴에 솟구쳐 오르는 지향없는 울분"을 품게 된, 서자로서의 그의 정체성이다. 적대적인 외부세계와 외부의 자극에 대한 반작용으로서의 '원한'(ressentiment)에서 창조적인 가치를 발견하고 있는 니체의 통찰[21]과 더불어, "원한으로 가득한 음울한 심성"에서 근대적 주체가 탄생한다는 가라타니 고진의 언급[22]은 주목할 만하다. 가라타니에 의하면 무력감과 한으로 가득찬 마음에 파고 들어간 것이 기독교였으며, 사랑을 처음으로 말하

---

레시대, 1998, pp.404-435.

20) Tomi Suzuki, 'Self, Christianity, and Language', *Narrating the Self: Fictions of Japanese Modernity*, Stanford, Califonia: Stanford University Press, 1996, p.36.

21) 프리드리히 니체, 김태현 역, 『도덕의 계보』, 청하, 1997, pp.43-46.

22) 가라타니 고진, 박유하 역, 『일본 근대문학의 기원』, 민음사, 1997, p.116.

기 시작한 것도 기독교였다. 사랑이나 문학의 영역을 통해 내면을 형성하도록 만드는 데에 기독교가 기여한 역할은 적지 않다. 기독교는 보편적인 진리에 대한 확고한 신념을 제공함으로써 문학의 권위와 타당성을 고양시켰을 뿐만 아니라, 리얼리티의 인식, 특히 내적인 자아와 정신적인 자유의 가치를 구체화시킴으로써 그것으로 사회적이고 역사적인 억압들을 초월할 수 있게 만들었다.[23] 그리고 이러한 기독교라는 내면적 영역의 바탕에서, 형걸은 자신을 주체로 인식하기 시작한다. 기독교로부터 발원하는 이러한 주체확립의 동력학은 "가장 강력한 자기인식이 그가 억압하도록 강요받았던 그러한 충동들을 인식하는 것에 정확하게 달려 있는"[24], 교양소설의 프랑스적 모델이 지닌 내면성의 원리를 닮아 있는 것으로 보인다. 그 속에서 서사의 주인공은 '세상의 이치'와는 상반되는 '마음의 법칙'이라는 내면성의 영역으로 퇴출될 운명에 처한다.

> 문우성 교사에게나, 혹은 부용이에게나, 이런 걸 털어놓고 상의하는 건, 결코 잘못된 일이 아닐 것 같다. 될수록은 말썽을 일으키지 않고 해결을 지을 수 있는 방책을 찾아보던가, 그렇지 않으면 그들의 조력이라도 구하여, 어떻게든지 이 난관을 벗어나야, 첫 번 당하는 희생에서 자기 자신을 구원할 수 있을 것처럼 생각되었다.(267-268)

> 누구에게 모든 것을 말하고, 제 행동의 그릇됨을 사죄하고 싶은 마음이 생긴다.(272)

23) Tomi Suzuki, 앞의 책, p.37.
24) Franco Moretti, 앞의 책, p.85.

형걸이 쌍네로부터 자신의 행동에 대한 추궁을 받고 문교사에게로 가면서 "누구에게 모든 것을 말하고, 제 행동의 그릇됨을 사죄하고 싶은 마음이 생긴다"고 말하는 것은 그의 내면이 자라나는 경로를 적시한다. 자신의 문제를 털어놓고 상의하고 싶어하고, 제 행동의 잘못을 사죄하고 싶어하는 형걸이 발견한 것은, 기독교를 통해 알게 된 고백의 형식이다. 그는 원한으로 가득한 심성을 지닌 자로서, 내면성의 영역에서 자아를 구원하려 하며, 고백이라는 형식을 통해 스스로를 주체로 산출하는 동력학을 작동시키려 하고 있다. 그러므로 부용의 집 앞에서 아버지를 만나게 되고 "가슴속에 이상한 격정이 끓어 오르는 것을 참을 수가 없"(274)어 하는 그가 "이 고장을 떠나서 평양으로든가, 더 먼 곳으로든가, 새로운 행방을 잡아"(276-277) 떠나기로 결정하게 되는 것은 어찌 보면 예정된 운명에 지나지 않는다. 그는 내면성이라는, 공적인 영역과는 적대적인 영역 속에 있는 자로서, "그들의 세계에 의도적으로 도전하였기 때문에 떠나도록 강요받는 주인공"[25]의 사명을 부여받은 것이다.

## 6. 결론을 대신하여 - 한국 교양소설과 성장의 과제

『대하』는 미완으로 남겨진 작품이기 때문에, 형걸의 길떠남이 어떤 운명으로 귀착하게 될 것인가를 짐작하는 것은 쉽지 않은 일이다. 가출을 결심한 형걸이 문우성 교사를 찾아가면서, "문선생은 벌써 전도자의 지위에서, 수단을 조력해 주는 원조자

25) Franco Moretti, 앞의 책, p.203.

의 지위에 내려선 것이다"(p.276.)라고 독백하고 있는 부분은 그가 이미 스스로의 주체를 확립하고, 그러한 자아를 인식하고 있다는 점을 암시하고 있다. 그러나 그에게 "특정한 연고나 관계에 국한되지 않는 인간 현실의 표상들을 제공하며, 또한 그러한 표상들을 가지고 자기가 살아가는 세계를 능동적으로 구성하게"[26] 해 줄 보편적 문화가 존재할 수 있을 것인가에 대해 답하는 것은 식민지 조선의 역사적이고 문화적인 맥락에 대한 고려와 성찰을 필요로 하는 대목이다. 자아감을 획득함으로써 자유를 찾은 개인, 해방된 개인은 자신의 자유와 해방을 위한 기획을 가능하게 하고 고무시켜주는 특정한 사회적 여건을 필요로 한다. 피터 버거는 자본주의 혁명과 개인의 해방에 관해 언급하면서 서구의 개인주의가 내포하고 있는 개인의 자율성과 해방은 개방적이고 보편적인 문화를 필요로 하고 있다고 말하였다.[27] 형걸에게 나타나는 개인의 자유와 해방이 사회제도 혹은 문화의 차원에서 받아들여지기 위해서는 그가 자라난 정신적 토양인 기독교 문명이 그에게 삶의 표상들을 이해하도록 만들고 세계를 구성할 수 있는 현실적 토대로 작용할 수 있어야 할 것이다.[28] 형걸이 보다 넓은 기독교적 문명 속에서 자유를

---

26) 황종연, 「편모슬하, 혹은 성장의 고행 -성장소설의 한 맥락」, 『비루한 것의 카니발』, 문학동네, 2001, p.51.

27) 피터 버거, 명순희 역, 『자본주의의 혁명』, 을유문화사, 1988, p.114.

28) 근대 교육기관의 설립을 통한 교육사업, 서구식 의료기관 설치를 통한 진료기회의 확대, 평등사상의 유포를 통한 신분질서 해체와, 교회를 중심으로 일어난 여러 조직의 자율적 활동을 바탕으로, 기독교 선교가 하나의 지역 공동체를 근대 사회로 이행하도록 하는데 중요한 기여를 했다는 것은 구체적인 지역사례의 분석을 통해 밝혀진 바 있

획득하고 독립된 자아의 성숙을 이룰 수 있을 것인가는 좀 더 고려해 봐야 할 사항이다.

동경의 책방에서 서적을 구해 보는 것을 유일한 낙으로 삼고, 조선의 미래가 문명한 국가의 이상을 좇아가는 데에 놓여 있다고 생각하는 『무정』의 이형식에게는 이상적인 사회의 모습이 추상적으로 존재하기에 그의 성숙은 '가망없는 희망'에 그칠 가능성이 높다. 생물학이 무엇인지조차 알지 못하면서 생물학을 배우려고 떠나는 『무정』의 젊은이들이나, 조선의 현실을 구더기가 들끓는 무덤으로 파악하고 동경으로 돌아가는 『만세전』의 이인화에게, 자유와 성장을 부여해 줄 보편적인 문화를 발견하는 것은 지난한 과제가 될 것이다. 기독교 문명의 세례 속에서 더 넓은 세상을 향해 나아가는 형걸의 성숙과 발전의 도정에도 역시 감당하기 쉽지 않은 곤경이 잠복하여 있을 것이다. 그는 기독교 문명 속에서 자아의 해방과 자유의 가능성을 발견하였지만, 그 문화가 개인의 성장을 제약하는 여러 가지 곤경들을 모두 해결해줄 것이라고 기대하기는 어렵다. 『무정』 이후의 한국 교양소설의 젊은 주인공들은 '열광적으로 세상속으로 뛰어들어가지만', 자신들에게 성장과 훈육을 안겨 줄 것으로 그들 스스로 상정하고 있는 어떤 이념이나 가치 혹은 신념체계가 곧바로 그들의 성숙을 보장하는 것은 아니다. 분명한 것은 근대가 부여한 사회적 유동성의 소용돌이 속으로 뛰어들어서 세상을 '전면적으로' 바꾸고 싶어하는 그들이 맞이하게 될 성장의 과정이, 결코 '기민하고 상처 없이' 지나가지는 않을 것이라는 점이

---

다. 김종섭, 「초기 개신교 선교와 지역공동체의 변화 – 진주지역을 중심으로」, 한국사회사학회 편, 『사회와 역사』, 1997년 가을호 참조.

다. 무엇보다도 그것은 식민주의라는 조선의 근대가 당면하고 있던 제약 아래에서 그들이 감당해야할 고투의 과정 때문에 그러할 것이다. 교양에의 의지를 구현하는 인물들이 등장하는 한국의 소설에서, 성장의 과제는 아직 미완으로 남아 있다.

## 〈참고 문헌〉

김남천, 『대하』, 동아출판사, 1995.
정호웅 · 손정수 편, 『김남천 전집1』, 박이정, 2000.

권명아, 『가족이야기는 어떻게 만들어지는가』, 책세상, 2000.
김종섭, 「초기 개신교 선교와 지역공동체의 변화 - 진주지역을 중심으로」, 한국사회사학회 편, 『사회와 역사』, 1997년 가을호.
윤지관, 「빌둥의 상상력: 한국 교양소설의 계보」, 『문학동네』, 2000년 여름호
이만열, 「기독교 수용과 사회개혁」, 『한국 기독교 수용사 연구』, 두레시대, 1998.
조혜정, 「결혼, 사랑, 그리고 성」, 『새로 쓰는 사랑 이야기』, 또 하나의 문화, 1991.
천이두, 「성장소설의 계보와 실상」, 『우리 시대의 문학』, 문학동네, 1998.
황국명, 「한국 현대 성장소설의 정치적 환상 연구」, 『한국문학논총』 제25집, 1999.
황종연, 「편모슬하, 혹은 성장의 고행 -성장소설의 한 맥락」, 『비루한 것의 카니발』, 문학동네, 2001.
가라타니 고진, 박유하 역, 『일본 근대문학의 기원』, 민음사, 1997.
린 헌트, 조한욱 역, 『프랑스 혁명의 가족로망스』, 새물결, 1999.
마르트 로베르, 김치수 · 이윤옥 역, 『기원의 소설, 소설의 기원』, 문학과지성사, 1999.
앤서니 기든스, 배은경 · 황정미 역, 『현대사회의 성 · 사랑 · 에로티시즘』, 새물결, 1996.

요한 볼프강 폰 괴테, 안삼환 역, 『빌헬름 마이스터의 수업시대』, 민음사, 1997.

재클린 살스비, 박찬길 역, 『낭만적 사랑과 사회』, 민음사, 1985.

지그문트 프로이트, 김정일 역, 『성욕에 관한 세 편의 에세이』, 열린책들, 1996.

프리드리히 니체, 김태현 역, 『도덕의 계보』, 청하, 1997.

피터 버거, 명순희 역, 『자본주의의 혁명』, 을유문화사, 1988.

Franco Moretti, *The Way of the World: Bildungsroman in European Culture*, London, Verso, 1987.

Marshall berman, *All That is Solid Melts into Air: The Experience of Modernity*, New York, Penguin Books, 1988.

Tomi Suzuki, *Narrating the Self: Fictions of Japanese Modernity, Stanford*, Califonia, Stanford University Press, 1996.

# 1920년대 신여성의 '사랑'과 근대적 결혼 제도의 함수관계*

김 윤 정**

## 1. 연구의 관점 및 목표

우리 문화사에서 지식인들에 의해 '사랑'이 주요 관심사로 떠올랐던 시대가 있었다. 그것은 1920년대다. 개화기 이후 꾸준히 진행되었던 계몽 운동의 영향으로 1920년대에는 신식 교육을 받은 여학생의 수가 급증하게 되었는데 이들이 가장 강력하게 부르짖었던 주제가 바로 '사랑'이었던 것이다.[1] 소위 '신여성'이라 불리던 신식 여학생들은 도시 곳곳에서 그리고 신문과 잡지 등 매체를 통해 '사랑'의 포즈와 담론을 전파하기 시작한다. '사랑'은 여학생들에 대한 사회의 관심에 비례하여 문화의 중요한 코드가 된다. 이들 신여성들이 주창한 '사랑'은 물론 남녀 간의 사랑을 겨냥하는 것이다. 더욱 정확하게 말하면 '연애', 즉 자유연애를 그 내포로 하고 있다. 자유연애는 신여성들의 자기

---

* 이 논문은 김윤정, 「1920년대 신여성의 '사랑'과 근대적 결혼 제도의 함수 관계」(『한국언어문학』 62집, 한국언어문학회, 2007)를 재수록한 것이다.

** 강릉원주대 국문과 교수.

1) '신여성'을 둘러싼 세태에 관하여는 연구 공간 수유+너머 근대매체연구팀, 『매체로 본 근대 여성 풍속사-신여성』, 한겨레신문사, 2005, pp.13-36 참조.

정체성을 드러낼 만한 모토가 되었기 때문에 신여성들의 세가 불어나는 데에 따라 그것은 유행이 되다시피 한다. 신여성들의 주창에 힘입어 당시의 문화는 소위 '연애의 시대'를 방불케 한 것이다.[2)]

모든 것이 전에 없는 지각변동을 일으켰던 이 시대에 신여성들의 등장은 사회 전체를 들썩일 정도로 획기적인 것이어서 이들의 중심 테마였던 '사랑'의 행동들과 담론들은 여타 남성 지식인들에게까지도 관심을 일으키기에 충분한 것이었다. 그러나 남성들의 신여성에 대한 관심은 호기심 차원의 피상적인 것이었다. 남성에게 여성의 문제는 타자의 그것에 다름 아니었고 여성들의 진지한 고민 자체가 남성에겐 해프닝 정도로 간주된다. 즉 당시 여성 지식인들이 제기하였던 문제의식과 그 방향성은 남성 지식인들과의 공감대를 형성하는 데 실패하였으며 남성 지식인들은 여성들의 문제의식이 민족의 해방이나 국가의 건설과 다른 차원에 놓이는 것이라 하여 부차적이고 지엽적인 것으로 폄하하게 된다. 이에 따라 신여성들의 생을 던진 치열한 투쟁은 그 의미를 제대로 평가받지 못한 채 시대의 이면으로 잊혀지고 말았으며 결국 신여성들은 방종한 '연애' 사건의 주인공 정도로 인식되어 그녀들의 실존의 깊이에 합당한 조명을 받지 못하게 된다.

그러나 신여성들에 대한 이러한 접근은 문단의 몇몇 소수자에 대한 편의적 배제 및 선택의 결과로 볼 수만 없게 하는 부분이 있다. 그들이 내걸었던 문제는 과연 국가나 민족 문제가 지

2) 권보드래, 『연애의 시대』, 현실문화연구, 2003, p.16.

니는 무게에 턱없이 못 미치는 것인가? 그녀들이 제기한 연애와 사랑의 문제가 단지 감정과 욕망에 관련된 것이라 하여 가볍게 처리될 수 있는 것인가? 민족과 국가의 문제를 다루지 않는다는 이유가 문학사에서 배제될 만한 필연적인 근거가 되는 것인가? 본고는 1920년대 신여성들이 제기한 '사랑'과 '연애'의 문제는 단지 일시적인 유행이나 욕망, 호기심 차원에 머무는 문제가 아니라 '국가'나 '민족' 문제와 하등 다를 바 없는 실존의 무게를 지니는 것이라는 관점에 입각해 있다. '사랑'이 지닌 문제의식의 중요성은 그것이 감정상의 혼돈과 무질서를 가져오는 점 때문에 평가절하 될 수 없다. '사랑'은 그 어떤 문제 못지않게 절실한 주제에 해당하는 것이다.

과연 그러한가? 그렇다면 어떤 점에서 그러한가? 이에 대한 해명은 단지 여성의 문제를 남성과의 권력 구도라는 틀에서 고찰하는 것으로 이루어질 수 없다. 여성과 남성의 일대일 대응의 논리는 여성의 문제를 해결할 수 있는 열쇠를 제공하지 못한다. 물론 여성의 문제란 남성과의 관계없이 풀릴 리 없지만 여성을 둘러싼 문제들은 궁극적으로 사회 제도 및 시대 전체와 관련되어 있다는 점을 간과해서는 안 될 것이다. 본고는 1920년대 신여성, 특히 나혜석, 김명순, 김일엽 등 당대 신여성들을 대표하는 이들의 언술 활동 및 사회적 실천들을 텍스트로 삼아 이들의 행위가 당대에서 지녔던 사상적 · 제도적 함의를 고찰하는 것을 목표로 한다. 이를 통해 여성을 둘러싼 이데올로기 및 제도의 관계망들이 검토될 것이며, 이들 관계망들과 여성이 어떻게 조화롭게 만날 수 있는지, 이 속에서 여성 실존의 성격이 어떠한지를 살펴볼 수 있을 것이다.

## 2. '사랑'의 제도적 성격

우리의 문화 속에 '사랑'은 언제 어떻게 흘러들어오는가? 우리 문학사에서 고대 가요를 비롯해 항간에 구음되던 이야기들의 주된 내용이 남녀상열지사 등의 '사랑'에 얽혀 있었다는 것은 주지의 사실이다. 또한 남녀 간의 정이란 인류가 생긴 이래의 보편적 현상으로서 유독 특정 시대에만 존재할 리 없다. 그러나 '사랑'이 지식과 정보를 주도해갔던 엘리트들에 의해 제기되면서 문화의 중심적인 지위를 누릴 수 있었던 것은 근대에 들어서면서 비로소 가능했던 일이다. 근대에 이르러서야 '사랑'은 대중적으로 회자되며 더 이상 부끄러워하거나 숨겨야 할 무엇도 억압해야 할 감정도 아닌 것이 된다.[3] '사랑'은 당당히 자신의 존재를 드러내면서 자신의 가치와 존엄성을 주장하게 된다. 즉 '사랑'은 근대에 이르러 떳떳하게 시민권을 획득하게 된 것이다.

우리나라에서 '사랑'의 이와 같은 지위의 변화는 그것이 근대라고 하는 시대의 의미망 속에 놓여 있었기 때문에 가능했다. '사랑'을 중심 계율로 삼는 기독교의 유입, 근대의 민족주의가 표방했던 국가와 민족에 대한 배타적 사랑, 개인의 의사와 감정을 존중하는 자유주의 사상의 표방,[4] 일제에 의해 이루어진 새

3) 박달성은 당시 일반적인 흐름이 되다시피 한 '사랑'과 '연애'의 경향에 대해 "'사랑'…이런 말이 많이 유행되것다. 방 속에서 마조 안저도 이런 말 담 모통이에서 마조서도 이런 말 공원이나 혹 산속에서도 이런 말……이것이 망할 징됴인지 흥할 징됴인지?"(박달성, 「요사이 학생기풍:남녀 학생의 연병과 문질」, 『신여성』 2권 5호, 1924년 7월, 앞의 책, p.28 재인용)라 말하면서 개탄하는 글을 쓴다. 이 글은 '사랑'이 열병처럼 번졌던 당시의 세태를 잘 말해준다.

로운 근대적 법 제도의 정비[5] 등은 문화 및 제도의 차원에서 '사랑', '자유연애', '연애결혼'과 같은 기존 관습에서는 존재하지 않던 새로운 코드들을 만들어내었던 것이다. 이는 '남녀간의 사랑'이 기존에 억압되었던 감정과 욕망의 분출이라는 단순히 추상적 수준에서 이루어지는 것이 아니라 시대의 변화에 따른 사회 문화적 토대에서 비롯된 것임을 말해준다. 즉, 이성간 사랑은 국가애나 신에 대한 사랑과 동일하게 근대의 개인주의 및 자유주의 사상에 뿌리를 대고 있다.

특히 '남녀간의 사랑'은 새로이 정비된 혼인제도와 직결되는 문제였기 때문에 그 위상과 중요성이 결코 낮지 않았다. 이는 바꾸어 말하면 근대의 혼인 및 가족 제도의 매개가 '사랑'에 다름 아니었음을 의미하는 것으로서, '사랑'이야말로 신분제가 붕괴된 마당에 결혼이라는 제도를 유지시켜주었던 핵심적 근거였다는 사실을 알려준다. 어찌 보면 '사랑'은 근대에 적극적으로 선전되고 권장되어야 하는 요소이기도 하였다. 남녀간의 연애가 이루어질 수 있는 다양한 공간과 시간의 마련[6], 다양한 매

---

4) 근대 시민 사회에서 기치로 내건 '자유 평등 박애'의 사상은 결혼에 대해서도 '결혼은 남녀 서로의 의사에 근거해서 성립되어야 하며 부부는 깊은 애정과 굳건한 정절을 기초로 결합'되어야 한다는 이상적인 결혼관을 양산하게 된다. A. 브론스키, 『결혼의 기원과 역사』, 나희선 역, 서한사, 1983, p.170.

5) 1912년부터 우리의 민법이 제정되기 전인 1959년까지 일제의 민법을 의용했던 조선의 구민법은 근대시민법을 토대로 한 것으로, 혼인에 있어서도 당사자의 혼인의사의 합치에 근거하는 쌍방행위적 결합을 제시하고 있다. 특히 1923년 7월에 채용된 법률혼주의는 혼인에 관해 당사자 본인이 자기 의사로 신고하도록 규정함으로써 기존 관습에서 의사결정권자였던 호주나 부모를 단순한 동의권자의 지위로 물러나게 한다.

체를 통한 '사랑'에의 관심 유발[7] 등 이 모든 것은 '사랑'을 제도적으로 정착시키기 위한 장치들인 셈이다.

'사랑'에 의해 결혼하려는 움직임이 강하게 일어날수록 신분질서 내에서 가(家)를 존속시키기 위한 혼인의 의미가 퇴색되기 마련인바, 이에 근대의 주체들이 혼인에 있어서의 사랑, 자유연애 등을 널리 주장하게 되었음은 물론이다. 그러나 혼인에 관한 법이 근대적으로 정비되었다 하여도 과거부터 행해오던 관습이 아직 커다란 세력으로 존재하고 있었으며 '사랑'을 매개로 한 혼인은 당사자들의 이해가 맞아떨어질 때 성립되곤 하였다.

이해관계에 의해 연애결혼이 성립되었다고 했거니와 그렇다면 당시 사회 구조 속에서 절실하게 연애결혼을 해야 했던 부류는 따로 존재했었나? 그러한 부류에 우선적으로 속할 수 있던 이들이 신여성들이었다.

> "이번 혼처는 꼭 놓치지를 말고 해야지. 그만한 곳 없소. 그 신랑 아버지 되는 자고는 전부터 익숙히 아는 터이니까 다시 알아볼 것도 없고 당자도 그만 하면 쓰지 별 아이 어디 있나 장자이니까 그 많은 재산 다 상속될 터이고 또 경희는 그런 대가집 맏

6) 전차가 있고 산보할 수 있는 거리, 극장, 카페 등이 갖추어진 근대의 도시야말로 연애를 위한 최적의 공간에 해당된다. 도시의 젊은 남녀는 볼거리들을 이유로 밖으로 나와서는 인파 속에 휩쓸리며 연애의 달콤한 분위기에 빠져 들어갈 수 있었다. 또한 도시의 상점들은 옷, 구두, 악세서리, 화장품 등 이들 연애하는 젊은 남녀를 위한 상품을 속속 내놓는다. 이러한 환경에서 '사랑'은 단연 시대의 최고 가치가 될 만했다.

7) 1920년대의 베스트셀러 작가였던 노자영은 『사랑의 불꽃』 서문에서 "사랑은 인생의 꽃"이고 "오아시스"라고 단언했다. 연구공간 수유+너머 근대매체연구팀, 앞의 책, p.190.

며느리감이지……"

"글쎄 나도 그만한 혼처가 없는 줄 알지마는 제가 그렇게 열길이나 뛰고 싫다는 것을 어떻게 한단 말이요. 그렇게 싫다고 하는 것을 억제로 보내었다가 나중에 불길한 일이나 있으면 자식이라도 그 원망을 어떻게 듣잔 말이오……"

"아……니 불길할 일이 있을 까닭이 있나 인품이 그만 하겠다. 추수를 수천석하겠다. 그만하면 고만이지 그러면 어떻게 하잔 말이오. 계집애가 열 아홉 살이 적소?"[8](필자 번역)

「경희」는 일본 유학까지 한 신식 여학생, 즉 신여성 '경희'를 주인공으로 하는 나혜석의 소설이다. 방학 중에 조선의 집에 온 '경희'는 신여성에 대한 세간의 인식을 의식하여 집안 사람들과 더욱 성실하고 모범적인 관계를 유지한다. '아씨'의 신분이면서 집일을 돌보는 '아랫사람'과 격의 없이 함께 일하는 장면이나 '올케'에 의해 신임을 받는 모습은 으레 거만하고 가사일엔 무관심하다는 당시의 신여성들에 대한 인식과 상반되는 부분이다. '경희'가 가사일을 돕는 모습을 진솔하게 묘사함으로써[9] 나혜석

8) 나혜석, 「경희」, 『정월라혜석전집』(서정자 엮음), 국학자료원, 2001, pp.110-111.

9) "경희는 불을 때우고 시월이는 풀을 젓는다. 위에서는 '푸푸' '부굴부굴' 하는 소리, 아래에서는 밀집의 탁탁 튀는 소리 마치 경희가 동경 음악학교 연주회석에서 듣던 관현악주 소리 같기도 하다. … 〈중략〉 … 열심으로 젓고 안진 시월이는 이러한 滋味스러운 것을 모르겠구나 하고 제 생각을 하다가 저는 조금이라도 이 묘한 미감을 느낄 줄 아는 것이 얼마큼 행복하다고도 생각하였다. 그러나 저보다 몇 십백배 묘한 미감을 느끼는 자가 있으려니 생각할 때에 제 눈을 빼어 버리고도 싶고 제 머리를 뚜드려 바치고도 싶다"(「경희」, 위의 책, p.108.) 이 부분은 노동을 신명나는 즐거움으로 받아들이는 신여성의 성실한 모습과 배움에 대한 강한 열정을 잘 보여주고 있다.

은 일반화되었던 '신여성'에 대한 오해를 불식시키고자 하였던 듯하다. 작가의 관점에 의하면 '신여성'은 '겉멋 든 채 젠 체 하는 존재가 아니라 무엇이든 새롭게 배우고 깨달아 생의 참맛을 알아가는 각성자'에 해당한다. 새로운 배움의 길에 든 여성들에게 교육은 여성이라는 존재를 일깨울 뿐만 아니라 살아가는 이유에 대해서도 밝혀주는 말 그대로의 '등불'이었다. 위의 인용글에서처럼 '경희'에게 혼사문제가 닥쳤을 때 밤잠을 설쳐가며 고민하게 되는 것도 '경희'의 '교육'에 대한 열정 때문이다.

과년한 처녀인 '경희'에게 혼사는 더 이상 미룰 수 없는 문제로 떠오른다. 경희의 부모는 딸이 관습에 맞게 '뼈대 있고 재산 있는' 좋은 집안의 '맏며느리'가 되길 원한다. 그들에게 딸의 교육은 세태가 그러하니 따르는 차원에서 시키는 것이었지 딸의 여성으로서의 정체성이라든가 자립을 위한 것과는 하등 상관없는 것이었다.[10] 이 점에서 부모는 신여성 '경희'와 맹렬한 갈등 관계에 놓이게 된다. 경희는 관습을 따를 것인가, 교육을 계속 받고 자립적인 삶을 살 것인가를 치열하게 고민하게 된다. 그녀는 관습을 따르는 것이 "쌀이 곡간에 쌓이고 돈이 놓고 귀염도 받고 사랑도 받고 밟기도 쉬울 황토요 가기도 쉽고 찾기도 어렵지 않은 탄탄대로"[11]라 표현한다. 반면 자립적인 삶은 "제 팔이 아프도록 버리방아를 찧어야 겨우 얻어 먹게 되고 종일 땀을 흘리고 남의 일을 해주어야 겨우 몇푼돈이라도 얻어 보게

10) 나혜석이 신교육을 받을 수 있던 것도 부모의 의지에 의한 것이라기보다 일본 유학 중이었던 둘째 오빠 나경석이 부모를 설득하였기 때문이다. 나경석은 혜석의 일생에 지대한 영향을 미치는 인물이다. 이상경, 『인간으로 살고 싶다』, 한길사, 2000, p.48.

11) 「경희」, 앞의 책, p.116.

될" 길이요, "발뿌리에서 피가 흐르도록 험한 돌을 밟아야" 하며 "뚝 떨어지는 절벽도 있고 날카로운 산정도 있"12)는 길로 여겨진다.

소설에서 보여주고 있는 '경희'의 봉건적 인습과 신교육에 의한 각성된 삶 사이의 갈등은 비단 '경희'만의 것으로 국한된 문제가 아니었다. 그것은 신교육을 받은 여성들이 가정으로 돌아오거나 결혼을 하게 되었을 때라면 누구라도 필연적으로 겪어야 할 고민이자 갈등이었다. 봉건적 인습의 타파라는 신여성의 행동은 생활에 밀착된 풍속을 건드리는 것이었기 때문에 그만큼 실질적인 어려움을 수반하였다. 이는 가히 '신구 충돌에 의한 전투'가 될 만했다.13)

소설 「경희」의 후반부는 전부 '신구 간의 갈등'으로 채워진다. '경희'의 입을 빌어 나혜석은 신여성이 겪는 내면의 혼란과 갈등을 세밀하게 드러낸다. 그러한 과정을 겪으면서 작가는 신여성이 의당 선택해야할 독립적이고 주체적인 삶을 긍정하고 이를 위해 결연히 일어서는 여성 자아의 모습을 그려낸다. 작중 화자는 "경희도 사람이다. 그 다음에는 여자다. 그러면 여자라는 것보다 먼저 사람이다. 또 조선 사회의 여자보다 먼저 우주 안 전 인류의 여성이다"14)라고 전제한 뒤 "먹고만 살다 죽으면 그것은 사람이 아니라 금수이지요. 버리밥이라도 제 노력으로 제 밥을 제가 먹는 것이 사람인줄 압니다. 조상이 벌어논 밥 그것을 그대로 받은 남편의 그 밥을 또 그대로 얻어먹고 있는 것은 우리

---

12) 위의 글, p.116.
13) 이상경, 앞의 책, pp.106-7.
14) 「경희」, 앞의 책, p.121.

집 개나 일반이지요"[15]라고 하면서 그녀의 아버지에게 항변한다.

결국 '경희'의 선택은 인습을 버리고 새로운 문명의 길을 따르는 것이었고 그것은 선택부터가 독립적인 인간과 여성으로서의 주체적인 삶을 예비하는 것이었다. '경희'의 독립 선언은 주어진 운명에 대한 피동적인 귀속을 거부하는 것이자 앞으로의 운명을 스스로 열어가겠다는 의지의 표명이다. 「경희」는 여성의 자기정체성을 찾고자 하는 의지를 추상적으로 선언하는 데서 그칠 뿐 신여성의 주체적이고 독립적인 삶이 구체적으로 무엇인지를 밝히지는 못하였다. 하지만 우리는 그것이 결혼에 있어서의 자기 의사에 의한 결정과 자아의 독립성을 잃지 않는 평등하고 개성적인 부부 관계, 나아가서는 스스로 경제적인 활동을 할 수 있는 기반의 획득 등을 포함한다는 사실을 짐작할 수 있다. 실제로 나혜석은 연애를 통해 결혼상대자를 정해놓고 있었고 이를 근거로 '시집가라'고 다그쳐대는 아버지에 맞서게 된다. 뿐만 아니라 애인이었던 최승구의 죽음 후 김우영과의 결혼을 할 때에도 "평생 나를 지금처럼 사랑해 줄 것, 그림 그리는 것을 방해하지 말 것, 시어머니와 전실 딸과는 따로 살 것, 그리고 전 약혼자 최승구의 묘지에 석비를 세워줄 것" 등 억지에 가까울 정도로 자신의 개성과 독립성을 유지할 수 있는 조건을 내세운다.

'경희'의 경우처럼 결혼은 부모 세대로 대표되는 인습의 세력과 신세대간 풍속과 가치관에 있어서의 충돌의 장이 된다. 여기

---

15) 위의 글, p.121.

에서 부모가 정해준 혼처를 거부하는 것만으로도 신세대에겐 자아의 개성과 자유를 옹호하는 것을 의미한다. 여기에서 신세대들이란 개인주의와 자유주의 사상의 세례를 받은 젊은 남녀를 모두 포함하지만 선택에서 보여주는 결연함과 투지는 단연 신여성이 더 강하게 보여준다. 신교육을 받은 남성들은 조혼 풍습에 의해 이미 처가 있는 경우가 많았기 때문에 그들의 '자유와 개성', '이성에 대한 사랑'은 이해가 비슷한 신여성을 첩으로 두는 것으로서 표출되었던 반면, 부모가 제시하는 '좋은 혼처'를 거부한 신여성은 이런 경우 '사랑'과 '자유', '개성'을 찾아 자발적으로 첩이 되는 아이러니까지 감당해야 했기 때문이다. 동일하게 부과되는 가부장제의 유습에 대해 남자와 여자가 겪는 몫은 똑같이 자유와 연애를 내세웠다 해도 다를 수밖에 없었던 것이다. 남성은 주어진 제도 안에서 사랑과 자유를 누릴 수 있었을지 몰라도 여성은 자유와 사랑을 지키기 위해 제도와도 투쟁해야 했다.

신구제도가 서로 팽팽히 맞서는 장 속에서 신여성들의 삶 역시 행복이 보장되기 힘들었다. 나혜석과 김우영의 결혼은 김우영의 전처가 죽은 후에 이루어진 대등한 부부 중심의 그것이었지만 나혜석의 결혼 중에 있던 한 번의 연애로 깨져버렸고 김명순의 연애는 결혼으로 이어지지 못하여 사생아를 낳는 데 이르며 김일엽은 잘못된 선택으로 불행한 결혼생활을 하다가 임노월과의 연애가 문제되어 결혼 4년만에 이혼을 하기에 이른다. 이처럼 신여성들에게 사랑과 결혼은 자아의 정체성을 지켜가기 위한 하나의 통로였지만 안정성이 보장되지 않던 위험한 정글과도 같은 곳이었다. 그들이 신교육을 통해 학습 받은 대로의 사랑과 자유와 개성을 지켜가기엔 관습의 벽은 너무도 공고했고 근대적 제도는 불완전할 뿐 아니라 허구적이었다. 모두 동일하게 연애와 사랑에 의한 혼란에 허우적대다 파경과 불행한 죽음으로 결말을 맺는 그들의 삶은 백지와도 같던 근대라는 터전 위에 사랑과 자유, 평등을 매개로 한 새로운 결혼 제도를 정립시키기 위한 실험의 비극적 결과였던 셈이다.

## 3. '성'으로부터의 소외

결혼에 의해 부부가 된다는 것은 무엇을 뜻하는가? 제도상의 결혼이 성립된 것은 기원전 4천년 경 금속제 무기가 생산과 약탈에 도입되어 잉여자본이 생긴 후 이를 상속시킬 장자가 필요해진 때와 일치한다.[16] 무기를 다룰 힘을 소유했던 남성이 사회의 주도 세력이 되어 수만년간 이어져 왔던 모권 중심 사회를 파괴하고 여기에 강력한 부권 중심의 사회를 세웠던 것도 이 시기이다. 소위 가부장제가 실현된 것이다. 장자를 위한 순수 혈통의 필요성은 남녀간의 관계를 성의 배타적 독점권을 요지로 하는 결혼 제도로 구획 짓게 된다. 이때부터 성은 관리되기 시작하였고 힘을 지니지 못한 여성은 가부장에 의해 성을 비롯한 많은 부분을 지배받게 된다. 이는 제도로서의 결혼의 성립이 성과 재산을 토대로 이루어진 것이며 또한 여성의 남성에의 굴복을 전제로 이루어진 것임을 말해준다.

16) 버나드 리테어, 『돈, 그 영혼과 진실』, 강남규 역, 참솔, 2004, p.77-8.

성과 재산의 관리에의 필요성이 결혼제도를 성립시킨 만큼 성과 재산은 정도를 달리하면서 고대사회와 중세를 거쳐 지금까지도 결혼의 이유이자 근거가 된다. 근대의 결혼에서 역시 가장 중점적으로 관리되는 것은 바로 성과 재산이다. 이때의 성은 엄밀히 말해 자유주의사상에서 말하는 사랑과 다른 것이다. 성은 사랑과 서로 떼기 힘들지만 이 둘은 서로 착종의 관계이지 일치하는 것은 아니기 때문이다. 근대에 이르러 자유연애, 사랑이 결혼의 매개가 되었다고 해서 결혼이 성에 자유를 준 것은 아니다. 성은 어디까지나 관리와 통제의 대상이었고 물론 이것은 돈과의 함수 관계에 따른 것이다.

그렇다면 역사상 여성이 성의 주인인 적이 있었을까? 성이 결국 여성의 몸에 의해 비롯되는 것이라면 성 역시 몸의 주인인 여성의 것이 마땅한 것인데 여성이 성에 대해 주인 노릇을 하고 그에 관한 한 주체가 되었던 적은 역사상 거의 없다. 대체로 여성의 성은 남성을 위한 것, 남성의 무엇을 위한 것에 해당되었다. 여성의 성은 가문을 유지 존속시키기 위한 것, 혈통을 이어가기 위한 자녀 생산의 그것이었고 혹은 남성의 쾌락을 충족시켜주는 것이기도 하였다. 이 둘은 서로 섞여 있기도 하였지만 철저히 분리되어 있기도 하였다. 결혼 제도가 성립된 이후 남성에게 성은 독점되었지만 여성은 그로부터 소외되는 길을 밟는다.

> 과연 어찌 하면 좋을까 악을 쓰자니 하인 서슬에 남이 부끄러울 것이오 이 문을 열고 달아나자니 저자가 붙잡을 것이오 어찌 할 줄 몰라 쩔쩔 매었었다 그 자가 손목을 붙잡을 때 손목을 뿌

> 리치고 덤벼들 때에 몸을 피할 뿐이었다 그 중에도 누가 유리로 들여다 볼까보아 흘김흘김 유리편만 보이고 누구의 발자취가 있는 듯 들리는 듯 조마조마하였었다. 그리하여 누구나 들을까보아 말 한 마디 못하고 … 〈중략〉 … 간반 방에서 요리조리 피하는 조그마한 여자 하나를 제 손에 넣어 제 맘대로 하기에는 너무 익숙하였고 너무나 쉬운 일이었다
>
> 남은 밤을 뜬눈으로 새고 아침에 일찍이 일어났다 이씨의 눈에는 먼저 붉게 떠오르는 아침 햇볕이 무섭게 보였다 그리고 사람들의 두 눈이 유달리 크고 밝아 보였다 그 눈으로 모두 자기의 몸을 유심히들 보는 것 같았다 무슨 큰 죄를 지은 죄인이 순검의 창검 소리를 들을 때 몸이 소스라칠 듯한 것과 일반이었다[17](필자 번역)

인용 글은 나혜석의 소설 「원한」 가운데 여자 주인공 '이씨'가 시아버지 친구인 이웃 박참판에 의해 겁탈당하는 장면이다. 이씨는 부자집 무남독녀로 귀하게 자라 아버지가 정해준 혼처로 시집을 가지만 어려운 것 모르게 철 없이 자란 남편은 부모에게 의지하며 방탕하게 지내다 술과 기생 놀음 속에서 죽는다. 이씨는 스물 세 살에 과부가 된다. 한편 박참판은 재산가로 첩이 둘씩이나 있는데 젊은 과부 이씨에게 눈독을 들이다 성폭행을 하기에 이른다.

위에 인용한 겁탈 장면은 평범한 듯 서술되어 있지만 여성 작가가 아니라면 하기 힘든 미묘하고 세밀한 통찰이 돋보이는 부분이다. 위의 글에는 성폭행에 노출되어 있는 여성의 공포가 매우 섬세하고 예리하게 표현되고 있다. 위에서 알 수 있듯 여성

17) 나혜석, 「원한」, 앞의 책, pp.146-7.

은 성을 강탈하고자 덤비는 남성 앞에 철저하게 무기력하다. 남성은 그 자체가 여성의 생명을 위협하는 무기와 같다. 놀라운 것은 자신의 생명이 위협당하는 그 순간에도 '이씨'는 단 한 마디 비명조차 지르지 못한다는 사실에 있다. 그녀는 "아모 말도 못하고 그물 안에 새와 같이 한 편 구석에 쪼그리고 앉아 벌벌 떨" 뿐이다. 목숨이 위태로운 상황인데도 그녀에겐 악을 쓰는 것조차 허용되지 못한다. 그것은 그녀가 '하인이 볼까, 누가 들을까, 유리문으로 누가 들여다볼까' 하며 스스로를 검열하기 때문이다. 그녀는 이처럼 절박한 상황에서도 타인의 시선을 의식하면서 전전긍긍한다. 그리고 아침이 되었을 때엔 '햇볕이 무섭'고 모두 '자기 몸을 보는 것 같'고 자신이 '죄인'으로 여겨진다.

공포 앞에서도 소리조차 지르지 못하게 하며 오히려 타인의 시선을 의식하게 하는 작용은 무엇이 하는 것인가? 자신이 유린당하고 있는 상황에서 스스로를 지키기는커녕 자기검열에 빠지게 하는 것은 무엇인가? 자신이 명백한 피해자이면서도 마치 죄를 지은 자처럼 밝은 대낮과 사람들을 무서워하게 하는 것은 무엇 때문인가? 나혜석이 묘사한 이 장면은 성 앞에 여성이 얼마나 오랜 세월 철저하게 길들여지며 소외되어 왔는지를 말해준다. 이씨에게 성은 자기 자신의 것임을 당당하게 주장할 수 있는 그런 대상이 되지 못한다. '성은 나의 것이다. 나의 것을 누가 강탈하려 한다. 나는 나를 지켜야 한다. 나는 빼앗겼다'와 같은 당연한 의식을 그녀는 지니지 못한다. 성 앞에 그녀는 두려워할 뿐이며 자신의 성과 자신의 몸에 대해 스스로 타자가 된다. 오히려 남편이 없는 여성에게 성과 몸은 주인을 잃었으므로 소속도 지니지 못한 '공터'가 됨으로써 여성의 생명을 위협하는 계기로 작용한다. 성에 대해 주체가 되지 못한 여성은 자신의 생명권도 고스란히 타자에게 넘겨주는 형국을 보인다. 이는 성의 주인이 되지 못한다는 것이 얼마나 자아를 취약하게 하는지 말해준다. 성에 대한 여성 스스로의 소유권을 주장하지 못할 경우 여성에게 자아의 경계는 형성되기 힘들고 따라서 주체성 또한 보장될 수 없다. 여성의 운명은 자신의 것이 될 수 없는 것이다.[18] 이러한 정황은 오랜 역사 동안 이어져온 여성에 대한 성의 소외, 성의 억압에 기인한다.

---

18) 여성이 자신의 성에 대해 타자화되어 있다는 사실의 섬뜩한 증거를 1930년대 강경애의 「소금」에서도 찾아볼 수 있다. 남편을 잃고 중국인 지주 집에 의탁하고 있던 주인공 '봉염 어머니'는 지주 '팡둥'에게 성적 유린을 당한다. '성난 호랑이같이 덤버드'는 팡둥이 '너무 무섭고도 두려워서 죽기로 반항'하였지만 '봉염 어머니'는 임신을 하게 된다. 물론 이는 명백한 성폭행이다. 그 뒤로 팡둥은 냉랭해지지만 그러나 그녀는 오히려 팡둥이 자신을 돌보아줄 것이라고 생각한다. 성을 제공하였으므로 소유가 정해졌다는 의식이 그녀 속에 잠재되어 있다. 임신한 사실에 대해 "생각하면 자기의 죄같지는 않았다. 그런데 왜 자기는 선뜻 팡둥에게 이 말을 하지 못하는가. 그리고 그렇게 먹고 싶은 냉면도 못 먹고 이때까지 참아왔던가? 모두가 자기의 못난 탓인 것 같다"고 자책하는 것은 그녀가 자신의 성이 강탈당했다는 의식조차 명백히 갖고 있지 못함을 말해준다. 즉 그녀에게 성은 자신의 것이 아니라 항상 소유할 주인을 기다리고 있는 '땅'에 다름 아니다. 이후 그녀의 운명이 어찌 될지는 불을 보듯 훤하다. 그녀는 그 집에서 쫓겨나 기아 속에서 애를 낳으며 참담하기 그지없는 생활을 해나가다 결국 봉염과 아기마저 잃게 된다.

## 4. 사랑과 결혼 제도의 모순

1920년대 신여성들에게 '사랑'은 '국가'나 '민족'과 맞먹을 정도의 중요한 문제가 될 수 있었다. 그것은 '사랑'이 근대 결혼 제도의 매개에 해당되었기 때문이다. 부부간의 평등과 이해에 기초함으로써 부자관계보다 부부 관계를 중시한다고 하는 근대의 결혼제도는 여성들에게 유토피아와도 같은 것이었다. 몇 세대가 공존하는 대가족제도 속에서 며느리로 아내로 어머니로 살아가야 했던 여성들에게 결혼은 온 집안 식구들의 치다꺼리를 해야 했던 일꾼이자 봉사자에 다름 아니었다. 여성들은 끝도 없는 과도한 육체적 정신적 고통에 시달려야 했지만 사회는 여성에 대한 그에 합당한 어떠한 보상도 마련해놓고 있지 못하였다. 결혼 후 여성은 자신의 부모 형제와도 이별한 채 뿌리뽑힌 존재로 살아가야 했고 자신의 재능이나 욕구를 실현시킬 통로는 원천적으로 봉쇄당했다. 여성들은 말 그대로 귀가 있으되 듣지 못하고 입이 있으되 말하지 못하며 살아있으되 산 것이 아닌 존재들이었다. 이러한 운명을 살았던 여성들에게 새로이 제시된 근대적 결혼 제도가 마치 환상처럼 다가왔던 것은 당연한 일이다. 근대의 결혼 제도는 수백년간 인습의 굴레 속에서 억압되어 왔던 여성들의 일상과 운명을 송두리째 바꿔줄 신세계가 된다. 사랑과 결혼의 문제가 국가나 민족 문제 못지않게 중요한 것이 되는 것, 그리고 사랑이 남성과 여성에게 결코 같은 비중으로 다가올 수 없는 까닭이 여기에 있다. 사랑에 의해 이루어지는 근대의 결혼은 더욱이 그것이 개인의 자유 의사에 의해 이루어진다는 점에서 여성에겐 개벽과도 같은 사실이었을 터이다. 이는 '사랑'이 최고의 가치로 군림할 근거로서 충분하다.

그러나 근대에서 사랑의 자유는 그 허용 범위를 어디까지로 설정해두고 있었을까? 여성들은 행복한 결혼을 할 수 있을 만한 남성을 '선택'하기 위해 어느 정도로 자유롭게 사랑하고 탐색할 수 있었을까? 수백년간 질곡의 삶을 살았던 조선의 여성들의 해방을 위해 '자유'와 '연애'를 부르짖어야 했던 신여성들은 단지 그들이 배운 바대로 사랑과 결혼을 결합시키기 위한 치열한 삶을 살아가지만 그들에게 돌아오는 것은 성적으로 방종하고 타락하였다는 세상과 남성들의 싸늘한 비난[19]과 그들의 비극적인 삶뿐이었다. 자유연애와 순탄치 못했던 결혼, 이혼 등으로 인한 신여성들에 대한 세상의 비난은 엄밀히 말해서 신여성들에게 허용되었던 것이 단 한 번의 연애와 단 한 번의 결혼, 그것도 실패 없는 결혼 그것이었음을 말해준다.

정조라는 이름으로 가해지는 성의 억압과 근대가 제시했던 자유연애의 청사진은 극단적으로 대립되는 듯 보이지만 사실 이 둘은 병존했던 것이다. 정조는 정조대로 요구되었고 연애는 연애대로 실행되었다. 우리의 대표적 신여성들은 이 딜레마를 요령껏 넘어서지 못한 채 시대의 희생양들이 된다. 김일엽의 「나의 정조론」[20]은 이때의 딜레마가 어느 정도로 요령부득이었던

19) 김명순을 모델로 하여 「김연실뎐」을 쓴 김동인은 김명순을 서구 사상에 물들어 방종한 연애행각을 벌이다 타락과 파멸의 길을 걷는 인물로 그리고 있다. 남성들은 작가들조차도 신여성들의 문학적 열정과 여성으로서 지닐 수 있는 문제의식에 대해 진지한 관심을 보이려 들지 않았으며 그들을 매도하고 비난하기 바빴음을 알 수 있다.

20) "그러므로 과거에 몇 사람의 이성과 관계가 있었다 하더라도 새 생

가를 잘 말해준다.

> "그러므로 과거에 몇 사람의 이성과 관계가 있었다 하더라도 새 생활을 창조할 만한 건전한 정신을 가진 남녀로서 과거를 일체 자기 기억에서 씻어버리고 단순하고 깨끗한 사랑을 새 상대자에게 바칠 수가 있다 하면 그 남녀야말로 이지러지지 않은 정조를 가진 남녀라 할 수 있습니다"[21]

근대의 결혼은 사랑과 자유연애를 선전하였지만 동시에 정조를 요구함으로써 그것이 얼마나 허구적이었던가 하는 것을 보여준다. 결국 결혼을 위해 사랑과 연애는 필요하지만 그것은 성을 배제한 자유연애를 의미하는 것이나 마찬가지였다. 사회적으로 여성에겐 결혼 이전의 성경험이 없어야 하며 결혼 이후에는 남편 이외의 남자와 성관계를 가져서는 안 된다는 윤리가 요구된다. 여성의 성은 오직 '한 주인'에게만 귀속되어야 하는 것이다. 이는 관습적으로나 매음이라는 제도를 통해 남성의 성적 자유가 용인되곤 한다는 사실과 대비되어 남성은 성의 주인일 수 있지만 여성은 그렇지 못함을 증명한다. 여성은 성을 자신의 의지대로 자유롭게 행사할 수 없으며 여성의 성적 욕구 또한 사회적으로 금기시된다. 김일엽의 정조론은 연애와 정조

---

활을 창조할 만한 건전한 정신을 가진 남녀로서 과거를 일체 자기 기억에서 씻어버리고 단순하고 깨끗한 사랑을 새 상대자에게 바칠 수가 있다 하면 그 남녀야말로 이지러지지 않은 정조를 가진 남녀라 할 수 있습니다"

21) 김일엽, 「나의 정조관」, 『조선일보』, 1927.1.8, 이상경, 앞의 책, p.424에서 재인용.

라는 딜레마 사이에 일정 정도의 합리적 타협점을 제시하지만 누구에게도 받아들여지지 않는 공소한 울림을 발할 뿐이며 더욱 본질적으로는 성의 부당한 소유와 분배라는 결혼의 핵심 모순에 대해서는 아무런 해결책이 되지 못한다.

성은 그 누구의 것도 아니고 또 단순히 윤리적으로만 다루어질 수 있는 것도 아니다. 여성의 성은 도덕에 의해 규제되기 이전에 여성의 몸에 속한 여성의 것이라는 사실이 먼저 인정되어야 하는 것이다. 그것이 이루어지지 않은 상태에서의 윤리의 요구는 여성의 정체성을 허약하게 만들 따름이다. 그러나 수천년 동안 성의 독점적 소유권을 둘러싸고 지속된 결혼제도는 여성으로 하여금 성의 주인됨을 당당하게 주장하지 못하게 한다. 나혜석이 "정조는 도덕도 법률도 아무것도 아니고 오직 취미다. 밥먹고 싶을 때 밥 먹고 떡먹고 싶을 때 떡먹는 것과 같이 임의용지로 할 것이오. 결코 마음의 구속을 받을 것이 아니다"[22]라고 하면서 정조관념을 해체하고자 하였던 것도 이러한 관점에서 읽힐 수 있다. 그녀는 여성의 성이 다른 누구의 것이 아니라 여성 자신의 것으로 여성의 자유로운 의사에 의해 운용되어야 함을 밝히고 있다. 당시의 몇몇 지식인들 역시 "여자가 남자의 사유물(私有物)이 되엿슴으로 이에는 정조라는 의무가 생(生)하게 된다. 여자가 정조를 직힌다 함은 여자에 대한 남자의 소유권을 인정하는 데 불과"[23]하다거나 결혼에 있어 "차지한다는 관

22) 나혜석, 「新生活에 들면서」, 앞의 책, p.482.
23) 우해천, 「연애의 계급성」, 『신여성』 5권 9호(1931년 10월), p.28; 『매체로 본 근대여성 풍속사-신여성』, 한겨레, 2005, p.273에서 재인용.

념, 소유한다는 관념, 그것을 업새버려라. 뎨일 몬저 남편이 되야 자긔의 안해를 차지한다는 그 관념을 업새버리라"[24]고 함으로써 남성에 의한 여성의 성의 독점적 소유가 결혼제도이자 또한 그것이 결혼제도의 비윤리성임을 인식하고 있었다.

성의 소유를 기반으로 이루어진 결혼제도는 누구를 위한 것인가? 성의 소유가 해체된다면 결혼제도는 과연 성립가능한가? 사랑은 여전히 결혼을 성립시킬 조건과 기반으로 기능을 할 수 있을까? 지금껏 결혼제도를 지탱해왔던 여성들의 희생은 어디까지 지속될 수 있으며 여성을 위한 새로운 결혼제도가 성립되는 것은 가능한가? 가능하다면 무엇인가? 여성의 경제적 능력과 사회적 지위가 현저하게 달라지고 있는 지금 결혼제도는 다시 한 번의 재조정을 필요로 하고 있다. 성과 사랑에 있어서의 에네르기가 정점에 달했던 1920년대의 세태와 그 시대의 정신을 이끌어갔던 신여성들은 우리에게 오늘날 우리가 경험하고 있는 결혼 제도의 모순에 대한 통찰과 그 해결책에 대한 실마리를 제공하고 있다.

## 5. 사랑과 미래적 결혼

근대가 태동하면서 가문을 위한 것이 아니라 사랑에 의한 결혼을 하는 것은 영웅시되기도 하였다. 근대 문학 속에서 사랑은 가장 자주 등장하는 주제였고 사랑을 방해하는 온갖 어려움을

---

24) 김기전, 「죽은 혼인과 허튼 혼인」, 『신여성』 2권 5월호(1934년 5월),pp.9-12; 위의 책 p.273에서 재인용.

극복하여 결혼에 이르는 경우 그것은 누구에게나 감동을 불러 일으켰다. 결혼은 사랑을 위해 반드시 있어야 했고 사랑 역시 결혼을 위해 존재했던 것이다. 이때의 사랑은 가문의 명예나 재산 등 사회적이고 경제적인 이해관계를 능가할 만큼의 열정과 힘을 내포한 것이었다. 사랑의 힘이 과연 그러한 것이라면 사랑은 절대적인 권위를 지니는 것이고 따라서 평생 지속가능한 것일 터이다. 사랑은 곧 구원이 된다. 이러한 낭만적 사랑은 아직도 많은 사람들이 꿈꾸는 이상이다.

1920년대 신여성들이 꿈꾸었던 것은 무엇이었나? 그녀의 자유연애와 사랑은 일치하는 것이었을까, 그렇지 않았을까? 결혼 제도 앞에 무참하게 패배해갔던 그녀들의 사랑에는 어떤 문제점이 있었던 걸까? 그것이 아니라면 낭만적 사랑 자체가 지구상에 존재하지 않는 허상에 불과한 것일까? 이러한 질문들에 보다 면밀하게 답해간다면 사랑의 의미와 결혼 제도의 미래적 가능성, 그리고 방법들이 조금씩 드러날 듯하다.

분명한 것은 근대를 정립케 했던 낭만적 사랑의 이상에 아직도 결혼 제도를 지탱할 수 있는 힘이 남아있다면 그것이 단지 이상으로 그치지 않게 할 만한 세심하고 구체적인 제도의 정비와 보완이 필요하다는 점이다. 여기에는 더 이상 여성들의 일방적인 희생과 맹목이 혹은 여성의 안일함이 작용하지 않을 것이다. 여성의 해방과 인류의 진보는 이 위에서 이루어질 것이다.

## 〈참고 문헌〉

권보드래, 『연애의 시대』, 현실문화연구, 2003.
김명순, 「의문의 소녀」, 청춘, 1917.
김일엽, 『청춘을 불사르고』, 김영사, 2002.
나혜석, 『정월라혜석전집』,서정자 엮음, 국학자료원, 2001.
문옥표 외, 『신여성』, 청년사, 2003.
연구공간수유+너머 근대매체연구팀, 『매체로 본 근대 여성 풍속사-신여성』, 한겨레신문사, 2005.
유진월, 『김일엽의 〈신여자〉연구』, 푸른사상, 2006.
이상경, 『인간으로 살고 싶다』, 한길사, 2000
이재광, 『이 땅에 문화를 일군 사람들』, 세상의 창, 2003.
한운사, 『영원한 삶을 찾아』, 명서원, 1983.
A. 브론스키, 『결혼의 기원과 역사』, 나희선 역, 서한사, 1983.
버나드 리테어, 『돈, 그 영혼과 진실』, 강남규 역, 참솔, 2004
데이비드 P. 버래쉬, 주디스 이브 립턴, 『일부일처제의 신화』, 이한음 역, 해냄, 2002.
재크린 살스비, 『낭만적 사랑과 사회』, 박찬길 역, 민음사, 1985.
스티븐 컨, 『사랑의 문화사』, 임재서 역, 말글빛냄, 2006.

# 근대적 결혼제도 정착과정과 소설의 관련양상 연구*

장 두 식**

## 1. 序 言

본고는 근대적 결혼제도 안착 과정을 추적하면서 소설 텍스트가 그 형성과정에 어떠한 역할을 하였는가를 살피는데 일차적인 목적이 있다. 이는 반영론적 측면에서 소설의 문화사적인 의미망을 재고하는 작업이기도 하다.

세계의 모든 민족들에게 결혼이란 중요한 통과의례이자 가족을 재생산하는 특별한 의미의 행사다. 때문에 결혼은 사회 구성원들 사이에 제도화되어 있고 고유한 문화를 가지고 있다. 한국의 결혼제도는 개화기와 일제강점기를 거치면서 커다란 변용과정을 거쳤다. 혼례식이 신식결혼식으로 바뀌고 가부장적 일부다처제에서 일부일처제로 바뀌었다.

원래 한국의 전통적인 결혼은 가족과 제사의 영속을 위한 제도였었다.[1)] 봉건시대 가족은 부계의 초시간적인 제도체인 집

* 이 논문은 장두식, 「근대적 결혼제도 정착과정과 소설의 관련 양상 연구」(『국문학논집』 21집, 단국대학교 국어국문학과, 2011)를 재수록한 것이다.

** 단국대학교 동양학연구원 연구교수.

(家)에 종속된 집단이었다.[2] 여기서 집은 사회의 기초 단위이며 개인에 우선하는 집단체를 말한다. 그러므로 봉건시대 모든 개인들은 집(가문)과 집의 전통을 계승한 가장의 통제를 받는다. 즉 개인은 집에서 독립된 주체가 아니라 어느 집의 누구로서 존재했던 것이다. 때문에 한국의 봉건적인 가족제도에서는 결혼은 단지 새로운 가족구성원을 가장의 지배에 두는 제도라 하여도 과언이 아니었다.[3]

이러한 구식 혼인제도는 20세기 초에 들어오면서 흔들리기 시작했다. 서양 선교사들에 의해서 프로테스탄트적인 결혼풍습이 신도들에게 소개되기 시작하였고, 계몽주의자들은 저널리즘을 통하여 구식 혼인제도 개혁의 당위성을 공론화시켰다. 새로운 결혼제도 도입을 주창하고 있는 계몽주의자들과 저널리즘의 행동은 매우 정치적인 것이었다. 1876년 개항 이후 근대 국민국가 수립을 궁극적인 목표로 삼고 있던 그들에게 결혼은 국가를 지탱할 국민을 생산하는 가장 중요한 제도였다. 때문에 구식 혼인에 대한 그들의 공격은 치열할 수밖에 없었다.

그런데 근대적 결혼제도가 가시적이고 유형화되어 소개된 것이 아니라는데 문제가 있었다. 한국에서 개화의 일반적인 수순은 근대적 상품-근대적 인식-근대적 생산의 단계로 전개되었다.[4] 그러나 제도는 물건도 형상도 아니었다. 제도란 인간의 일상생활에서 형성된 규범이나 가치들의 복합적인 규범 체계라

1) 최재석, 『한국가족연구』, 일지사, 1990, p.523
2) 앞의 책, p.541
3) 앞의 책, p.545.
4) 최공호, 「근대는 우리에게 어떻게 다가왔나」, 국립고궁박물관 엮음, 『대한제국-잊혀진 100년 전의 황제국』, 민속원, 2011, pp.231-232.

고 할 수 있다. 제도는 사회 구성원들의 사고와 행동에 규칙과 방향성을 제시해 준다. 그런데 없었던 제도를 만들어 내고 정착시킨다는 것은 난제일 수밖에 없었다.

근대적 결혼제도가 한국사회에 안착되는 데는 계몽적 저널리즘과 자각한 신여성들의 역할이 컸다. 하지만 문학의 역할 또한 무시할 수 없었다. 이광수의 『무정』을 비롯한 근대 소설텍스트들은 자유 연애결혼이란 표상을 창출하면서 동시에 자유 연애결혼의 당위성을 보편화시켰다. 이 시기 소설 텍스트들은 지배적인 관습이 안고 있는 결함들을 보충하는 역할을 하였을 뿐만 아니라 새로운 관습과 제도를 창안해 내었던 것이다.[5] 아직까지 근대적 결혼에 대한 인식과 실감을 느끼지 못하는 대중들에게 근대적 결혼을 구체적으로 보여준 것이 소설 텍스트들이었다. 즉 자유연애의 형상화와 신식 결혼식 장면의 묘사들은 당대 대중들에게 근대적 결혼을 독서를 통해 간접체험 시켰던 것이다.[6] 또한 근대적 결혼제도가 안착 된 후의 현실을 반영함으로

5) W. Iser, *Der implizite Lesr,* Műnchen: Fink, 1972, p.56; 페터 지마, 『문예미학』, 을유문화사, 1993, p.302에서 재인용.

6) 이러한 신식결혼 모델은 1903년부터 상업적으로 상영하기 시작한 활동사진에 의해서도 대중들에게 제공되었다. 『조선일보』 1928년 2월 7일자 만평은 "현대의 여러 가지 유행은 더구나 조선의 여러 가지 유행에는 활동사진이 큰 힘을 가지고 있다. 학교의 수신과정보담도 목사의 설교 보담도 또한 어버이의 회초리보담도 감화되기에 빠른 것은 '스크린'에 꺼졌다 나타났다 하는 그림자에 있다"라고 기술하고 있는데 이를 통해 활동사진이 당대 한국인들의 근대화에 얼마나 커다란 영향을 끼쳤는지 추측할 수 있다. 임화가 말한 것처럼 '개화 조선의 중요한 신오락물'인 활동사진은 당대 한국인들에게 최고의 구경거리이자 근대화의 교사였다. 1910년대 들어서면서 남촌과 북촌에는 〈경성고등연예관〉(1910)과 〈유광관〉(1912), 〈우미관〉(1912) 등의 극장들이 개관

써 이를 일반화시키는데도 일조를 하였다. 이는 소설장르가 본질적으로 가지고 있는 진실된 가치 실현이 자연스럽게 드러난 것이다.

본고는 먼저 근대적 결혼제도 정착과정과 소설의 관련성을 탐색하고 새로운 결혼 제도와 문화가 소설 속에 어떻게 반영되고 있는 가를 고찰하고자 한다.

## 2. 저널리즘과 신식결혼이란 담론

서구의 근대결혼제도에 대해 처음 소개한 것은 유길준의 『서유견문』이라고 할 수 있다. 서양의 결혼에 대해서 저자는 "청혼하는 방법을 이야기하자면, 우리나라의 예절과 아주 달라서 비판할 거리가 많다"고 지적하면서 "다른 나라 풍습이니 그냥 덮어 둔다"[7]고 기술하고 있다. 저자가 목격한 서양의 결혼은 아

---

하면서 많은 애활가들을 양성해 내었다. 그런데 당시 상영하던 활동사진들은 보름 주기로 교체되었는데 내용은 대부분 서양풍물과 희극이었다. 당대 한국인들은 신기한 볼거리였던 활동사진을 통하여 서양과 근대를 체험하였다.(장두식,「애활가와 극장-초창기극장문화고찰」, 『모던라이프언파레드-2,30년대 일상문화』, 민속원, 2008, p.51) 『매일신보』에 게재된 활동사진 예고 광고를 보면 결혼에 관계된 사진들도 눈에 많이 띈다. 1912년 3월 15일자 〈경성고등연예관〉 상영 예고 광고에는 「서반아풍 결혼」이 보이고, 1912년 7월 3일자 〈유광관〉 상영 예고광고에는 「마스쿠의 혼례」가, 1913년 2월 16일자 〈경성고등연예관〉 상영 예고 광고에는 「갑자기 결혼」이, 1914년 2월 6일자 〈우미관〉 상영 예고 광고에는 「희극-결혼축야」 등이 보인다. 이러한 활동사진에 등장하는 서양의 결혼은 당대 관객들에게 강한 인상을 주었을 것이다. 초창기 저널리즘에서 소개하였던 신식 결혼을 눈으로 확인할 수 있었기 때문이다.

직까지 추구해야 할 목표가 아니라 낯선 이국 풍물이었던 것이다. 그가 정리한 결혼 절차는 다음과 같다. 20세 이후의 성인들이 연애를 통하여 서로의 배우자를 선택을 하고 결혼하기로 결정하면 남자는 지방의 법관에게 결혼을 허락하는 법문을 얻어야 한다. 법관은 법문을 내어주기 전에 양가 부모의 동의를 얻어야 한다. 결혼장소는 일정치 않은데 법관의 주례로 법관의 사무실에서 행하거나 지방관을 주례로 지방관청에서 행하거나 사제를 주례로 예배당에서 행한다. 가난한 자는 주례자의 집에서 결혼식을 하기도 하는데 결혼의 증인은 꼭 있어야 한다.[8] 주례자의 성혼선언 이후 혼서지와 같은 결혼 명문을 신랑신부에게 내어준다. 신랑은 결혼이 끝난 후 법문을 사법관청에 반납한다. 신랑은 검은 연미복을 입고 신부는 흰색의 긴치마와 두건을 주로 쓰고 주례인을 따라 행진하고 뒤에는 친척 처녀들이 들러리를 선다. 이혼 시 여자가 허물이 없으면 남자는 여자가 재혼할 때까지 생활비를 지급하고 사별했을 때는 재혼이 자유롭다. 일부일처를 어기는 사람은 국법으로 금하고 있다.[9]

『서유견문』에서 기술하고 있는 결혼이 어느 나라 어느 민족의 것인지는 특정을 하고 있지는 않지만 연애를 통한 결혼과 주례 앞에서 혼약을 한 후 법률적으로 인정을 받는 과정으로 요약할 수 있다.

『독립신문』의 논설들은 『서유견문』에서 기술하고 있는 서양

---

7) 유길준, 『서유견문-조선 지식인 유길준, 서양을 번역하다』, 서해문집, 2004, p.404.

8) 앞의 책, pp.405-407.

9) 앞의 책, pp.410-412.

의 결혼을 범박하게 재정리하고 있다.

① ᄂᆞᆷ의 나라에셔ᄂᆞᆫ 사나희와 녀편네가 나히 지각이 날 만ᄒᆞᆫ 후에 서로 학교든지 교당이든지 친구의 집이든지 못고지 ᄀᆞᆺ흔대셔 만나 만일 사나희가 녀편네를 보아 ᄉᆞ랑ᄒᆞᆯ 생각이 잇슬것 ᄀᆞᆺ흐면 그 부인 집으로 가셔 자죠 차자 보고 서로 친구 갓치 이삼년 동안 지내 보아 만일 서로 ᄎᆞᆷᄉᆞ랑 ᄒᆞᄂᆞᆫ ᄆᆞᄋᆞᆷ이 생기것 갓흐면 그때ᄂᆞᆫ 사나희가 부인 ᄃᆞ려 ᄌᆞ긔 안해 되기를 청ᄒᆞ고 만일 그 부인이 그 사나희가 ᄆᆞᄋᆞᆷ에 맛지 ᄋᆞᆫ할 것 ᄀᆞᆺ흐면 안해 될 슈가 없노라고 대답 ᄒᆞᄂᆞᆫ 법이요 만일 ᄆᆞᄋᆞᆷ에 합의 ᄒᆞᆯ 것 ᄀᆞᆺ으면 허락ᄒᆞᆫ 후에 몃 ᄃᆞᆯ이고 몃해동안을 또 서로 지내 보아 영령 서로 단단한 ᄉᆞ랑을 ᄒᆞᄂᆞᆫ ᄆᆞᄋᆞᆷ이 잇으면 그때ᄂᆞᆫ 혼인 택일하여 교당에 가셔 하ᄂᆞ님께 서로 맹셰하되 서로 ᄉᆞ랑ᄒᆞ고 서로 공경ᄒᆞ고 서로 돕겟노라고 ᄒᆞ며, 관가에 가서 관허를 맛아 혼인ᄒᆞᄂᆞᆫ 일ᄌᆞ와 남녀의 셩명과 부모들의 셩명과 거쥬와 나흘 다 졍부 문젹에 긔록 ᄒᆞ여 두고 만일 사나희든지 여편네가 이 약쇽ᄒᆞᆫ대로 행신을 아니ᄒᆞ면 그때ᄂᆞᆫ 관가에 쇼지ᄒᆞ고 부부의 의를 끈ᄂᆞᆫ 법이라.[10]

② 셔양에 ᄀᆡ명ᄒᆞᆫ 나라 사ᄅᆞᆷ들은 남녀 간에 어렷슬 쌔브터 ᄒᆞᆫ 학교에 다니며 공부ᄒᆞ야 년긔가 二三十이 되도록 피ᄎᆞ에 샹죵ᄒᆞ기를 여러 ᄒᆡ를 ᄒᆞᆷᄋᆡ 셔로 학문과 ᄌᆡ덕이며 모양과 심지의 엇더ᄒᆞᆫ 것을 ᄌᆞ셰히 안 연후에 百년 ᄒᆡ로ᄒᆞ기를 단단히 약됴ᄒᆞ되 교인들은 ᄌᆞ긔 집에셔나 회당에셔나 혼례를 ᄒᆡᆼᄒᆞᄂᆞᆫᄃᆡ 젼도 목ᄉᆞ가 신랑과 신부를 좌우에 셰우고 샹뎨ᄭᅴ 긔도ᄒᆞᆫ 후에 부부될 이가 셔로 말ᄒᆞ되 부ᄒᆞ던지 가란ᄒᆞ던지 악ᄒᆞᆫ 병이 잇던지 편안ᄒᆞ던지 다른 사ᄅᆞᆷ의게 쟝가들고 시집가지 안켓다고 굿게 ᄆᆡᆼ셔ᄒᆞ야 여러

10) 『독립신문』, 1896.6.6.

> 사ᄅᆞᆷ으로 ᄒᆞ여금 증참이 되게 ᄒᆞ고 교외 사ᄅᆞᆷ들을 혼인ᄒᆞᆯ ᄯᅢ에 관가에 고ᄒᆞ면 법관이 그 남녀를 압헤 셰우고 ᄯᅩᄒᆞᆫ 이ᄀᆞᆺ치 약됴를 ᄯᅩ ᄒᆞᄂᆞᆫ고로 사ᄅᆞᆷ마다 ᄂᆡ외 간에 셔로 ᄉᆞ랑ᄒᆞ고 셔로 공경ᄒᆞ야 죽기ᄭᆞ지 조곰도 두 ᄆᆞ음을 두지 안코 엇던 사ᄅᆞᆷ이던지 만약 안ᄒᆡ된 이가 남편을 ᄇᆡ반ᄒᆞ거나 남편된 이가 안ᄒᆡ를 바리ᄂᆞᆫ 이가 잇슬 디경이면 법관이 곳 잡아 다ᄉᆞ릴 ᄲᅮᆫ 아니라 그 남녀ᄂᆞᆫ 사ᄅᆞᆷ마다 쳔ᄃᆡᄒᆞ야 셰샤에셔 힝셰를 못ᄒᆞᄂᆞᆫ 법이니 그런고로 누구던지 부부 간에 시죵이 여일ᄒᆞ야 집안이 화목ᄒᆞ고 만ᄉᆞ가 여의ᄒᆞ니 이것은 다름아니라 당쵸에 부부될 사ᄅᆞᆷ들이 각긔 ᄌᆞ긔 ᄆᆞ음에 ᄇᆡ필되기를 질겨ᄒᆞᆷ으로 뎡혼ᄒᆞᆷ이라.[11]

그런데 이 논설들은 『서유견문』에서 기술되었던 다양한 장소에서의 결혼식이 예배당 결혼식으로 압축되어 있다. 즉 연애를 통한 결혼과 예배당에서 주례목사 앞에서 혼약을 한 후 법률적으로 인정을 받는 과정으로 기술되어 있다. 또한 서양결혼을 보는 유길준의 거리감이 무화되고 서양결혼에 경사되는 몰주체적인 시선이 드러나고 있다. 이를 통하여 개화기 계몽의 진의가 어디에 있었는가를 확인할 수 있다.

## 3. 구식혼인 타파 운동의 함의

개화기 저널리즘은 구식 혼인제도에 대해 줄기차게 공격을 하였다. 이는 구습·구사상 타파 운동의 일환이라고 할 수 있다. 그런데 구식 혼인제도 비판을 조금 더 세밀하게 살펴보면 당대

---

11) 「혼인론」, 『독립신문』, 1899.7.20.

계몽주의자들과 대중매체가 자신의 소명을 근대적 국민국가 형성에 두고 있었기 때문이라는 것을 발견할 수 있다. 애국계몽과 부국강병을 목표로 한 계몽운동은 무엇보다 먼저 국민국가를 목표로 했다. 결혼은 사회의 기초인 가족을 형성하는 제도이자 국민국가의 국민을 생산하는 제도였던 것이다. 당시 저널리즘이 근대적 결혼제도에 관심을 가지는 것은 당연한 일이었다.

구식 혼인제도에 대한 비판은 주로 조혼과 강제결혼(중매혼)에 초점을 맞추고 있다.

『황성신문』 논설 「조혼의 폐해를 통론흠」에서 조혼은 人種의 減少, 人才의 缺乏, 教育의 墮落, 產業의 凋殘, 志氣의 薄弱, 家庭의 乖和, 責望의 過重케 하여 나라를 망하게 하고 민족을 멸하게 한다고 강하게 비판하고 있다.[12] 文尙宇도 조혼의 폐해를 聖訓의 蔑棄, 肉體上의 障碍, 依賴心의 發生, 意志의 薄弱, 腦髓의 腐敗, 家庭의 決裂, 靑孀의 源泉, 嫡庶의 相賤, 人口의 減損, 亡國의 前驅[13]로 보았고, 『권업신문』 기사 「조혼의 악습을 신칙」에서도 조혼은 우리나라에서 제일 좋지 못한 습관으로 가정을 문란하게 하고 여러 가지 폐해가 발생한다고 비판하고 있다.[14] 이러한 조혼 비판에는 한국에서 활동한 선교사들의 시선도 담겨 있었다. 제이콥 로버트 무스와 같은 선교사는 조혼으로 혼인을 하는 소녀들을 도살장에 끌려나오는 양으로 묘사하기도 했다.[15] 기독교적인 세계관과 서양인의 시선으로 보면 조

12) 『황성신문』, 1909.9.3-4.
13) 문상우, 「조혼의 폐해」, 『대한학회월보』, 1909.5.
14) 『권업신문』, 1914.7.5.

혼은 야만적인 제도일 수밖에 없었다. 계몽주의자들의 펜 속에는 타자의 목소리도 틈입해 있었던 것이다.

조혼에 대한 대중매체의 비판과 부정적인 여론에도 불구하고 조혼은 근절되지 않았다. “조혼으로 참흉극-십오세 어린 색시 남편이 싫어서 도끼로 목 찍어 살해”16), “여수(女囚)는 대개 살인방화 원인은 조혼의 비극”17)과 같은 기사처럼 3,40년대까지도 조혼으로 발생한 사건기사가 빈번하게 등장하고 있다. 이는 아직까지 구식 혼인이 지배문화(dominant culture)를 차지하고 있었고 근대적인 결혼은 부상문화(emergent culture)로 존재하고 있었기 때문이다.18)

『독립신문』은 논설에서 조혼의 극복방안을 다음과 같이 제시하기도 했다.

> 세계각국들이 오날ᄂᆞᆯ 백성들이 ᄌᆞ쥬독립한 마ᄋᆞᆷ이 잇고 인죵이 강셩ᄒᆞ며 신테 골격이 츙실 ᄒᆞᆫ것은 얼ᄆᆞ큼 혼인 ᄒᆞᆫᄂᆞᆫ 법률이 엄히 션 ᄭᆞ닭 이라 외국셔ᄂᆞᆫ 혼인을 허락ᄒᆞ난 법이 첫재 남녀의 나히 ᄆᆞᆺ당 ᄒᆞ여야 ᄒᆞᆯ터인대 사나히는 이십 일 세 이상이요 녀인은 십구세 이샹이라19)

이 논설은 조혼의 폐해를 타파하기 위해서는 ‘엄한 혼인법률’

---

15) 제이콥 로버트 무스, 『1900, 조선에 살다 Village Life in Korea』, 푸른역사, 2006, p.224.
16) 『매일신보』, 1936.10.14.
17) 『매일신보』, 1936.12.20.
18) Raymond Williams, *Problems in Materialism and Culture,* London: Verso, 1980, pp.40-42.
19) 『독립신문』, 1898.2.12.

이 있어야 한다고 역설을 하고 있다. 이는 새로운 결혼제도를 공권력을 수반하는 법률로 정착시키려는 의도를 보여주는 것이다. 즉 근대적 법률혼주의의 도입을 요구하고 있는 것이다.

조혼의 폐해를 비판하는 『황성신문』의 다음과 같은 논설을 살펴보면 당대 결혼이 가지고 있는 함축적인 의미를 읽을 수 있다.

> 夫婚姻者ᄂᆞᆫ 生民의 始오 萬福의 源이라 是以로 自古聖人이 婚禮를 愼重히 ᄒᆞ며 配匹을 愼擇ᄒᆞᆷ이곳 家庭의 和氣로ᄡᅥ 社會의 和氣와 國家의 和氣를 導迎調劑ᄒᆞᄂᆞᆫ 至意所在라 家庭의 和氣를 保存코져 ᄒᆞᆯ진ᄃᆡ 其子女의 配匹을 求ᄒᆞᆯ 時에 其德性如何와 品行如何를 詳審熟知ᄒᆞ고셔 方可議婚ᄒᆞᆯ지니 德性과 品行은 成人以上者라야 可以得知ᄒᆞᆯ지라 今에 不過十歲以上의 男女ᄂᆞᆫ 德性과 品行의 表著ᄒᆞᆷ이 無ᄒᆞ니 비록 非凡ᄒᆞᆫ 藻鑑이 有ᄒᆞᆫ 者라도 其將來 如何를 預知키 難ᄒᆞ거ᄂᆞᆯ 徒然히 無識ᄒᆞᆫ 媒妁의 言을 信聽ᄒᆞ고 人倫의 大事를 輕議ᄒᆞ니 其配匹을 擇ᄒᆞᄂᆞᆫ 規模가 甚히 疎忽ᄒᆞ도다 所以로 不幸히 輕薄ᄒᆞᆫ 男子ᄂᆞᆫ 正妻를 疎待ᄒᆞ며 悍妬ᄒᆞᆫ 婦女ᄂᆞᆫ 舅姑를 不順ᄒᆞᄂᆞᆫ 惡風으로 家庭의 和氣를 損傷ᄒᆞᄂᆞᆫ지라 一家의 失和가 社會와 國家의 延及ᄒᆞᄂᆞᆫ 影響이 有ᄒᆞ니 豈曰 細故리오 此ᄂᆞᆫ 家庭의 乖和가 早婚의 獘害로 由ᄒᆞᆷ이오[20]

인용된 논설에서는 가정의 화기(和氣)가 곧 사회와 국가의 화기를 인도하고 조정할 수 있다고 보고 있다. 때문에 조혼을 타파하고 정상적인 남녀의 결혼을 통하여 가정의 화기를 도모하는 것이 중차대함이 강조되고 있다. 애국계몽과 부국강병의 입

20) 『황성신문』, 1909.9.4.

장에서 결혼은 시급히 근대화시켜야 할 과제였다.

당시 저널리즘에서 주창하고 있는 새로운 결혼 제도는 개인의 사사로운 열정이나 욕망을 소외시키고 있다. 그들의 결혼 담론 속에는 욕망의 일탈이  가족과 국가 전체를 위협하는 위험요소로 간주되었으며 첩이나 기생 등 일탈적 성의 대상들이 비난의 표적이 되는 반면 아내의 지위는 공고해졌고, 정절의 미덕은 더욱 강조되었다.[21] 근대적 일부일처제가 바로 국민을 생산하는 가장 효과적인 제도라고 인식 하고 있었던 것이다. 재래의 결혼이 집(가문)을 유지하기 위한 제도였다면 개화기 이후 계몽기획 속에서 창안된 새로운 결혼은 국가를 유지하기 위한 제도였다.

## 4. 자유연애 결혼의 창조

1910년대 자유연애라는 담론은 해방과 개혁의 의미를 가지고 있었다. 집(家門)을 중심으로 하는 봉건시대 혼인제도의 주체는 사랑하는 남녀가 아니라 가족과 가장이었다. 구식 혼인제도는 개인의 자유를 집안과 봉건질서에 묶어놓는 가장 강력하고 억압적인 제도였다. 그러므로 구식 혼인제도에서의 해방은 근대화요 사회개혁일 수밖에 없다. 자유연애는 이러한 봉건 제도에서 해방되고자 하는 근본적인 동력이었다. 그런데 당대 자유연애는 지식인 계층의 전유물이었다고 할 수 있다. 구식혼인이 중매를 통한 집안 대 집안의 혼인이었다면 자유연애결혼은 결혼

---

21) 김지영, 『연애라는 표상』, 소명출판, 2007, pp.37-38.

당사자의 직접성을 바탕으로 하는 주체적인 결혼이었다. 그런데 연애를 하기 위하여서는 근접성의 원리가 전제되어야 한다. 즉 성별과 계층 차이를 벗어날 수 있는 같은 교회나 같은 학교 등과 같은 공동공간이 필요하다. 때문에 1910년대 동경 유학생을 중심으로 형성되기 시작한 지식인 계층에게 유리한 제도였다.[22)]

송진우는 봉건적인 강제결혼을 타파하는 것이 자연적인 진리이며 인사상의 올바른 길이라고 역설하며 『학지광』에 다음과 같이 자유연애의 정당성을 주장하였다.

> 强制結婚을 打破홈은 自然的 眞理요 人事上의 正路라. 是以로 吾人은 玆에 自由戀愛를 鼓吹코자 ᄒᆞ노니 元來 戀愛는 理論이 아니요 情熱이며 客觀이 아니요 主觀이라 由是로 貧富의 限界가 無ᄒᆞ며 貴賤의 階級이 無ᄒᆞ며 土地의 遠近이 無ᄒᆞ며 知識의 比較가 無ᄒᆞᄂᆞ니 換言ᄒᆞ면 萬金의 富가 戀愛를 橫斷홀 수 업스며 三軍의 威가 戀愛를 爭鬪홀 수 업스며 白屋의 貧이 戀愛를 變改할 수 업스며 千里의 遠이 戀愛를 疏隔할 수 업스며 知識의 力이 戀愛를 解剖홀 수 업ᄂᆞ니 此ᄂᆞᆫ 宇宙의 神秘요 人情의 幾微라 萬一, 食飮을 强要치 못홀진대 戀愛도도 强制치 못홀지며[23)]

동경유학생들을 중심으로 한 지식인 계층의 자유연애 결혼을 대중화시킨 것은 이광수였다. 이광수의 소설 대부분은 사랑의 문제를 기초로 하거나 사랑이 중요한 요소로 작용을 하고 있다. 그는 긍정적이든 부정적이든 사랑의 문제를 문학에 정착시킨 대표적 작가라고 할 수 있다.

---

22) 최혜실, 『신여성들은 무엇을 꿈꾸었는가』, 생각의나무, 2000, p.83.
23) 송진우, 「사상개혁론」, 『학지광』, 1915.5., pp.5-6.

> 婚姻에 得하여 幸福이라 함은 個人으로 보면 戀愛와 圓滿한 家庭의 두 가지요, 社會로 보면 이 두 가지에서 나오는 好影響이지요. 個人의 幸福中에 最大한 幸福도 戀愛라고 합디다. 人生 百年의 勞役은 오직 戀愛와 幸福에 대한 代價라 함은 얼마큼 詩人의 誇張이라 하더라도, 적어도 戀愛의 幸福이 人生의 幸福의 總和의 半에 過함은 사실이겠지요.[24]

인용된 논설처럼 그는 연애를 통한 결혼과 원만한 가정을 이루는 것이 최고의 행복이라고 주장하고 있다. 그는 결혼이 남녀 두 사람의 의사에 의한 자유연애를 통해서 이루어져야 한다는 것을 지적하고 그 조건을 ① 혼인하는 양인의 건강, ② 유전적 병력이 없는 정신력, ③ 양인의 충분한 발육, ④ 경제적 능력, ⑤당자 상호간의 연애로 정리하고 있다.[25] 그리고 자유연애 결혼의 결과로 탄생하는 가족은 모성 중심의 근대가족, 즉 핵가족이라고 할 수 있다.[26] 하지만 결혼을 가족과 제사를 영속시키는 제도로 보고 있던 당대 사람들에게 자유연애를 통한 결혼은 쉽게 받아들일 수 없는 것이었다.

동경 유학생들 사이에 종종 연애사건 들이 벌어지곤 했지만 당대 한국인들에게 자유연애나 신식결혼은 경험 이전의 모호한 담론이었다. 이러한 상황을 타개한 것은 소설작품들이었다. 이광수를 비롯한 근대 초 작가들은 자유연애를 작품화하였다.[27]

---

24) 이광수, 「혼인에 대한 관견(管見)」, 『학지광』 12호, 1917.4; 『이광수 전집 · 10』, 삼중당, 1971, p.42에서 인용.

25) 앞의 책, pp.42-43.

26) 최혜실, 앞의 책, pp.97-99.

27) 이인직의 「혈의 누」에서도 재래의 혼인에서 벗어난 결혼이 그려지고 있다. 김옥련과 구완서가 부모의 명령을 좇지 않고 스스로 선택하는

특히 소설 속에 형상화된 자유연애는 독자들에게 구체적인 현실로 다가왔다. 독자들에게 문학작품은 다의적이고 구체화할 수 있는 도식이며 독자의 미적 체험을 통해 구체화되는 미적 객체이기 때문이다.[28)] 즉 문학작품 속에서 등장하는 자유연애와 신식결혼은 표상으로 존재하는 것이 아니라 현실적인 형상으로 독자들에게 침투하였다. 소설들이 독자들에게 모호한 추상으로 존재하던 연애를 간접 체험하게 만든 것이다.

이광수는 장편소설『무정』, 1917)[29)]에서 주인공 이형식과 김선형 그리고 박영채를 통하여 봉건적인 혼인제도에서 벗어난 인물 형상을 보여주고 있다. 이 소설은 연애 보다는 계몽 담론이 전면에 나서고 있지만 남녀 간의 애정 심리묘사를 자세히 하고 있다.[30)]

> 물론 선형이가 형식을 사랑하는 것은 아니다. 그렇게 이삼일 내로 사랑이 생길 까닭이 없을 것이다. 장차 어떤 정도까지 사랑이 생길는지는 모르거니와 적어도 아직까지 사랑이 생긴 것이 아니라. 형식이나 선영이가 피차 성질을 모를 것은 물론이다. 형식이가 선형이를 사랑하는 것도 다만 아름다운 꽃을 사랑함과 같은

---

자유결혼을 하고자 하는데 이는 애정보다는 애국계몽의 정신이 앞선 사업제휴와 같은 것이었다. 권보드래,『연애의 시대』, 현실문화연구, 2003, pp.217-218.

28) R. Ingarden, *Von Erkenner des literarischen Kunnstwerks*, Tűbingen: Niemeyer 1968, p.206; 페터 지마,『문예미학』, 을유문화사, 1993, p.288에서 재인용.

29)「무정」,『매일신보』, 1917.1.1-6.14. 연재; 신문관에서 1918.7.20 단행본 발간.

30) 윤홍로,『이광수 문학과 삶』, 한국연구원, 1992, p.93.

> 사랑이다. 극히 껍데기 사랑이다. … 〈중략〉 … 피차의 정신은 아직 한 번도 조금도 마주 접하여 본 적이 없었다. 형식은 선형을 바라보며, 선형은 형식을 바라보며 속으로 저 사람의 속이 어떠한가 할 터이다. 그리고 저 사람의 속이야 지내보아야 할지 할 터이다.[31)]

화자는 두 사람의 심리를 통하여 사랑은 쉽게 생기는 감정이 아니고 외모 때문에 생기는 감정도 아니라는 것을 말해주고 있다. 엘렌 케이[32)]가 주장했던 영육(靈肉) 일치로서의 연애를 형상화하고 있는 것이다. 그런데 선형은 스스로 사랑의 대상을 선택하겠다는 마음을 드러내고 있다. 당시 한국사회에서 자유로운 사랑의 주장은 '선구자적 행위'였다. 근대적 개인으로서의 자각 없이는 이러한 주장을 할 수 없었기 때문이다.[33)] 초기 근대소설의 주인공들은 근대적인 자각과 그들이 표상하는 연애의 정체성은 대단히 모호하고 불완전상태였다.[34)] 하지만 선형의 생각처럼 사랑의 상대를 스스로 선택하겠다는 의식은 무엇보다도 단호했다. 이 텍스트는 이중의 연애 배우기 학습서라고 할 수 있다. 즉 텍스트 내에서는 주인공들의 연애배우기 과정이 서사되고 있다면 당대 대중들은 이 텍스트를 통하여 연애의 의미를 이해하게 되는 것이다.

나혜석은 단편소설 「경희」(1918)는 연애를 직접적으로 형상

31) 「무정」, 『이광수 전집 1』, 민중서관, 1971, p.142.
32) 엘렌 케이(1849-1926)는 1915년부터 일본에 소개되기 시작하였고 1920년 대표작『Love and Marriage』, 1911)가 번역되었다.
33) 김지영, 앞의 글, p.137.
34) 앞의 책, p.145.

화하고 있지 않지만 구식 혼인을 거부하는 여주인공을 통하여 연애결혼의 정당성을 형상화하고 있다.

> 금수가 능(能)치 못한 생각을 하고 창조를 해내는 것이 사람이다. 사람이 번 쌀, 사람이 먹고 남은 밥찌꺼기를 바라고 있는 금수, 주면 좋다는 금수와 다른 사람은 제 힘으로 찾고 제 실력(實力)으로 얻는다. … 〈중략〉 … 오냐, 사람이다. 사람으로 보이지 않는 험한 길을 찾지 않으면 누구더러 찾으라 하리! 산정(山頂)으로 올라서서 내려다보는 것도 사람이 할 것이다. 오냐, 이 팔은 무엇하자는 팔이고 이 다리는 어디 쓰자는 다리냐?[35)]

안락한 삶이 보장된 혼인의 길을 거부하는 경희의 심리상황이 잘 묘사되어 있다. 경희가 집안과 아버지의 강권을 거부할 수 있었던 것은 교육을 통해 주체적인 자각을 했기 때문이었다. 소설 속에서 그녀는 사물과 세계에 대한 세밀한 관찰력을 보여주고 있다. 이러한 이성주의적인 성격은 근대적인 교육을 통해 형성된 것이다. 교육의 힘으로 인습의 굴레에서 벗어 난 것이다. 이광수의 「개척자」[36)]의 여주인공 성순 또한 선택은 다르지만 근대적인 자각을 통해 자신을 사랑을 지키려고 했다. 성순은 가족이 강요하는 결혼을 거부하고 자살하는 비련의 여주인공이다. 오빠와 가족을 위해 희생만 하다 애인 민을 만나 '성순은 성순이다'라는 근대적인 자각을 했다. 그러나 가족에 대한 의무감 때문에 결국 자살을 선택하게 된 것이다. 가부장적인 인습에

35) 나혜석, 「경희」, 『여자계』 2호, 1918.3; 『한국여성소설선 1』, 갑인출판사, 1991, pp.41-42.
36) 『매일신보』, 1917.11.10-1918.3.15. 연재.

서 벗어나기 위해 고뇌하는 그녀들을 통해서 근대적인 개인을 발견할 수 있다. 이러한 여주인공 형상들을 통하여 구식 혼인의 악습이 보다 확실하게 드러나고 있다.

1920년대는 낭만주의적인 연애담론이 많이 생산되었는데[37] 그러한 연애의 실감을 형상화한 소설 중의 하나가 나도향의 단편소설 「별을 안거든 우지나 말걸」(1922)이다. 이 텍스트는 주인공 DH가 만하누님에게 자신이 겪은 일을 전해주는 형식으로 짜인 이 소설은 습작 수준의 작품으로 완성도가 떨어진다. 그러나 DH가 MP를 짝사랑하는 심리묘사와 MP를 두고 친구 R과 삼각관계 갈등을 겪는 장면을 통해서 근대적인 연애 감정을 형상화하고 있다.

> 아아 그러나 누님 제가 어찌하여 이와 같은 말을 쓸가요? 사랑보다 더 큰 신앙이 이 세상에 또 어대잇슬가요. 自己의 生命까지 犧牲하는 사랑이 잇슬 뿐이지요. 사람이 사랑으로 나고 사랑으로 죽고 사랑으로 살기만 하면 그 사람의 生은 참 生이 되겟지요. 그러나 저희는 사랑을 생각할 때마다 마음이 두근거립니다. 처음으로 이성에게 사랑을 求하는 者가 누가 주저하지 않은 자가 있고 누가 가슴이 떨리지 않은 者가 잇슬가요? 그러면 사랑이란 罪惡일가요? 죄지은 者와 똑같은 떨림과 不安을 깨닫는 것은 어지 함일까요[38]

---

37) C生, 「결혼의 목적은 무엇이냐」, 『女子時論』 6호, 1920.1; 玉露, 「결혼과 연애」, 『女子界』 6호, 1921.1; 起田, 「男子의 重愛와 女子의 愛嬌에 對하야」, 『新女性』 제3권 10호, 1926.10.

38) 나도향, 「별을 안거든 우지나 날걸」, 『백조』 2호, 1922.5, p.18.

독자들은 주인공 DH를 통하여 연애에 빠진 사람의 고통을 느낄 수가 있다. 롤랑 바르트가 사랑에는 고백의 고통과 질투의 고통과 우수의 고통이 있다고 정리하면서 '나는 그 사람이 아프다'와 같이 자기 상실을 일으키게 하는 것처럼 DH의 고통은 연애에 빠진 자만이 누릴 수 있는 것이다.[39)]

이렇듯 문학작품 속에서 형상화되고 있는 연애와 결혼에 대한 사건들은 당대 독자들에게 하나의 규범으로 작용을 했다고 볼 수 있다. 서양식 결혼과 연애에 대한 대중매체의 소개와 활동사진에서 펼쳐졌던 결혼에 대한 영상들과 함께 문학작품 속에서 구체적으로 그려지는 주인공들의 연애감정과 결혼관 등은 당대 독자들을 근대적 결혼제도로 호명하는 기제들이라고 할 수 있다. 이러한 기제들에 의하여 신식결혼 즉 근대결혼은 구식혼인을 밀어내며 제도로서 정착할 수 있게 되었다.

## 5. 신식결혼식의 탄생과 근대 결혼제도의 안착

1920년 4월 15일 정동예배당에서 경도제대 출신 변호사 김우영과 나혜석이 결혼식을 올렸다. 이들의 결혼식은 근대결혼이란 제도가 안착되고 있음을 보여주는 사례라고 할 수 있다. 이들은 결혼에 이르기까지는 곡절이 많았다. 진명여학교를 나와 동경미술학교를 다닌 나혜석에게는 원래 최승구라는 약혼자가 있었다. 최승구는 경응대학 예과생이면서 재동경 조선기독교청년회 부회장이었고 유학생 기관지 『학지광』 편집에도 관여하고

39) 롤랑 바르트, 『사랑의 단상』, 문학과지성사, 1991, pp.83-85.

있던 총망 받던 천재시인이었다. 두 사람의 연애는 동경유학생들 사이에 유명했다. 하지만 1917년 최승구가 폐결핵으로 사망하였다. 이때 나혜석의 나이 19살이었다. 이런 나혜석에게 경도제대 법학부를 1918년 졸업하여 변호사로 활동하던 김우영이 적극적으로 구애를 하였다. 나혜석은 그의 구애를 거부하지 않고 곧바로 약혼을 하는 파격을 보였다. 김우영은 3.1 만세 운동으로 구속된 동포들 위해 변호를 하였고 후에 『동아일보』 창간 발기동인이 되었던 민족의식이 강했던 변호사였다. 이 두 사람의 결혼은 당시 한국 사람들에게는 경이로운 사건이었다. 『동아일보』 1920년 4월 10일자 3면에 그들의 결혼을 알리는 〈그림1〉과 같은 기사와 사진을 다음과 같이 게재되었다.

◇신랑 신부

금십오일 오후세시에 뎡동례배당에서 결혼식을거힝하는 경도뎨국대학교출신 법학사 변호사 김우영씨와 동경녀자미술학교출신 라혜석 양

〈그림1〉 나혜석과 김우영의 결혼을 알리는 『동아일보』 1920년 4월 10일자 기사

예배당이란 공간에서 제대 출신 변호사와 총망 받는 화가가 결혼식을 올린다는 것은 매우 상징적인 사건이라고 할 수 있다.

앞 절에서 살펴보았듯이 예배당에서의 결혼은 저널리즘에서 소개된 이상적인 신식 결혼식의 모델이었다. 이들의 결혼식을 통해서 다시 한 번 이를 공론화시켰던 것이다.

나혜석의 결혼식 두 달 후인 1920년 6월 2일 정동예배당에서 미국의 파스터 백 부영사가 푸립톤의 결혼식을 거행하였고 총영사 관저에서 피로연을 열었다.[40] 1923년 3월 28일 승동예배당에서는 계림흥산회사 지배인 이병훈과 박춘길이 결혼을 하였다.[41] 이렇듯 1920년대 이후 예배당에서 올리는 신식 결혼식이 점차 늘어나기 시작했다. 아직까지 구식 혼인이 지배적이었지만 신식결혼이 부상하기 시작한 것이다. 1921년 4월에는 연애결혼의 주창자였던  이광수가 허영숙과 실재로 연애결혼에 성공한다.

당시 신식결혼식의 구체적인 모습은 김동인의 단편소설 「결혼식」(1931)에서 살필 수가 있다.

> 철수는 돈냥이나 잇는 녀석, 게다가 ⓐ 신식 마누라를 얻을랴고 긔처한 녀석-이번 결혼식에는 제 빈약한 두뇌를 통 짜내서 한번 잘해보랴고 별 궁리를 다 햇지. 뭘? ⓑ 후행은 일급 사람을 세우기로 햇다나? 그러니깐 남녀 합해서 열 네 사람이지. ⓒ 00례배당에서 식은 거행하기로 하고 거기 대해서 별별 플랜을 다 세웟다나. ⓓ 행진곡에는 풍금은 너절하다고 오케스트라로 하기로 하고 신랑신부가 탄 자동차가 길모퉁이에 나타만 나면, ⓔ 뽀이스카웉들이 나발을 불어 환영하고 유치원 원아들이 축하 창가를 하고 ⓕ 활동사진 기계를 갓다 대이고 그 광경을 촬영하고-우인의

40) 『동아일보』, 1920.6.3.
41) 『동아일보』, 1923.3.6.

두뇌로서 짜내일만한 별별 지해를 다 짜냇지. 그러고 알건 모르건 지명 명사에게는 모도 초대장까지 보내고.[42)]

일급 명을 세우려든 후행은 세 명이 되고 다른 것도 모도 예산대로 되지 않고 OO예배당에는 아직 전등을 안들앗는데 본시 계획으로는 이날 뿐은 림시 가설을 하랴든 것인데 그것조차 그만두고 어둑컴컴한 석유등 아레서 대스피드의 화촉의 전이 거행되게 됏네 그려. 스피드 스피드 한달사 이런 스피드도 쉽잔을걸.

ⓖ 「남편은 안해를 버리지 말고」/「네」/「안해는 남편을 버리지 말고」/「네」/「쌈도 말고」/「네」/「때리지도 말고」/「네」

하하하하. 놈팽이 신부의 얼굴도 아직 보지를 못햇는데 소위 ⓗ 예물 교환이라나 잇지 안나. 결혼 반지 교환. 그 때 손에 반지를 끼어주면서 힐긋 보니깐 머리를 폭 숙이고 잇으니깐 ⓘ 면사포 틈으로 다 보이지는 않지만 하얀 니마와 하얀 코등이 꽤 이뻐 보이더라나.[43)] (기호와 밑줄은 인용자)

이 소설텍스트는 자유연애가 도입초기에 강조되었던 신성함과 영육의 조화라는 담론에서 일탈하여 점차 방종으로 흐르는 세태를 비판하는 내용을 가지고 있었다. 당시 남성들에게는 신여성과의 연애와 신식결혼식이 로망이었다. 그런 남성들 대부분은 조혼이라는 전래의 관습에 의해서 이미 유부남들이었다는데 문제가 있었다. 그럼에도 불구하고 당시 남성들은 구식 혼인으로 맺어진 처를 버리고 신여성을 택하여 신식결혼식으로 새장가 가는 것이 유행이었다. 이 소설의 주인공 철수도 ⓐ처럼

42) 김동인, 「결혼식」, 『동광』 24호, 1931.8, p.75.
43) 앞의 책, p,77.

이러한 조류에 동참한 인물이다. 하지만 그가 배우자로 선택한 신여성 송선비는 모교의 교장 Q를 애인으로 두고 있는 팜므파탈이었다. 신여성과 새장가를 들려고 욕심을 부린 철수는 당연히 대망신을 당하게 된다.

그런데 이 소설에서 묘사되고 있는 결혼식 장면을 통하여 당시 신식결혼식 모습을 구체적으로 살필 수 있다. 먼저 ⓒ에서처럼 전통혼례가 신부와 신랑의 집에서 오가며 진행되는 것과는 다르게 예배당에서 결혼식 올렸다. 기독교의 도입과 함께 들어온 서양 결혼식의 형식을 곧바로 받아들인 것이다. 신자가 아닌 사람들이 예배당에서 결혼하는 것은 '허위적 행동'이라는 비판도 있었지만 예배당 결혼은 이미 제도화되어 있었다.[44)]

그리고 ⓓ처럼 신랑신부가 행진할 때는 풍금연주를 하거나 오케스트라 연주를 하였음을 알 수 있다. 이 소설에서는 주인공을 희화화시키기 위하여 오케스트라를 등장시킨 것 같지만 실제 결혼식 때도 오케스트라 연주도 가능했을 것이다. 그리고 ⓑ처럼 신랑 신부의 뒤를 따르는 들러리를 두었다. ⓔ와 ⓕ처럼 신랑신부를 예배당 앞에서 환영하는 보이스카웃의 나발연주와 유치원 아이들의 창가 축가 그리고 활동사진 촬영도 과장되게 형상화되고 있지만  일반화된 절차였음을 알 수 있다.

그리고 ⓖ처럼  결혼서약과 주례사도 제도화 되어 있었다는 것을 알 수 있다. 안호상과 결혼한 시인 모윤숙은 독일음악인 사택에서 결혼식을 치렀는데 여러 절차는 생략되었지만 K목사의 주례를 중심으로 결혼식이 진행되었다고 진술하고 있다.[45)]

---

44) 「대개는 형식에 불과한 소위 신식결혼식」, 『동아일보』, 1925.11.17.
45) 모윤숙, 「슬픈 인생의 숙제」, 『조광』, 1939.7, pp.228-231.

이렇듯 구식 혼례에서는 주례가 필요 없지만 신식결혼식에서 주례와 주례사는 필수였다. 주례가 끝나면 ⓗ처럼 결혼반지 교환이 있었다는 것을 알 수 있다. 결혼반지도 제도화 되어 당시 대중매체에서는 예물반지를 소개하는 기사가 종종 등장하였다.[46] 신부의 복장은 ⓘ처럼 면사포를 쓰고 있었다. 일반적으로 신랑은 프록코트에 실크햇을 쓰고 신부는 조선 옷에 면사포를 썼다고 한다.[47]

소설텍스트에는 나오지 않았지만 결혼식이 끝나면 피로연을 하는 것이 일반적이었다. 1930년대『동아일보』기사를 살펴보면 피로연은 주로 근대적 연회 장소였던 〈명월관〉과 〈식도원〉 같은 조선요리옥에서 열렸음을 알 수 있다.[48]

소설에서 묘사되는 신식결혼식의 형식과 절차는 다른 결혼식에서도 찾아 볼 수 있다. 마라토너 손기정과 강복신의 결혼식도 위의 절차와 별반 다르지 않았다.

> 식은 한시였다. 平壤 新公會堂- 바로 우리 집 근처에서 했다. 식을 하랴면 모두들 한번식 연습을 한다는데, 우리는 연습도 하지 않고 또 나는 동무의 결혼식 하는데도 별로 가 본 적이 없어서 몹시 서틀었다. 발 마추는 법도 모르고, 더구나 아모러치도 않을 것 같드니 다리가 후들거리고 가슴이 두군거려서 발을 마추긴 고

46) 「약혼반지와 결혼반지 니야기」, 『매일신보』, 1931.10.3; 유자후, 「가락지의 유래와 전설」, 『여성』, 1940.7, pp.86-89.
47) 방신영, 「예복제정의 필요」, 『별건곤』, 1930.5, 「대개는 형식에 불과한 소위 신식결혼식」, 앞의 책.
48) 주영하, 「일제시대 경성의 조선요리옥과 조선음식의 근대성」, 『개화기에서 일제강점기까지 한국 문화전통의 지속과 변용 Ⅵ』, 제14회 단국대 동양학연구소, 중점연구소 연구과제 학술회의, 2011.7, p.61.

사하고 거름조차 제대로 거를 수 없었다. 많은 내빈 속에서 화환과 텐이 연해 혼날이는 속에서 端午나 秋夕 명절로 흥분하여지는 시간을 오래 끗냈다. 그러나 식이 끝나서 나올 적에도 발은 마찬가지로 잘 맛지 않었다..[49)]

손기정의 결혼식에서 주목되는 부분은 결혼식 장소가 신공회당이라는데 있다. 예배당 결혼식이 이제는 공회당이나 조선요리옥 그리고 예식장으로 확산되고 있다는 것을 살필 수 있기 때문이다.[50)] 이는 기독교 신자가 아닌 사람이 신식 결혼식을 하게 될 때 예배당이란 공간은 다소 문제가 있었다. 즉 신자가 아닌 사람이 예배당에서 결혼식을 한다는 것은 위에서 살펴본 것과 같이 '허위적 행동'이라는 비판을 받았다. 때문에 일반인들이 결혼을 할 수 있는 공간이 필요하게 된 것이다. 그리하여 공회당이나 조선요리옥과 같은 대형 음식점 그리고 전문적인 예식장이 탄생을 하게 된 것이다.

김동인의 소설 「결혼식」에서 신식결혼식의 정경이 구체적으로 묘사되고 있는 점에서 이 소설이 발표되기 이전에 벌써 신식결혼식의 형식과 절차가 제도화 되었다는 것을 추론할 수 있다. 1920년 나혜석의 결혼식 이후 신식결혼식은 구식혼인을 밀어내는 부상문화로서의 점차 자리를 잡아가고 있었다고 볼 수 있다.

---

49) 강복신, 「결혼식장 행진기」, 『삼천리』, 1940.4, p.148.
50) 주영하, 앞의 글, p.67.

## 6. 근대 결혼제도의 반영

신식결혼식이 한국 사회에 안착한 것과 같이 결혼에 대한 법률도 확정되었다. 결혼에 대한 사항은 1912년 제령 7호로 공포된 '조선민사령'에 규범화 되었었는데 한국 전통과 관계가 깊은 친족과 상속 등은 관습법에 의거하였다. 1917년 4월 조선고등법원의 판결에 의해서 결혼 당사자의 의사와 주혼자의 의사가 동렬에 놓였다. 1921년 총독부령 99호 '내선인 통혼 법안'이 시행되고, 1923년 7월 법률혼주의가 채택되면서 공락혼(共諾婚)만이 법률로서 인정을 받게 되었다. 이때부터 결혼신고는 당사자 본인의 의사로 신고하도록 규정함으로써 호주나 부모는 동의권자의 지위로 물러났다. 이제 결혼 후 국가의 승인을 받아야 결혼의 효력이 발생하게 된 것이다. 이헌구는 「결혼의식은 어떻게 할까」라는 글의 말미에 즉시 혼인신고를 하라고 권유하고 있다.[51] 법률과 혼인신고가 결혼을 규정하는 최종심급이 된 것이다.

(1) 혼인은 一男一女의 결합관계이다. 즉 현대 법률은 一夫多妻, 多夫一妻를 부인한다. 형법상 重婚을 벌할 뿐 아니라 먼젓 혼인은 이혼이 되고 나종 혼인은 취소가 된다. 그러나 절대적 一夫一妻主義는 아이니 한 번 혼인하엿다가 그 혼인이 해소된 후에 再娶再嫁는 무방하다.

(2) 혼인은 夫妻의 공동생활을 목적으로 하는 것이다. 반다시 자녀생식이 목적이 아니다. 넷날에는 여자가 無子하면 이혼할 수

---

51) 이헌구, 「결혼의식은 어찌할까」, 『여성』 3호, 1938.11, p.30.

잇섯스나 현대에는 그를 인정치 안는다.

(3) 혼인은 終生의 관계를 목적으로 하는 것이다. 그런 고로 일시적 남녀결합이라든지 엇더한 조건 밋헤 결합은 혼인이 아니다. 그러나 당초의 終生 공동생활의 목적으로 된 결합이면 족하니 중도에 이혼이 되는 일이 잇서도 이혼되기까지는 婚姻干係임에 틀님업다.

(4) 혼인은 결합되는 남자의 자유의사의 기인한 것이라야 한다. 그런 고로 현대에는 當者 모르게 부모들끼리만 혼인을 성립식힐 수 잇다. 또 當者에 의사가 엇던 강박 또는 착오에 인한 것이면 안된다.[52)]

현실적으로 구식혼인의 악습들은 일소되지 않았지만 공식적으로 불법이 되었다. 개화기 계몽주의자들이 그렇게 주창했던 강제결혼 폐지와 일부일처제가 공식적으로 실현된 것이다. 구식혼인 또한 이러한 법률에 의해서 규범화 되었다. 신식결혼식과 재래 혼례라는 차이만 있을 뿐 결혼의 내용은 봉건적인 것에서 근대적인 것으로 바뀌게 된 것이다.

이선희의 단편소설 「도장(圖章)」은 이러한 상황을 잘 보여주고 있다. 이 소설은 남편에게 소박을 맞은 여주인공 '김정순'과 도장을 통하여 법률혼이 정착된 상황을 형상화하고 있다.

작은 여편네가 또 아들을 낳아야 그건 내 아들이지요. 계집애들도 그렇지. 죄다 내 딸이야유. 큰마누라니까 민적에 있거든요. 민적에 오른 내 이름이 김정순이라나요. 민적이 제일이죠. 그러기

52) 변호사 양윤식, 「최근의 결혼과 법률관계」, 『삼천리』, 1931.11, p.105.

에 큰 마누라가 좋다는 게 아니우? 그 애들도 죄다 내 앞으로 올라서 내 아이들이야유. 저 어미야 암만 낳으면 쓸데 있나요? 나만 땡을 잡았지. 그 여편네도 생각하면 불쌍하죠. 백 년 있으면 언제 민적에 올라보나요. 53)

소박데기 여주인공의 발언 속에서 법률로 규범화된 근대적인 결혼제도를 읽을 수 있다. 축첩 등 재래의 일부다처제가 사라지지 않았지만 민적에 올라있는 아내만이 법률적으로 보호를 받을 수 있게 된 것이다. 남편이 혼외로 낳은 자식들도 출생신고를 하려면 법률상의 아내의 자식으로 올려야 했다. 이혼을 하기 전까지는 소박데기 여주인공은 법률상의 보호를 받을 수 있게 된 것이다. 이런 여주인공에게 도장은 한번 찍으면 이혼하게 된다는 위험한 물건이었다. 남편이 몸부림 칼부림까지 하게 된 것도 이 도장 때문이었다. 하지만 이 도장을 이혼서류에 찍지만 않으면 언제까지나 아내로서의 권리를 누릴 수가 있었다. 이러한 아내 형상은 법률에 입각한 근대 결혼제도를 표상하는 것이라고 할 수 있다.

소설은 결국 여주인공이 이혼 서류에 도장을 찍게 되는 것으로 마무리된다. 남편이 여주인공과 이혼을 하고 다른 색시와 결혼을 하지 않으면 감옥에 가게 되는 상황에 봉착했기 때문이다.

내 죄다 이야기할게 찬찬이 들어보오. 다른 게 아니라 말하기는 좀 거북하오마는 저기에 색시 하나 있는데 어찌어찌해서 나하고 혼인하지 않으면 안 될 형편이오. 만일 이 혼인을 못하게 되는

---

53) 오태호 편, 『이선희 소설 선집』, 현대문학, 2009, p.42,

> 날이면 망신도 망신이려니와 저쪽에서 가만히 있지 않겠다오. 어떻게든지 나를 '가막소'에 쓸어 넣어 콩밥을 멕일 작정이라니. 일이 우습게 되잖았소?[54)]

현대의 혼인빙자 간음죄가 연상되는 이 장면에서 법률에 의해 규범화된 결혼제도의 모습을 다시 한 번 확인할 수 있다.

신문에서 다루는 결혼에 대한 담론들도 효율적인 결혼 준비 방법 소개나 결혼 후 생활 문제, 여성의 직업문제 등 충실해졌다. 결혼과 이혼의 법률적인 문제를 다룬 정광현의 글[55)]이나 결혼의 진화를 고찰하고 있는 낙철생의 글[56)], 그리고 의학적인 입장에서 결혼문제를 설명하는 이갑수의 글[57)]과 법학적인 입장에서 결혼문제를 설명하는 김준원의 글[58)]들은 결혼 담론을 풍부하게 만들었다.

1930년대 이후 신식결혼식의 대중화와 함께 결혼을 규정하는 법률안이 구비되면서 근대적  결혼은 자연스럽게 당대 소설들에 반영되었다.

결혼식 장면이 구체적으로 등장하는 소설은 채만식의 장편소설 「탁류」[59)]였다. 정주사의 맏딸 초봉은 고태수라는 악인에게

54) 앞의 책, p.47.
55) 정광현, 「결혼과 리혼」, 『조선중앙일보』 1934.12.8-1935.1.20. 15회 연재.
56) 낙철생, 「결혼의 진화」, 『매일신보, 1922.4.21-5.9. 15회 연재.
57) 이갑수, 「의학상 결혼관」, 『조선일보』, 1930.11.26-12.17. 18회 연재.
58) 김준원, 「법학상의 결혼관」, 『조선일보』, 1931.4.29-5.15. 15회 연재.
59) 『조선일보』, 1937.10.12-1938.5.17. 연재

'야바위' 결혼을 당하게 되는데 결혼식은 신식으로 행해졌다.

> 그날 승재도 참례를햇섯다. 그는 마음이 아퍼하면서 아름다운 축하를하기위하야 참례를햇든 것이다. 그러나 그는 다시 해로운슬픔 한가지를 안고 도라오지아니치못햇다. 초봉이가 슯허함을 보앗기 때문이다. 힌 면사포에 백합꼬치며 이런것이 모두 초봉이의 슯흠을 소리업는 노래를 슯이 불른는것가텃다. 단을향하야 고개를 기피 떠러트리고 천천히 천천히 걸어나가는 그 고요함이 어떠케도 슯흐든지 승재는 지금 초봉이가 눈물을흘리지시퍼 승재 저도 눈갓이 싸아하니 매웟다. 그는 제마음이 슯흠이 가득햇기때문에 그러나 그것은 몰으고서 초봉이가 슯허느니라고 잘못 생각햇다는 것은 깨덧지를 못햇다.[60)]

초봉을 짝사랑하던 승재의 시선으로 그려지고 있는 초봉과 고태수의 결혼식은 앞 장에서 살펴보았던 신식 결혼식의 모습 그대로였다. 그런데 이 장면이 『조선일보』에 연재 될 당시에 정현웅 화백의 〈그림 2〉의 삽화가 삽입되어 있었다.

이 삽화에서 보면 신식결혼식의 정경이 구체적으로 드러난다. 신랑은 실크햇에 프록코트를 입었고 신부는 한복에 면사포를 쓰고 백합꽃 부케를 들고 있다. 이들 앞에는 주례선생이 서 있는 단상일 것이다. 그리고 하객들은 모두 앉아 있는 것을 보아서 예배당이다 예식장에서 식이 진행되고 있음을 알 수 있다. 승재는 피로연은 참례 하지 않겠다는 대목에서 결혼식 이후에는 조선요리옥에서 피로연을 베풀었을 것으로 추정할 수 있다.

---

60) 『조선일보』, 1938.1.8.

〈그림 2〉『탁류』의 연재 당시의 삽화(『조선일보』 1938.1.8)

「탁류」 인용 장면과 삽화를 통해서 당대 신식결혼식을 구체적으로 살필 수 있다. 이렇듯 안착된 신식결혼식의 모습은 자연스럽게 당대 소설에 반영되었던 것이다.

그런데 자유연애와 신식결혼식이 완전히 안착을 한 것은 아니었다. 이태준의 「화관」(1938)[61]은 연애와 결혼에 대한 반성적인 인식을 보여주고 있다. 이 소설이 발표된 시기는 연애나 신식결혼식이 일반화되었던 시대였다. 이는 작가가 소설 연재를 시작하면서 언급한 다음과 같은 말에서 다시 한 번 확인할 수 있다.

연애는 즐거움만은 아니요, 결혼은 행복만을 가져오지는 않는

61) 『조선일보』, 1937.7.29-1937.12.22. 연재.

> 다. 나는 연애함으로, 또 결혼함으로 말미암아 너무나 슬프게도, 깨끗하던 사람이 더러워지고, 용감하던 사람이 비겁해지고, 높던 사람이 낮은 데로 떠러지는 것을 허다하게 보고 듣는다.
>
> 이것은 연애나 결혼, 그 자체의 결점인가? 그것을 잘못 가진 당사자들의 죄인가? 여기에 한번 문제를 걸어봄은, 쓰는 나나 읽는 여러분이나 단지 흥미 만에 끄치는 노력은 아닐 줄 믿는다.[62)]

연애와 결혼 때문에 일어나는 부정적인 일들이 연애와 결혼 자체의 문제인가 아니면 당사자들의 죄인가 라는 물음 속에서 연애와 결혼이 당대 사회의 일반적인 현상이 되었음을 읽을 수 있다. 즉 '당위로서의 연애와 결혼'이 아니라 '존재하는 연애와 결혼'을 형상화하고 있는 것이다.

이 소설은 신여성 임동욱이 진정한 자신의 짝을 찾아가는 일종의 탐색담이다. 위에서 살펴본 것처럼 작가는 이 텍스트를 통하여 연애와 결혼에 대한 올바른 상을 그리려고 했다.

> 사람은 반듯이 부모를 떠나 이성에 합해야만 되는가? 둘이 한 몸이 된다 하였으나 여자는 여자대로, 남자는 남자대로 완전한 한 몸, 한 개의 인간이 아니란 말인가? 오--라 어떤 철학자의 말이 생각난다. 사람은 본래 하나이더랬으나 이 세상에 나올 때에 두 쪽이 갈라저 나왔다는, 그 한 쪽은 여자가 되고 다른 한쪽은 남자가 되었다는, 그래 결혼이란 갈라졌던 자기의 쪽을 찾는 것이란 한 말이 정히는 벌써 그 쪽을 찾은 셈이다. 그럼 나는 아직 반쪽대로인가?[63)]

---

62) 이태준, 「작자의 말」, 『신문연재소설전집 · 4』, 깊은샘, 1993, p.259.
63) 이태준, 『화관』, 삼문사, 1938, p.11.

위의 인용처럼 주인공에게 연애결혼이란 자연스러운 일이다. 헤어졌던 자신의 한쪽을 찾는 일이기 때문이다. 그녀는 자신이 훌륭한 상대를 만나 사랑을 할 때 이를 금한다면 결코 용납할 수 없다고 생각을 한다.[64] 그녀에게 연애는 고민의 대상이 아니다. 누구를 선택해서 어떤 연애를 해야 하는 것이 중요할 뿐이다.

그런데 그녀의 연애관 형성과정 속에는 '어떤 철학자'가 개입되어 있다는데 주목하게 된다. 한국인들에게 연애란 1910년대에 유입된 근대 담론이었다.[65] 원래는 존재하지 않았던 것이 외부에서 유입되게 되면 당연히 그것에 대한 반응이 나오게 된다. 전차가 들어오면서 근대적 시간개념이 형성되고 시계소비가 들어나는 것처럼 개화기에 박래된 이러한 담론이 체화되기 위해서 일련의 과정을 겪게 되는 것이다.[66] 즉 교육이나 대중매체를 통한 지식 정보 습득과 문학작품과 영화를 통한 문화정보 수용이 필요한 것이다. 이광수도 「혼인을 위한 관견」에서 이지적 연애를 주장하며 연애는 훈육을 통해 개발될 수 있다는 입장을 보였다.[67] 한국에서 연애는 본능적인 것이 아니라 이성적이고 교육적인 측면에서 형성된 것이다. 이러한 일련의 과정을 통하여 연애와 신식결혼이 한국사회에 안착을 하게 된 것이다. '어떤 철학자' 속에는 근대결혼의 제도화 과정이 함축되어 있는 것이다.

---

64) 이태준, 앞의 글, p.51.
65) 김지영, 『연애라는 표상』, 소명출판, 2007, pp.42-44.
66) 최공호, 앞의 글, pp.231-232.
67) 권보드래, 앞의 글, p.12.

소설은 몇 개의 삼각관계 갈등을 겪으면서 마침내 임동옥이 자신의 연애 대상자를 찾는 것으로 결말이 난다. 작가가 의도한 대로 방종이나 일탈의 연애가 아니라 이성적인 연애의 가능성을 보여주는 결말이다.

김남천의 「사랑의 수족관」(1940)[68]은 남녀 주인공이 건전한 연애를 통해 혼사장애모티프를 극복하고 결혼에 이르는 연애소설이라고 할 수 있다. 그런데 이 소설은 자기고발론에서 모랄론과 풍속론을 거쳐 장편소설 개조론과 관찰문학론으로 진행되어 온 작가의 노정에서 두 세 걸음 정도 거리를 두고 있는 작품이다. "재미와 교양을 겸비한 인기소설"[69]이라는 출판사 광고와는 다르게 통속소설로 평가 받고 있기 때문이다.[70]

작가는 이 소설을 "삼십전후의 젊은이들이 공통적으로 가지고 있는 고민 감격 흥분 갈등 초조 … 이러한 현대의 성격을 숨김없이 냉정하게 가혹하게 그리어 보겠다"[71]라고 주장하고 있

---

68) 『조선일보』, 1939.8.1-1940.3.3 연재; 1940.11. 인문사에서 단행본으로 발간.

69) 「출판부 소식」, 『인문평론』, 1941.1, p.299.

70) 이덕화는 이 소설을 "장편이라는 장르적 특징과 신문연재 소설이라는 통속성이 교직되는 작품으로, 자본주의 사회의 돈과 성욕에 의해서 파탄되어 가는 인간성을 고발하고 있다"고 보고 있다. 이덕하, 『김남천연구』, 청하, 1991. 강진호는 "김말봉류의 통속소설과 별 차이점이 없는 듯 보이지만, 이 '작가 특유의 문제의식'이 개입하여 리얼리즘을 고수"하는 작품으로 보았다. 강진호, 「통속소설, 차선의 의미-김남천의 「사랑의 수족관」론」, 『金南天』, 새미, 1995. 김외곤은 "통속소설이지만 사상 전향 이후의 타락한 인간들이 살아가는 세태의 묘사와 관련하여' 일정 부분 긍정적면도 있다"고 보았다. 김외곤, 『한국근대리얼리즘 비판』, 태학사, 1995.

71) 작품연재 광고 「현대의 성격을 진열한 김남천 작 사랑의 수족관」, 『조선일보』, 1939.7.31.

다. 하지만 호모파버(homo faber)와 같은 주인공 김광호와 대흥꼰체른의 사주 이신국의 딸 이경희의 사랑과 둘의 연애를 방해하는 경희의 서모 은주와 은주의 내연남 송현도와 같은 등장인물의 면면을 살펴볼 때 작가의 의도와는 거리가 먼 구조를 가질 수밖에 없었다.

이 소설에서 먼저 주목되는 장면은 주인공의 형 김광준의 죽음이다. 김광준은 아내를 버리고 빠의 여급인 박양자와 동거하다 결핵성 폐렴으로 병원에 입원을 한다. 그런데 그가 가정을 버린 것은 애욕 때문이 아니라 자신의 신념이 붕괴되었기 때문이었다. "삼십 여 년의 짧은 생애가 마치 한 세기나 되는 것 같다. 옛날 사람이 삼사세기에 걸쳐서 경험하던 것을 우리는 삼십여 년에 겪는 것 같다. 그러나 … 더 살아서 아무 소용이 없어졌을 때 알마쳐 나의 육체가 살 수 없게 되는 것이 나는 반갑고 기쁘다"[72]라는 광준의 말 속에는 개항과 국권상실과 3·1운동의 실패 그리고 탄압과 저항 등 시대적인 아픔이 함축되어 있다. 광준의 일탈은 구조적 모순에서 원인을 찾을 수 있다. 그의 병상에 어머니와 아내와 내연녀인 박양자가 함께 서 있을 수 있는 것도 이 때문이다.

> 병실로 돌아와 어울리지안는 공기 속에 기름처럼 떠도는 제의 위치를 거북하게 생각하엿다. 형수와 양자와 어머니와 형과 동생 -어쩐지 이러한 분위기가 광호에게는 질식할 것 가트면서도 서먹서먹하다.[73]

72) 김남천, 「사랑의 수족관」, 『신문연재소설전집』3권, 깊은샘, 1987, p.10.

그러나 소설 속에서 은어(銀魚)에 비유되고 있는 광호의 눈에는 이러한 상황이 낯설고 불건전하게 느껴질 수밖에 없다. 형을 이해할 수 있으나 가정과 아내를 버리는 행위는 받아들이기 힘든 것이다. 처첩이 당연시 되던 구식 혼인의 악습에 대한 당연한 반응이라고 할 수 있다. 작가가 동병상련적인 감정으로 광준에게 연민을 느끼고 있더라도 근대 결혼제도가 확립된 후 모노가미(monogamy) 이외의 결혼은 모두 부정될 수밖에 없는 것이 현실이 된 것이다.

이 소설에서 주목해야 할 장면은 관상어(觀賞魚)로 비유되고 있는 경희의 성장 과정이다. 경희는 여자대학 가정과를 졸업한 신여성이면서 건강과 미모와 재물과 교양을 함께 갖추고 있는 인물이다. 그런 그녀가 토목기사인 광호를 사랑하게 된다. 광호가 근무하는 니시다구미와 대흥콘체른이 자매회사이기 때문에 두 사람이 가까워진 것이지만 그녀의 사랑하는 감정은 주체적이다. 서모 은주와 현오의 음모로 광호가 만주로 좌천되었지만 그녀의 마음은 크게 변하지 않는다. 우연한 계기로 그 음모의 내막이 밝혀지자 아픈 연인을 찾아서 만주의 길림까지 달려가는 적극성을 보여준다.

“광호씨가 말씀하시는대로 저는 불행햇습니다. 그러나 그 불행은 한달동안에 지나지 안헛서요. 그동안 광호씨에 대한 쓸데 업는 오해를 품었던 것은 불행중에서도 가장 큰 불행이엇습니다. 그러나 그 불행한 한달동안 온실 속에서 자라나서 외풍을 쏘이지 못하엿던 저는 새로운 경험과 귀중한 체험을 겪글수 잇섯습니다. 그

73) 앞의 책, p.10.

> 동안의 제의 취한 행동에 대해서는 널리 용서해주시기 바랍니다" … 〈중략〉 … "저어 제가 당돌하게 청할 말씀이 잇는데 들어 주실 수 잇슬까요?" 이러케 경히는 물엇스나 광호의 대답을 기다리지 안코 "만일 저이 집에서 청혼이 잇다면 승락해 주실 수 잇슬까요? … 〈중략〉 … 뒷날 다시 뵈옵겟서요. 그리구 혼담은 정식으로 아버지로부터 김선생 백부댁으로 청하게 하겟습니다."[74]

경희는 급기야 광호에게 먼저 프러포즈를 한다. 작가가 의도한 현대의 모습이라고 할 수 있다. 그러나 프러포즈의 형식은 절충적이다. 현대적으로 청혼은 하였으나 절차는 전시대적이다. 아무리 신식결혼이 제도화 되었다고 하더라도 여전히 구식혼인이 지배문화(dominant culture)로 견고하게 자리 잡고 있어다는 것을 반영하는 것이다.

그런데 일제강점기 결혼제도의 안착 과정 속에는 조선 총독부의 통치정책이 녹아 있음을 간과해서는 않된다. 1934년 11월 발표된 "의례준칙"은 한국인들의 관혼상제를 통제하려는 의도가 직접적으로 드러나 있다. 약혼식을 혼례 절차 속에 집어넣고 혼례 장소를 신사나 사원이나 예배당으로 확대 하는 등 결혼제도 속에 일본풍을 밀어 넣고 있다. 근대 법률혼이라는 의미망 속에는 통치를 위한 총독부의 강제 규율적 요소가 담겨 있는 것이다.

74) 앞의 책, p.78.

## 7. 結 語

이상으로 근대 결혼제도 정착과정과 소설의 관련성을 살펴보았다.

개화기 계몽주의자들과 저널리즘이 근대적 결혼제도를 갈망한 이유는 국민국가와 부국강병에 있었다. 즉 결혼은 국민을 생산하는 제도로 인식하였기 때문이다. 그리고 이들을 전폭적으로 지지한 것은 봉건의 굴레에서 피해를 받고 있던 여성들이었다. 교육을 통해 근대적인 자각을 한 신여성들에게 결혼제도는 초미의 관심사였다. 이는 나혜석의 단편소설 「경희」에서 구식 결혼를 거부하는 여주인공 형상을 통해서 구체적으로 살필 수 있다.

구식 결혼을 타파하고 신식결혼을 정착시키는 원동력은 자유연애였다. 자유연애는 근대적인 개인만이 할 수 있는 사랑의 근대적 방식이었다. 봉건시대에는 없었던 이러한 사랑의 방식을 보편화 시킨 것은 근대소설이었다. 이광수의 「무정」의 형식과 선형을 통하여 처음으로 등장하는 자유연애는 근대적 결혼의 기반이자 방법이었다. 소설 속에서 구체적으로 그려지는 주인공들의 연애감정과 결혼관 등은 당대 독자들을 근대적 결혼제도로 호명하는 기제들이었다. 이러한 기제들에 의하여 근대적 결혼은 구식 혼인을 밀어내며 제도로서 정착할 수 있었다.

한국사회에서 근대 결혼제도가 안착하게 된 것은 〈조선민사령〉이 커다란 역할을 했다. 법률은 어떤 제도보다도 우선하기 때문이다. 그런데 과거의 제도를 개선하거나 개혁하는 것보다 새로운 제도의 창안이나 도입은 쉬운 일이 아니다. 법률 제정이나 개정과 함께 사회적인 합의가 수반되어야 하기 때문이다. 재래적 관습에서 벗어난 신식결혼식이나 법률혼을 한국인들이 자연스럽게 수용할 수 있게 만든 것은 근대 결혼을 구체적으로 형상화한 소설들이었다.

그런데 일제가 한국의 공적 영역을 지배하는 구조 속에서 근대 결혼제도가 정착되었다는 점은 섬세하게 살펴보아야 한다. 법률혼이라는 의미망 속에는 식민지 통치를 위한 강제 규율적 요소가 담겨 있기 때문이다. 근대 결혼제도를 일본식으로 재편하려는 기획이 담겨 있는 "의례준칙"을 통하여 이를 확인할 수 있다.

## 〈참고 문헌〉


1. 기본 자료

『독립신문』, 『매일신보』, 『동아일보』, 『삼천리』, 『인문평론』, 『조광』, 『조선일보』, 『황성신문』

『신문연재소설전집』, 깊은샘, 1987.

『이광수전집』, 삼중당, 1971.

『일상생활과 근대 결혼제도 신문편 · 잡지편』, 민속원, 2010.

『한국근대여성의 일상문화』 1권, 5권, 국학자료원, 2004.

2. 논저

권보드래, 『연애의 시대』, 현실문화연구, 2003.

김외곤, 『한국근대리얼리즘 비판』, 태학사, 1995.

김지영, 『연애라는 표상』, 소명출판, 2000.

서정자 편, 『한국여성소설선 1』, 갑인출판사, 1991.

윤홍로, 『이광수 문학과 삶』, 한국연구원, 1992.

이덕화, 『김남천연구』, 청하, 1991.

이상갑 편, 『金南天』, 새미, 1995, 1995.

이태준, 『화관』, 삼문사, 1938.

주영하, 「일제시대 경성의 조선요리옥과 조선음식의 근대성」, 『개화기에서 일제강점기까지 한국 문화전통의 지속과 변용 VI』, 제14회 단국대 동양학연구소 중점연구소 연구과제 학술회의, 2011.

채만식, 『탁류』, 서울대출판부, 1997.

최공호, 「근대는 우리에게 어떻게 다가왔나」, 국립고궁박물관 역음, 『대한제국-잊혀진 100년전의 황제국』, 민속원, 2011.

최재석, 『한국가족연구』, 일지사, 1982.
최혜실, 『신여성들은 무엇을 꿈꾸었는가』, 생각의나무, 2000.
제이콥 로버트 무스, 『1900, 조선에 살다 Village Life in Korea』, 푸른역사, 2006.
페터 지마, 『문예미학』, 을유문화사, 1993.
Raymond Williams, *Problems in Materialism and Culture: Selected Essays*, London: Verso, 1980.
롤랑 바르트, 『사랑의 단상』, 문학과지성사, 1991.

# 『삼천리』에 나타난 1930년대의 결혼관*

박 경 선**

## 1. 문제제기 및 연구사 검토

'인간은 사회적 동물이다'라는 말에서 알 수 있듯이 인간은 사회를 이루며 살아왔다. 인간이 구성하는 가장 기본적인 사회가 가족이다. 대부분의 개인들은 가족이라는 집단에 소속되어 있으며, 태어나서 죽을 때까지 가족과 긴밀한 관계를 맺고 있다.

가족의 형태는 시대에 따라 변해왔다. 농경 중심의 사회에서의 가족은 생산공동체[1]로 확대가족형태를 구성하였으며 산업사회에서는 개인들에게 빈번한 지역적 이동과 사회적 이동이 요구되기 때문에 그런 사회에 기능적으로 적합한 핵가족형태를 구성[2]하였다. 점차 사회가 복잡해지는 현대에는 독신가족, 편부모가족, 공동체가족 등 다양한 가족의 형태가 나타나고 있다.

현대에는 공동체 가족처럼 혈연관계나 결혼에 의하지 않고도

---

* 이 논문은 박경선, 「『삼천리』에 나타난 1930년대 결혼관」(『인문과학연구』 27집, 강원대학교 인문과학연구소, 2010)을 재수록한 것이다.

** 부경대학교 강사

1) 함인희, 「사회변화와 가족」, 여성한국사회연구회 편, 『가족과 한국사회』, 경문사, 1996, p.44.

2) 박민자, 「가족의 의미」, 여성한국사회연구회 편, 『가족과 한국사회』, 경문사, 1996, p.8.

가족이 구성되기도 한다. 그러나 과거에는 결혼에 의해 구성되는 가족의 형태가 일반적이었다. 결혼을 하지 않은 사람은 미성년(未成年)으로 여겨질 정도로 결혼은 의무적으로 꼭 해야 하는 일로 여겨지는 인륜의 대사(大事)였다.[3]

가족의 형태만 변해 온 것은 아니다. 결혼에 관한 생각도 시대에 따라 변해왔다. 유교에 의해 지배되던 조선사회에서 결혼이란 가정을 위한 것이었고, 남자와 여자의 일대 일의 결합이 아니라 한 가족 대 자기라는 복수적인 결합이었다.[4] 이 시대 여성들의 결혼관은 자신들의 행복을 고려한 개인적 사고나 의식에 의해 형성되어진 것이라기보다는 이미 규율화 된 유교의 가치관과 규범에 의해 구속되고 강요되어 형성된 것이라 할 수 있다.[5]

그러나 서양문물의 접촉과 여성들에 대한 교육의 증가로 결혼에 대한 생각이 변하게 된다. 개인보다 가문을 중요시하고 당사자의 의견이 반영되지 않았던 결혼을 비판하고, 자신의 행복을 추구해 나갈 수 있는 하나의 전환점으로 결혼을 인식하게 된 것이다.[6]

결혼에 관한 연구는 결혼제도의 변화, 시대에 따른 결혼관의 변화, 결혼에 관한 여성들의 의식 등 다양한 분야에서 이루어지

---

3) 강병식, 「일제하 한국에서의 결혼과 이혼 실태 연구」, 『한성사학』 6/7호, 1994, pp.41-42.
4) 정요섭, 「조선 왕조 시대에 있어서의 여성의 사회적 위치」, 『아세아 여성 연구』 12집, 1973, p.112.
5) 이숙현, 「한국 여성의 결혼관의 변화에 관한 사회학적 연구」, 『연세 사회학』 3집, 1979, p.102.
6) 이숙현, 앞의 글, p.112.

고 있다.

이숙현[7]은 우리나라 여성들의 결혼관이 역사적으로 어떻게 변천되어 오고 있는지를 파악하였다. 여성들의 결혼관의 변화가 가족구조의 변화에서 생기는 부수적인 현상만은 아니며 가족구조의 변화보다는 좀 더 높은 차원의 사회·정치적인 이념의 변화에 더 직접적으로 영향을 받았을 것으로 보고 있다. 결혼에 대한 태도와 인식을 표현하는 가치관이 사회구조나 가족구조의 변화에 따라 어떻게 변하고 있는지를 살피고 있다. 이조사회, 개화기 일제시대, 해방 이후로 시대구분을 하여 결혼에 대한 인식, 부부관, 시부모관으로 항목을 나누어 사회구조나 가족구조의 변화에 따른 결혼관의 변화를 살피고 있다.

신영숙[8]은 일제하 한국여성사회사에 관한 연구를 하였다. 1920년대와 30년대의 여성교육의 실태와 신여성의 사회인식 및 결혼생활을 연구하였다. 1930년대 후반, 40년대로 가면서 종래의 결혼 관습이나 가족제도의 불합리성을 극복하려는 의식과 노력이 점차적으로 확대, 진전되어 갔으며 새로운 연애·결혼관이 교육받은 여성들로부터 정착되어 가고 있음을 밝혔다.

전세경[9]은 결혼관을 구성하는 결혼의 목적 및 동기, 배우자 선택 조건 및 방법, 결혼과정 및 결혼 후 생활계획에 대한 태도 등의 변화를 통해 산업화 이후의 우리 사회의 한 시대적 상황과 그 흐름을 읽어내고 있다. 사회변화에 따른 결혼관의 변화를

7) 이숙현, 앞의 글.
8) 신영숙, 「일제하 한국여성사회사 연구」, 이화여자대학교 박사학위 논문, 1988.
9) 전세경, 「한국사회의 결혼관의 변화에 대한 고찰」, 『공주교대논총』, 34집 2호, 1997.

서술하고 있지만 연구 대상은 1960년대 이후로 선정하였다.

최정숙[10)]은 1930년대 여성들이 어떤 의식을 가지고 살아왔는지 〈여성〉지를 중심으로 당시의 여성관을 파악하고 있다. 1939년부터 1940년까지 〈여성〉 잡지에 나타난 연애관과 결혼관에 대하여 연구하여 당대 여성들은 연애를 추구하였으나 결혼은 연애와 별개의 문제로 생각하였다는 결론을 도출하였다.

유가효[11)]는 1930년대와 40년대의 혼전 이성교제와 결혼결정과정의 양상을 살펴보고, 이 시기 동안 결혼문화에 어떠한 변화가 일어났는가를 고찰하고 있다. 구체적인 혼인 과정에 대한 연구는 여성 노인을 대상으로 인터뷰를 하여 분석하였다. 결혼 당사자를 인터뷰하였기 때문에 당사자들의 결혼관에 관한 신뢰도가 높은 연구라 할 수 있다. 연령대별, 지역별, 계층별로 임의표집하여 조사 하였지만 표집조사가 가지고 있는 문제점을 벗어난 연구라고 보기는 어렵다.

1930년대는 과거의 전통과 신식문물과의 사이에서 많은 혼란을 겪어야 했던 시기였다. 또한 고등교육을 받는 여성들의 수가 증가한 시기였다. 이상의 연구사 검토에서 변화의 중심인 1930년대의 결혼관에 대한 연구가 부족하다는 것을 알 수 있다. 물론 기존의 연구에서 〈여성〉 잡지에 나타난 연애관과 결혼관에 관한 연구가 있지만 1939년부터 1940년까지를 연구기간으로 하였기 때문에 1930년대의 결혼관을 나타낸다고 하기는 어렵다.

---

10) 최정숙, 「1930년대 〈여성〉지에 나타난 신여성의 자아의식」, 『유관순 연구』, 11집, 2007.

11) 유가효, 「일제시대 결혼결정과정을 통해서 본 결혼문화의 변화」, 『한국학논집』, 36집, 2008.

신문물의 도입과 교육은 의식형성에 영향을 미친다. 교육은 의식을 변화시키고, 의식의 변화는 생활모습의 변화를 가져온다. 이러한 변화의 모습을 볼 수 있는 것이 대중잡지일 것이다. 이는 대중 잡지가 당대의 대중의 생각을 잘 타나내고 있기 때문이다. 1929년 창간되어 1941년까지 발행된 『삼천리』는 대중성을 지향한 잡지의 성격을 지니고 있다.[12] 또한 1930년대의 대중매체와 대중문화가 지니는 복합성과 모순을 매우 잘 보여주는 잡지이다.[13] 그리고 대중잡지임에도 '민족주의'를 미디어 정체성으로 지향해 나간 잡지이다.[14] 즉 『삼천리』에는 1930년대 일상적인 소재나 사회상이 나타나 있을 뿐만 아니라 당대 문화와 당대 우리 민족의 생각이 나타나 있다고 할 수 있다. 그래서 『삼천리』에 나타난 결혼관을 살펴보면 그 시대의 결혼관을 알 수 있을 것이다.

본고에서는 1930년대에 출간된 대중잡지 『삼천리』에 나타난 결혼관에 대해 살펴보고자 한다.

연구방법으로는 먼저 『삼천리』에 나타나 있는 결혼과 관련된 자료를 살펴볼 것이다. 결혼과 관련된 자료에서 우리나라의 결혼관과 관련 있는 자료를 뽑아 도표로 정리할 것이다. 정리된

---

12) 김소연, 「1930년대 잡지에 나타난 근대백화점의 사회문화적 의미」, 『대한건축학회논문집』, 25권 3호, 2009, p.132.
김문성, 「잡지「삼천리」 고(考) - 우리 음악 관련 기사와 글을 중심으로」, 『한국전통음악』, 3호, 2002, p.11.

13) 천정환, 「1930년대 문화민족주의와 『삼천리』」, 『한국현대문학회 학술발표자료집』, 2007, p.49.

14) 박숙자, 「1930년대 대중적 민족주의의 논리와 속물적 내러티브 - 『삼천리』 잡지를 중심으로」, 『어문연구』, 37권 4호, 2009, p.337.

자료의 특징을 분석하고 결혼의 유형에 따라 분류할 것이다. 그리고 각각의 결혼 유형에 관하여 당대의 결혼관이 나타나 있는 다른 자료들과 연계하여 삼천리에 나타나 있는 대중들의 생각을 분석할 것이다.

## 2. 『삼천리』에 나타난 결혼의 유형

혼인을 할 때 배우자를 누가 선택하느냐에 따라서 결혼의 유형을 나눌 수 있다. 배우자선택의 주체에 따라 중매혼, 연애결혼, 중간혼으로 나눈다. 중매혼에서는 배우자선택과 청혼의 권리가 결혼한 본인들이 아닌 타인(주로 부모)에게 주어진다. 연애결혼은 정혼의 책임이 전적으로 본인들에게 있고 사랑하기 때문에 결혼한다는 전제조건이 강조되며 혼인 전 교제가 필수적이 된다. 중간혼은 중매혼의 변형으로서 전통사회가 변천함에 따라 부모에 의해 주장되고 정해지던 배우자 선택이 점차 본인에게로 옮겨가는 과도적 유형이다.[15)]

배우자를 누구로 선택하느냐에 따라 내혼제와 외혼제로 나눌 수 있다. 내혼제는 원래 일정한 친족 집단 내에서만 통혼할 수 있는 제도를 의미하고, 외혼제는 외부 집단과의 통혼하는 제도를 말한다. 그러나 근래에 이르러 내혼제를 말할 때는 동인종, 동국적, 동종교 또는 동일 계급 내에서 통혼하는 현상을 모두 포함한다.[16)]

15) 김모란, 「성, 사랑, 혼인」, 여성한국사회연구회 편, 『가족과 한국사회』, 경문사, 1996, p.153.

『삼천리』에 나타난 결혼과 관련된 자료는 529건이다. 이를 글의 종류에 따라 분류하면 아래와 같다.

| 논설 | 회고 · 수기 | 대담 · 좌담 | 잡저 | 세태비평 |
|---|---|---|---|---|
| 45 | 52 | 54 | 60 | 4 |
| 문예 · 기타 | 문학(소설, 희곡, 시, 기행문) | 설문 | 소식 | 문예평론 |
| 82 | 82 | 23 | 100 | 27 |

위와 같이 나타난 자료를 배우자선택의 주체별로 정확하게 분류하기는 어렵다. 논설의 형태로 당대의 결혼관에 관해 말하는 경우, 회고 · 수기의 형태로 자신의 결혼에 관해 말하고 있는 경우, 결혼에 관한 설문조사에서 자신의 결혼관에 관해 말하는 경우, 문학 작품을 통해서 결혼에 관한 생각을 나타내는 경우 등 다양한 방식으로 표현되어 있고, 결혼이 언급되어 있지만 결혼관은 뚜렷이 나타나지 않은 경우가 많기 때문이다.

당대의 결혼관을 직접적으로 다룬다고 할 수 있는 논술과 대담 · 좌담 형태의 자료를 참고하면 당대의 결혼관에 대해 알 수 있을 것이다. 하지만 본고에서는 실제 결혼에 대해서 다양한 관점을 드러내고, 결혼의 실태를 반영하고 있는 회고 · 수기, 잡저도 포함하여 분석하고자 한다. 결혼관에 대한 생각을 간접적으로 드러내고 있는 문학과 관련된 자료는 제외하고 우리나라와 관계없는 자료도 제외한다. 관련 자료 중에서 당시의 우리나라의 결혼관이 나타나 있는 자료는 다음과 같이 정리할 수 있다.

16) 같은 책, p.157.

| 일련 번호 | 호수 | 발행 일시 | 문 종 | 저 자 | 제 목 | 내 용 |
|---|---|---|---|---|---|---|
| 1 | 2 | 1929년 9월 1일 | 논설 | 최의순 | 나의 戀愛와 結婚觀 | 자신의 연애기와 연애결혼에 대한 이야기 |
| 2 | 2 | 1929년 9월 1일 | 회고 · 수기 | 鄭鍾鳴 | 貧窮, 鬪爭, 孤獨의 半生 | 부모의 결정에 따른 불행한 결혼 생활 |
| 3 | 2 | 1929년 9월 1일 | 논설 | 李仁 | 離婚問題와 現代 法律 | 자유의 획득이 이혼의 이유 |
| 4 | 3 | 1929년 11월13일 | 문예기타 | 윤성상 김숙희 | 愛人과 男便 | 남편이외의 남성과 연애에 에 대한 생각 |
| 5 | 4 | 1930년 1월11일 | 문예기타 | 鄭鍾鳴 | 아버지 인물평 아들의 인물평 | 자식의 결혼을 자유에 맡기겠다 |
| 6 | 5 | 1930년 4월 1일 | 문예기타 | 金永八 | 結婚前과 結婚後, 七年間 戀愛의 成長 | 연애결혼후 행복한 생활 소개 |
| 7 | 6 | 1930년 5월 1일 | 대담 · 좌담 | 윤성상 황신덕 라혜석 정석태 | 新兩性道德의 提唱 | 시험결혼에 관한 대담 |
| 8 | 10 | 1930년 11월 1일 | 소식 | 尹聖相 | 女監獄訪問記 | 부모의 명에 따른 결혼으로 인해 남편을 독살한 이야기 |
| 9 | 11 | 1931년 1월 1일 | 논설 | 露都學人 | 最近 露西亞의 戀愛와 賣淫 | 콜론타이즘 연애 소개 |
| 10 | 15 | 1931년 5월 1일 | 세태비평 | | 失樂園 | 부모의 강제로 인한 결혼으로 자살한 이야기 |
| 11 | 16 | 1931년 6월 1일 | 설문 | | 兄妹間 戀愛와 血族結婚 否可論 | 형매간의 결혼에 대한 생각 |
| 12 | 17 | 1931년 7월 1일 | 소식 | | 現代女流思想家들(3, 붉은 戀愛의 主人公들 | 허정숙, 황신덕 등의 연애담 소개 |
| 13 | 3권 9호 | 1931년 9월 1일 | 논설 | 金炳魯 외 | 異民族과의 結婚是非 | 이민족과의 결혼에 대한 생각 |

| 14 | 3권 1호 | 1931년 11월 1일 | 논설 | 楊潤植 | 最近의 結婚과 法律關係 | 법률이 정하는 혼인요건 |
|---|---|---|---|---|---|---|
| 15 | 4권 2호 | 1932년 2월 1일 | 논설 | 金銀姬 | 無産婦人運動論 | 남녀평등 |
| 16 | 4권 3호 | 1932년 3월 1일 | 문예기타 | | 學窓을 떠나려는 女學生의 結婚條件 - 그들의 꿈은 엇더한가 | 여학생들이 원하는 남편의 조건 |
| 17 | 4권 5호 | 1932년 5월 1일 | 잡저 | | 印度靑年과 佳約매즌채 세상 떠난 崔孃의 悲戀 | 인도청년과 결혼을 하려고 한 최양의 죽음 |
| 18 | 4권 5호 | 1932년 5월15일 | 소식 | | 夏日夜話 | 최양의 죽음에 대한 뒷이야기 |
| 19 | 5권 4호 | 1933년 4월 1일 | 논설 | 柳光烈 | 結婚難의 打開策, 理智的 批判과 手腕力量에 置中 | 우리나라의 결혼관을 역사적으로 소개, 자유연애를 강조 |
| 20 | 6권5호 | 1934년 5월 1일 | 잡저 | | 結婚市場을 차저서, 百貨店의 美人市場 | 남녀교재의 장인 백화점 |
| 21 | 7권 1호 | 1935년 1월 1일 | 설문 | | 내가 理想하는 新郎候條件, 서울 모 여자고보졸업반 규수 제안 | 본인들이 원하는 신랑의 조건 |
| 22 | 7권 7호 | 1935년 8월 1일 | 소식 | | 太平洋을 건너온 米國 아가씨의 戀愛 | 우리나라 남성과 결혼한 미국 아가씨의 행복한 생활 |
| 23 | 8권 4호 | 1936년 4월 1일 | 대담·좌담 | | 女高出身인 인테리 妓生 · 女優·女給 座談會 | 남성을 바라보는 시각 등 |
| 24 | 10권 1호 | 1938년 1월 1일 | 소식 | | 張德洙 朴恩惠 兩氏의 新婚家庭 訪問記 | 연애결혼 후 행복한 생활 탐방 |
| 25 | 10권 10호 | 1938년 10월10일 | 회고·수기 | 金素英 외 | 아하, 그리운 新婦時節 | 연애결혼 후 행복한 생활 회고 |
| 26 | 13권 3호 | 1941년 3월 1일 | 회고·수기 | 崔千代子 | 內鮮結婚의 藝術家家庭記(1) | 사랑으로 결혼한 후 행복한 생활 |

위의 자료를 살펴보면 결혼에 관한 담론이 주로 1930년대 초

기에 집중적으로 나타나 있음을 알 수 있다. 대중잡지였지만 민족주의를 지향했던 삼천리는 1937년 중일전쟁을 계기로 일본 정책에 협력하는 글들을 싣게 된다. 친일 성향의 글들을 점점 많이 싣게 되면서 정책성을 띠지 못하는 결혼에 대한 담론들이 1930년대 후반에는 빈약해졌다고 할 수 있다.

결혼의 유형에 따라 위의 자료를 분석하면 자유결혼 즉 연애결혼과 관련된 자료는 15건, 강제혼 3건, 이민족과의 결혼 5건, 콜론타이즘 연애 1건, 시험결혼 1건, 형제간 결혼 1건, 내선결혼 1건, 혼인 요건 1건 등이 있다(중복 허용 - 예를 들면 인도 청년과 결혼한 최양의 기사는 연애결혼과 이민족의 결혼에 포함). 분석 결과 연애결혼과 이민족과의 결혼에 관한 자료가 많음을 알 수 있다. 자료가 많다는 것은 그것에 대한 높은 관심도를 나타낸다. 따라서 본고에서는 연애결혼과 이민족과의 결혼으로 유형을 나누어 살펴보고자 한다.

## 3. 『삼천리』에 나타난 결혼관

### 1) 연애결혼

#### (1) 연애에 대한 생각

'연애'는 남녀 간에 애틋하게 그리워하고 사모하는 것 또는 그러한 애정[17]을 말한다. 최정숙은 "연애를 예찬하는 글을 보면서 그 시대의 연애가 얼마나 많은 환상을 가졌었는지 더욱 확실하게 느낄 수 있다."[18]면서 그 시대의 사람들이 연애에 관하여 환상적인 생각을 가지고 있었다고 밝히고 있다. 그러나 1930년대의 사람들이 연애에 대해 환상적인 생각만을 가지고 있었던 것은 아니다.

연애는 향락이 안이요, 유희가 안이요, 도락이 안이요, 작난(作亂)이 안이다. 이상적 배필을 구하고저 자기 전심전력으로 가장 진실한 인격과 인격이 부대치는 불꼿(火花)이라고 생각한다. 참으로 연애는 결코 단것마는 안이다. 쓰기도 하고 짜기도 하고 맵기도 한 것이다. 연애를 조망(眺望)할 때나 추억할 때는 한량업시 달콤하고 그립지마는 당면하야 연애하는 시기는 참으로 괴로웁고 쓰린 것이다. 그럼으로 향락적 기분으로 연애를 작난하는 자는 결코 부부를 상상하지 안이하고 일시적 야욕에서 출발한다고 생각하나니 그는 한 색마이고 사회생활에서 분리를 요하는 인물이다.[19]

인류가 지상에서 호흡을 계속하고 잇는 이상, 남녀 양성(兩性)이 대립의 존재를 계속하는 이상, 성문제-연애문제는 우리 인류에게 잇서서 가장 중요한 문제이다.

… 〈중략〉 …

청춘남녀가 흔히 연애라는 화려한 꽃동산에 속살거린다는 것은 사실 낫븐 일이라고 볼 수 없다. 그러나 다만 나이 의미하는 연애는 간혹 일부의 속배(俗輩)들이 해석하는 남녀상호간의 충동적 연모의 감정이 아니요, 참된 이상적 애행위를 지적함임을 명언할 필

17) 김민수 외 편, 『금성판 국어대사전』, 금성출판사, 1991, p.2093.
18) 최정숙, 앞의 논문, p.180.
19) 조재호, 「부부의 도」, 『별건곤』, 19호, 1929.

요를 늣긴다.[20)]

위의 글에서 알 수 있듯이 당대의 사람들이 연애를 긍정적으로 인식하고 있었던 것은 분명하다. 그러나 1930년대의 시대상황을 살펴보면 연애가 긍정적인 행위만은 아님을 알 수 있다. 1930년대는 근대적 사상이나 문물이 유입되어 사회전반에 있어서 현저한 변화가 나타난 시기이다. 엘렌 케이의 연애론[21)]이 유입되고 난 뒤, 많은 청춘남녀들이 자유연애에 대해 관심을 가졌다. 특히 신여성들이 자유연애를 추구하였다. 그러나 신여성의 연애 상대인 교육을 받은 남성들은 이미 결혼을 한 경우가 많았다. 그렇기 때문에 그들과의 연애가 긍정적인 결과를 가져오지 못하는 경우가 발생하는 것이다.

청춘남녀의 연애는 이상적인 배필을 구하는 과정이다. 하지만 이미 결혼한 상대와의 연애는 그 상대가 이상적인 배필이라고 하더라도 법적으로 정상적인 결혼의 관계를 맺을 수 없게 된다. 법률을 초월하여 실제적인 결혼의 관계를 맺는다고 해도 아내가 아니라 제2부인으로 불리며 사회적인 인정을 받지 못한다. 당대 잡지에서 나타나듯이 연애가 중요한 문제이며, 달콤한 기분을 느끼게 하지만 때로는 쓰기도 하고 짜기도 하고 맵기도 한 것이다. 이처럼 당대의 사람들은 표면적으로 드러나는 것처럼 연애에 대해 환상적인 생각만을 가지고 있었던 것이 아니다.

20) 최의순, 「나의 연애와 결혼관」, 『삼천리』, 2호, 1929, p.32.

21) 엘렌케이는 연애를 신성하게 보았고, 결혼도 연애가 있은 후에야 그 의의가 성립된다고 보았다. 연애가 없으면 결혼은 무의미한 것이라 하였다.

그들은 연애의 다양한 속성들과 본질에 대해 인식하고 있었다.

(2) 결혼에 대한 생각

'결혼'이란 성숙한 남녀가 사회적으로 적법한 혼인의식을 통해 정신적·신체적으로 결합할 수 있도록 정형화된 하나의 제도이다.[22] 결혼할 배우자를 누가 선택하느냐에 따라 중매혼, 중간혼, 연애결혼으로 나눌 수 있다. 특정 시대에 어느 한 가지 결혼 방식만 있었던 것은 아니다. 중매혼, 중간혼, 연애결혼이 같은 비율로 나타나지는 않았다. 그 중 좀 더 많은 비중을 차지하는 결혼방식이 그 시대를 대표하는 결혼방식이라 할 수 있다.

1930년대 발행된 『삼천리』에 주로 나타나 있는 결혼방식은 연애결혼이다. 백화점을 "남녀 교제의 관문이 꽉 막힌 밀폐(密閉)된 결혼 시장의 문을 열어주는 귀여운 존재"[23]로 보고 있다. 그리고 사람들이 백화점을 찾는 현상을 "「조흔 신랑감 구하려고」 이리하야 문이 메어지게 모여드는 곳이 백화점이다"[24]로 보고 있다. 사람들은 좋은 결혼 대상자를 구하기 위해서 백화점이라는 열린 공간을 찾아가는데 한 두 사람이 아니라 많은 사람들이 백화점을 찾는다고 하였다. 이는 당대의 많은 사람들이 스스로 자신의 결혼 상대를 구하려 했다는 것을 말해준다. 즉 많은 사람들이 스스로 자신의 배우자를 찾고자 하였음을 말해준다.

---

22) 최외선 외 9인 공저, 『결혼과 가족』, 정림사, 2004, p.161.
23) 「결혼시장을 차저서, 백화점의 미인시장」, 『삼천리』, 6권 5호, 1934, p.156.
24) 앞의 기사, p.156.

당대인들의 연애결혼에 관한 생각은 설문조사를 통해서도 나타난다. 「학창(學窓)을 떠나러는 녀학생(女學生)의 결혼조건(結婚條件) - 그들의 꿈은 엇더한가」[25]와 「내가 리상(理想)하는 신랑후(新郎候) 조건(條件) - 서울 모(某) 여자고보졸업반(女子高普卒業班) 규수(閨秀) 제안(提案)」[26]에서 여학생들이 자신들이 원하는 남편의 조건을 밝히고 있다. 부모님께서 결정해 주는 상대와의 결혼이 아니라 자신의 이상과 맞는 배우자를 선택하겠다는 자신의 의지를 나타내고 있다. 설문조사의 대상은 여학생들이다. 즉 교육을 받은 여성을 대상으로 설문조사를 한 것이다. 이들은 기존의 결혼관을 따르는 것이 아니라 자신들이 희망하는 배우자의 조건을 나이, 직업, 수입, 교양정도, 취미 등을 구체적으로 밝힘으로써 자신들이 배우자를 선택하고 싶다는 강한 의지를 나타낸다.

연애결혼에 대한 긍정적인 인식은 결혼 후의 모습을 밝히고 있는 담론에서도 찾아볼 수 있다.

> 인류가 지상에 호흡을 계속하고 잇는 이상, 男女 兩性이 대립의 존재를 계속하는 이상, 性問題—戀愛問題는 우리 인류에게 잇서서 가장 중요한 문제이다. 이런 의미에 잇서 진정한 의미의 戀愛가 남녀간에 실행된다는 것은 가장 바람즉한 일일 것이다. 戀愛를 떠나서 어나 곳에 男女共存의 아름다운 세계가 잇슬가 보냐? 戀愛업는 남녀의 결합은 이미 識者들의 警告한 바와 가티 그것이

---

25) 「학창을 떠나러는 녀학생의 결혼조건 - 그들의 꿈은 엇더한가」, 『삼천리』, 4권 3호, 1932, pp.62-63 참조.

26) 「내가 리상하는 신랑후 조건 - 서울 모 여자고보졸업반 규수 제안」, 『삼천리』, 7권 1호, 1935, pp.131-135 참조.

가정의 經濟的 保證을 조건으로 하는 限에서 여성에게 대하야는 可憎한 賣淫行爲와 同一하게까지 볼 수 잇다. 그럼으로 남녀의 결혼과 가정생활은 반듯이 戀愛의 성립으로 말미암아 結實하는 것이 아니면 안될 것이다.[27]

『여보세요. 덕순씨!』 나는 三千里社로부터 연애하든 다시와 연애결혼을 한 후 즉 오늘날의 생활을 滋味잇게 써 달나고 하는 편집자의 부탁을 밧고 나는 서슴지 안코 승낙을 하엿다.[28]

연애시대는 공개해서 안되는거애요. 그야말로 귀중한 보물처럼 한평생 내마음속에 간직해둘것인데.[29]

위의 인용문에서는 연애가 중요한 가치를 가지고 있는 행위임을 밝히고 있다. 연애는 인류가 지구상에 존재하는 한 인류에게 있어서 가장 중요한 문제이며, 연애를 떠나서는 남녀공존의 아름다운 세계가 있을 수 없고, 결혼에 있어서도 연애가 반드시 있어야 한다는 생각을 나타내고 있다. 자신들의 결혼생활이 행복한 것은 연애결혼을 하였기 때문이므로 행복하게 살고자 하는 사람들은 연애결혼을 해야 한다는 생각을 말하고 있다.

물론 연애결혼을 한 모든 사람들이 행복한 결혼생활을 하는 것은 아니다. 연애결혼을 하였지만 행복한 결혼생활을 유지하지 못하고 가정이 파탄이 나는 경우도 있다. 그러나 연애가 없

27) 최의순, 앞의 기사, p.32.
28) 김영팔, 「결혼전과 결혼후, 칠년간 련애의 성장」, 『삼천리』, 5호, 1930, p.46.
29) 「장덕수 박은혜 량씨의 신혼가정 방문기」, 『삼천리』, 10권 1호, 1938, p.33.

는 결혼은 더욱더 많은 문제를 가져온다는 이식을 갖고 있다.

> 시대가 시대이니만치 父母들의 결정에만 쪼차서. 그래서 朴씨집 가정에서 인형노릇을 한지 3년. 그사이에 우리의 사이는 조치못하엿다. 이를터이면 當者의 意思와 개성을 무시하고 奇蹟 우에 올라선 우리의 결혼은 조곰도 행복스러운 것이 되지 못하엿다.[30]

> 살인죄수 -남편독살-그들의 대개는 다 남편독살이라 한다. 그리고 그 방법은 양잿물. 가장 사랑하고 가장 신임하여야 할 그의 남편을 그들은 양잿물로 살해하지 아느면 안되엿슬가? 나는 다시금 이 땅의 결혼제도를 저주하고 십헛다. 그러며 그들은 듯고 보도 못한 사람에게 부모의 명하는 대로 모-든 제도의 명하는 대로 팔려갓다가 그로 인하야 오는 모-든 괴로움을 버서버리기 위하여는 그 대상인 남편의(?) 목에 양잿물을 넛치 아느면 안되엿든 것이다.[31]

> 실련의 괴로운 그물에든 그의 갈길은 오직 무덤뿐이엇다. 그때 이 무덤의 문을 가치 두다리려고 이러선 동무가 잇섯스니 그가 즉 김룡주(金龍珠)양이엇다. 그는 동덕녀학교를 다니다가 부모의 강제로 시집을 가서 결혼생활에 들엇스나 거기에는 눈물이외에 아모란 것이 업는 것을 발견하고 식거먼 죽엄의 가슴속에 안기려 하엿다.[32]

위의 글에는 연애결혼을 하지 않고, 부모의 결정에 따라 한 결혼 즉 중매결혼에 대해 부정적인 생각이 나타나 있다. 중매결

---

30) 정종명, 「빈궁, 투쟁, 고독의 반생」, 『삼천리』, 2호, 1930, p.51.
31) 윤성상, 「여감옥방문기」, 『삼천리』, 10호, 1929, p.35.
32) 「실락원」, 『삼천리』, 15호, 1931, p.38.

혼을 하고도 행복하게 사는 사람들도 많았을 것이다. 그러나『삼천리』의 담론은 중매결혼에 대한 부정적인 면을 드러내고 있다. 당자의 의사와 개성이 무시된 결혼이 결혼당사자들의 삶을 불행으로 끌고 갔으며, 불행한 결혼생활을 견디지 못해 자신의 목숨을 버리려고 하는 경우도 생겨났고, 심지어는 남편을 살해하는 현상이 나타나기도 하였다. 이와 같은 담론을 통해서 마치 중매결혼은 해서는 안 되는 행위로 규정하고 있는 듯하다. 부모에 의한 강제결혼에 대해 류광렬은 “이러한 결혼은 당사자 간에 아무런 고려할 기회를 주지 않고 어린 양이 목이 끌리어 심연(深淵)으로 들어가는 것과 같은 것과 같은 것이며 혼인 당사자들에게 해악과 고통을 준다”[33]고 하였다. 강제결혼은 결혼 당사자의 의견이 전혀 반영되지 않는 결혼이다. 강제결혼으로 인한 사회적 문제가 발생하자 연애결혼을 지향하면서 결혼 당사자의 의견 반영이 중요함을 피력하고 있다.

1930년대는 자유연애에 의한 결혼이 젊은이들에 의해 추구되었지만 이와 같은 변화는 선구적인 소수의 여성에게 국한되어 있을 뿐[34]이다. 이 시대는 우리 민족의 의식 깊숙이 뿌리를 내리고 있는 유교의 가치와 규범이 여전히 강하게 존재하고 있었다. 즉 유교적 전통을 따르는 결혼이 보편적으로 행해지고 있었다고 불 소 있다. 당시 중매결혼이 일반적으로 이루어졌다는 것은 유가효의 사례연구에서 알 수 있다. 유가효는 18명을 대상으로 연구하였는데 18명 중 2명만 연애결혼을 한[35] 것으로 나타

33) 류광렬,「결혼난의 타개책, 리지적 비판과 수완력량에 치중」,『삼천리』, 5권 4호, 1933, p.43.
34) 이숙현, 앞의 논문, p.121.

났다. 당시의 사회적 분위기는 연애를 추구하였다 하더라도 결혼은 중매결혼이 많았음을 알 수 있다.

당대의 일반적인 결혼이 중매결혼이었음에도 불구하고 『삼천리』에서는 중매결혼에 대한 부정적인 생각을 나타낸 이유는 잡지가 가지는 성격에서 찾아볼 수 있을 것이다. 잡지는 정보를 전달해 주고, 공공의 주요 관심사에 대한 해설이나 논평을 통해 사회 구성원들에게 환경변화의 실체를 인식케 하여 여론 형성에 이바지하는 기능을 가지고 있다. 즉 잡지는 여러 가지 사회문제에 대한 여론 형성에 영향을 미치는 동시에 특정한 사회현상에 대한 사회적 인식을 형성하기도 한다.

1930년대 전반에는 조선 사회의 근대화를 위해 전통적 가부장제를 기초로 하고 있던 가족 제도를 변혁하고 연애와 결혼, 그리고 이혼의 자유를 확보하려는 움직임이 활발하였다.[36] 근대 사회에서 정서적 가족이념을 강조하는 이들에게 있어 결혼의 중요한 이유는 사랑이며 부부 간의 정서적 유대이다.[37] 1930년대는 근대의 시작이며, 결혼에 있어서도 사랑의 중요성이 강조되던 시기라 할 수 있다. 『삼천리』에는 새로운 사조인 연애결혼에 대한 정보를 대중들에게 알리고, 대중들의 의식을 변화시키기 위해 연애결혼에 대한 긍정적인 담론들을 담고 있다고 하겠다.

---

35) 유가효, 앞의 논문, p.436.
36) 井上和枝, 「조선 '신여성'의 연애관과 결혼관의 변혁」, 『신여성』, 청년사, 2003, p.185.
37) 정옥분 · 정순화 · 홍계옥, 『결혼과 가족의 이해』, 시그마프레스(주), 2005, p.45.

## 2) 이민족과의 결혼

### (1) 동화정책에 의한 결혼에 대한 생각

1930년대는 우리나라가 일제에 의해 강제적으로 점령을 당한 시기였다. 일본은 동화정책[38]의 하나로 조선과 일본의 역사적인 혈연관계를 강조하면서 일본인과 조선인의 결혼(內鮮結婚)을 장려하였다.[39] 일본이 내선결혼을 장려한 것은 우리나라의 민족의식을 약화시키기 위해서라고 할 수 있다. 일본은 자녀를 일본식 교육으로 키우게 하려는 방침을 세웠고, 이러한 일본의 방침에 의해 당시 내선결혼한 부부들 중에는 조선인 남자와 일본인 여자라는 부부구성이 압도적으로 많았다.[40]

> 생각건대 우리 민족은 우수한 품질을 가지고 잇습니다. 열등민족과 서로 통혼하는 것을 거절하는 것은 이민족에 대한 의무가 되어 올흘줄 암니다. 더구나 말하기 대단히 거북한 노릇이지마는 우리들은 지금 엇던 불순한 동긔미테서 우리의 혈통이 낫분 방향으로 작고 흘너가고 잇습니다. 우리는 외래민족과 결혼하는 것을 되도록 피하여야 할것이외다. 말이 낫스니 말이지만 실상 딴 민족

38) 동화정책은 일본의 이민족 지배정책의 하나의 형태이다. '동화'는 '평등'을 의미하지 않는다. 이민족을 '동화(同化)'하기 위한 정책에는 '차별(差別)'을 통한 이민족관리라는 방법이 수반되었다. 즉 '동화'라는 개념 속에 '차별'이라는 개념이 포함되어 있다. 保坂祐二, 『일본제국주의의 민족동화정책 분석-조선과 만주, 대만을 중심으로』, J&C, 2005, p.24.

39) 같은 책, p.354.

40) 같은 책, p.354.

자녀와 다른 딴 민족자녀 사이에 이러난 결혼가정을 보면 불행하게 끗을 맷는 것이 대부분이더이다.

… 〈중략〉 …

첫재 말이 다르고 둘재 수천년을 흘너내려오는 풍속습관이 맛지 안코 그러고 업는 듯 하면서도 가슴속 깁히 흘너가는 민족감정 때문에 그리되더이다. 이미 행복스럽지 못하엿다는 것을 여러 차레의 경험에서 맛본 우리가 이제 또다시 외래민족간의 결혼의 잘못임을 이제 다시 거듭할 필요가 절대로 업는가 합니다.[41)]

당분간 민족의 고유성을 보존하여 혼혈(混血)을 피하는 필요상 우리는 제민족끼리 결혼할 것이라고 본다. 원측적으로는 어느 민족과나 결혼하는 것이 언잔을 까닭이 업겟스나 불순한 정치적 경제적의 동긔 아래에서 출발한 결혼만은 굿게 피함이 올홀줄 안다.[42)]

정치적, 경제적 불순한 동긔밋헤서 이루워지는 외래민족과의 결혼에 대하여는 우리는 조선민족의 순결을 위하야 어대까지든지 피하지 안으면 안될줄 안다.[43)]

국가의 정약상 갑의 민족의 혈통과 을민족의 혈통을 혼합시겨 혼혈인종(混血人種)을 창조하자는 견지에서 하는 소위 동화정책적 결혼이 잇다. 이것은 뿔조아사회에 잇서 정복국가가 흔히 자긔의

---

41) 황애시덕, 「이민족과의 결혼시비 - 흑인의 예와 이민족간 결혼은 불행」, 『삼천리』, 3권 9호, 1931, p.28.
42) 김병로, 「이민족과의 결혼시비 - 특수성을 고려하라」, 『삼천리』, 3권 9호, 1931, p.27.
43) 한용운, 「이민족과의 결혼시비 - 재일 재만 동포문제와 국제주의」, 『삼천리』, 3권 9호, 1931, p.28.

식민지에 대하야 식민정책상 쓰는 일이 만타. … 〈중략〉 … 무슨 정책상에 하는 결혼- 엇더케나 더러운가.[44)]

이민족동화정책은 1910년대부터 시작되었지만 1930년대에 이르러 보다 강력하게 실시되었다. 일제는 중일전쟁의 발발과 함께 '내선일체' 정책을 본격적으로 시행한다.[45)] 위의 글이 쓰여 진 시기는 1931년이다. 이 시기에는 본격적인 동화정책이 실시되던 시기가 아니었다. 그럼에도 불구하고 동화정책에 대한 담론을 담고 있는 것은 삼천리의 집필자들이 강한 민족의식을 가지고 있었기 때문이라 할 수 있다. "삼천리는 흥미위주의 주제를 다루는 대중잡지이면서도 시국과 관련한 소재를 적절히 선택하고 있었는데, 필자 역시 당대 명망 있는 호화필진들을 망라하였다"[46)]는 글에서 집필자들의 면모를 알 수 있다.

같은 풍속과 습관에 젖어 사는 동족끼리도 서로 맞지 않아 가정적 불화가 일어나[47)]는데 하물며 이민족과의 결혼은 더 많은 문제를 발생시킬 것이 분명하다. 이민족과는 말도 다르고 풍습도 다르고 민족감정도 다르다. 부부 간에는 의사소통이 중요하다. 어떤 문제가 발생한다고 하더라도 서로 간의 대화를 통해서 해결의 실마리를 찾을 수 있을 것이다. 그러나 말이 다르면 원

44) 우봉운, 「이민족과의 결혼시비 - 정책적 결혼만 배제」, 『삼천리』, 3권 9호, 1931, p.29.

45) 조진기, 「내선일체의 실천과 내선결혼소설」, 『한민족어문학』, 50호, 2007, p.437.

46) 이지원, 「『삼천리』를 통해 본 친일의 논리와 정서」, 『역사와 현실』, 69호, 2008, p.138.

47) 박인호, 「국제결혼과 가정평화 - 한양의 결혼문제에 대한 비판」, 『여성』, 3권 2호, 1938, pp.28-29 참조.

만한 대화를 하지 못할 가능성이 높고, 대화가 되지 않는다면 서로 간에 생긴 문제를 해결하지 못할 가능성이 높아진다. 그것에 더하여 민족감정이 다름으로 인해 또 다른 문제를 불러올 가능성도 생긴다. 같은 상황을 보더라도 서로 관점을 달리하여 보기 때문에 오해의 여지가 많아지는 것이다.

이처럼 불순한 의도가 개입되지 않은 이민족과의 결혼도 많은 문제를 가지고 있는데, 불순한 의도가 개입된 즉 우리 민족의 정체성을 훼손하려는 의도를 가진 일본의 동화정책은 더 많은 문제를 가지는 것은 분명한 사실이다. 일본의 동화정책으로 인해 우리 민족의 정체성이 부정되고, 민족 간의 관계가 계층화되며, 우리 민족을 일본의 도구화하는 문제가 발생한다.[48] 이러한 문제를 막기 위해서라도 동화정책에 의한 결혼은 이루어져서는 안된다고 본 것이다.

하지만 위의 필자들이 피력한 또 다른 생각은 이민족과의 결혼이라고 하더라도 사랑이 전제되어 있다면 자연스러운 일이라는 것이다.

> 엇던 민족이든지 다른 민족과 결혼하여서 못쓰란 법이 잇슬 까닭이 없겟다. 이것은 인류의 문화발달을 생각하는 이로서 누구나 원측적으로 승인할 바이다.[49]

> 조선민족은 조선민족끼리 서로 결혼하고 사라야한다 하는 말은

---

48) 일제는 중일전쟁의 발발과 함께 본격적으로 내선일체 정책을 시행하게 되는데, 이는 조선인을 일본 내지인과 완전히 동화시켜 조선을 전쟁의 병참기지로 활용하기 위한 방편이었다.

49) 김병로, 앞의 기사, p.26.

우리는 승인할 수가 업다. 만일 그러타하면 경긔도사람은 경긔도사람과 함경도사람은 함경도사람과 반드시 결혼하고 지내어야 한다는 결론에 떠러질 것이니 이래서는 첫재 사람이 안타가워서 살수가 업슬 것이다.[50)]

그 동긔가 불순치 안은 한에서 외방민족과 결혼하는 것을 납부다고 생각하지 안는다. 물이 저절로 흐르는 것가치 순결한 젊은 사람의 이성을 찾는 불길이 저절로 불타기 시작하는 그 마당에 잇서서 「민족」이 다르다는 리유로 그 사이를 막자하여도 될 까닭도 업겟거니와 그리할 必要가 아예 없는 일이다.[51)]

위의 글에는 이민족과의 결혼을 자연스러운 현상으로 나타나 있다. 순수한 사랑이 전제가 된 이민족과의 결혼은 반대할 이유도 없고, 오히려 인류의 문화발달을 위해서 이루어져야 하는 일이며, 민족이 다르다는 이유로 결혼을 못하게 하는 것이 오히려 부자연스러운 일이라는 것이다.

같은 필자가 이민족과의 결혼이라는 같은 문제에 대하여 상반된 주장을 펼치고 있는 것은 자신들이 말하고자 하는 것을 강조하기 위한 방법으로 볼 수 있다. 이들은 동화정책에 의한 이민족과의 결혼이 일어나서는 안 된다는 것을 강조하기 위해 사랑이 전제된 결혼은 막을 이유가 없다고 한 것이다. 위의 필자들이 말하고자 하는 것은 우리 민족에게 행해지는 일본의 동화정책에 대한 비판이라 할 수 있다.

정책적으로 우리 민족과의 결혼을 추진한 국가는 일본이다.

---

50) 한용운, 앞의 기사, p.27.
51) 우봉운, 앞의 기사, p.29.

1930년대 초『삼천리』에는 불순한 동기를 가진 이민족과의 결혼 즉 일본의 동화정책에 의한 일본인과 한국인의 결혼은 이루어져서는 안 되는 것이라는 생각이 나타나 있다. 그러나 1941년 13권 3호에 내선결혼한 가정의 행복한 모습을 회고·수기 형태로 싣고 있는 것을 볼 때, 중일전쟁이후『삼천리』가 친일성향으로 전환되면서 이민족과의 결혼에 대한 생각이 바뀌었음을 알 수 있다.

(2) 개인의 선택에 의한 결혼에 대한 생각

정책적인 이민족과의 결혼이 아니라 개인의 선택에 의한 결혼에 있어서도 결혼의 상대에 따라 인식이 다르게 나타나고 있다. 그 한 예로 인도청년과 연애를 한 최영숙 양의 사례를 들 수 있다. 최양은 스에-덴(瑞典)의 스토크, 호름대학에서 마하드, 젠젠나라는 인도청년을 만나 사랑에 빠졌다. 최양은 인도청년과 서울에서 결혼식을 거행하기로 약속하였고, 그 사실을 알게 된 최양의 부모는 노발대발한다.

> 인도청년! 얼골이 까막고 눈동자가 크고 히고 타국인이고...이리하야 결국 출산될 아해도 조선아히들과는 다르게 살빗은 까맛고 잇발은 히고 우는 소리도 답는 퇴기아히......
>
> 부모는 한사코 결혼을 거절하엿습니다. 그러니 최양의 철석가튼 뜻을 꺽글 길이야 잇섯스리까. 영원히 해소(解消)할 수 업는 두 직선(二直線)이 되어 일생을 두고 교차하여보지 못할 모녀의 사상과 감정! 여기에 비극이 움트기 시작하는 것이외다.[52]

최양과 인도청년은 순수한 사랑으로 결혼을 약속하였다. 그러나 최양의 부모는 딸이 인도청년과 결혼하는 것을 용납하지 않는다. 최양의 부모가 결혼을 반대하는 이유는 자신의 딸과 결혼할 상대가 피부가 까만 인도인이기 때문이다. 까만 피부를 가진 인도인과 결혼하면 태어날 아기도 다른 조선아이들과 달리 까만 피부를 가질 것이라고 생각한다. 결혼을 반대하는 이유로 피부 빛깔이 까맣다는 사실이 이민족이라는 사실보다 더 크게 작용하였음을 짐작할 수 있다. 뿐만 아니라'살빗은 까맛고 잇발은 히고 우는 소리도 답는 퇴기아히……'라는 말에서 인도인에 대해 부정적인 시각을 가지고 있음을 알 수 있다. 인도인에 대한 부정적인 시각은 최양의 결혼에도 부정적인 영향을 미친다.

하지만 또 다른 사례인 미국인과 한국인의 결혼을 바라보는 시각은 인도인과 한국인의 결혼을 바라보는 시각과 다르다.

> 가난한 일개 조선인 청년에게 순정에 넘치는 사랑을 밧친다는 구든 일념에서 백만의 거부도 헌신짝가치 차던지고, 그 호화로운 생활도, 육친의 따뜻한 사랑도 용감히 거더차 버리고, 격랑이 심한 망망대해 태평양의 파도를 뛰여 넘어, 모든 눈에 띄이는 산천이며, 인정 풍속이 낫서른 조선 땅으로 애인의 포근한 품속을 차저드러 단란한 가정을 이루고 그 날 그 날 행복된 생활을 계속하는 두 부부가 잇스니, 그 남자는 金周恒씨요, 그 안해되는 상대자는 아메리카 녀자 E. M. 데븨스씨이다.[53)]

52) 「인도청년과 가약매즌 채 세상 떠난 최양의 비련, 서전대학에서 인도청년 맛나 가약맺고 애아까지 나은 뒤에, 서전경제학사 최영숙양일대기」, 『삼천리』, 4권 5호, 1932, p.16.

데비스 씨는 사랑을 찾아 한국에 와서 김씨와 결혼을 하였다. '포근한 품속', '단란한 가정', '행복된 생활' 등의 표현을 통해서 이 두 사람의 결혼을 긍정적으로 바라보고 있다는 것을 알 수 있다. 이들의 결혼을 긍정적으로 바라보는 이유가 정책적인 결혼이 아니라 사랑을 바탕으로 한 결혼이기 때문이라고만은 할 수 없다.

> 그들은 국제련맹도, 태평양 문제도, 세상의 모든 쓰끄러운 문제는 모른다는 듯이, 5척 두간의 자그만 초가에서 그 녀자는 양복, 하아이-ㄹ을 버서 던지고 조선 의복에 고무신을 신고, 이름도 미세스 金이라고 고처 부르며 조선 농촌의 부인들을 위하야 꾸준히 인류애에의 분투를 게속하며 金周恒씨는 농촌의 문맹을 업새여 버리고 미풍을 길너서 리상의 농촌을 이룰냐는 노력을 앳기지 안으니, 지금의 이 마을 모든 사람들은 이 金周恒씨 부부에 대하야 구세주와도 가치 녁인다고 한다.[54)]

데비스 씨가 우리나라에서 생활하고 있고, 우리 농촌을 위하여 열심히 노력하는 삶을 살기 때문에 긍정적인 시각으로 바라본다고 할 수 있다. 하지만 앞의 최양의 경우 까만 피부 때문에 결혼에 대해 부정적인 생각을 가졌던 것에 비추어 본다면, 흰색 피부에 대한 언급은 없지만 그녀가 흰색 피부를 가진 미국인이라는 사실이 그들의 결혼을 긍정적인 시각으로 바라보게 하는 한 요인임을 짐작할 수 있다.

---

53) 「태평양을 건너온 미국 아가씨의 연애」, 『삼천리』, 7권 7호, 1935, p.163.
54) 앞의 기사, p.168.

미국인과의 결혼을 긍정적으로 보는 사례는 다른 잡지에서도 찾아볼 수 있다. 『여성』 제2권 11호에 이민족과의 행복한 결혼 생활을 소개하는 기사가 실려 있다. 김필수 씨와 그의 제2부인인 독일 출신 뷜스키 씨, 김영성 부인과 그의 남편 미국인 크로웨 씨 그리고 유일한 씨와 그의 부인 호미리 씨의 행복한 결혼 생활이 소개되어 있다. 이들도 독일과 미국 출신이다. 독일과 미국은 우리나라보다 발전된 나라이다.

위의 두 사례에서 알 수 있듯이 개인의 선택에 의한 이민족과의 결혼은 결혼하는 사람이 어떤 나라 사람인가에 따라 서로 다른 시각을 보이고 있다. 인도인과의 결혼은 피부 빛이 까맣다는 사실 때문에 부정적인 반응을 보이고 있고, 흰색의 피부를 가진 미국인과의 결혼에 대해서는 긍정적인 반응을 보이고 있다. 이러한 시각의 차이에서 피부색에 따른 인종차별 가치관을 가지고 있음을 알 수 있다. 또한 우리나라보다 발전된 나라에 대한 긍정적인 가치관도 가지고 있음을 알 수 있다.

『삼천리』에는 이민족과의 결혼에 대해서 정책적인 결정에 의한 결혼이 아니라면 괜찮다는 인식이 드러나 있다. 하지만 일본의 민족동화 정책에 대해서는 강한 거부감을 나타내고 있다. 그리고 정책적인 결혼이 아닌 사랑이 전제된 이민족과의 결혼에 있어서도 무조건적인 긍정이 아니라 국가의 발전정도와 인종에 따른 차별적 인식을 나타내고 있다.

## 4. 결 론

1930년대는 서구사조의 유입과 교육으로 인해 전통적으로 가지고 있던 결혼에 대한 생각들이 변화되어가던 시기이다. 이러한 변화를 담고 있는 1930년대에 발간된 『삼천리』에 나타난 결혼관에 대해 살펴보았다. 당시의 결혼관을 연애결혼과 이민족과의 결혼으로 나누어 각각의 결혼관에 대한 생각들을 살펴보았다.

당대의 대중들은 연애를 떠나서는 남녀공존의 아름다운 세계가 있을 수 없고, 결혼에는 반드시 연애가 있어야한다는 생각을 하고 있다. 즉 연애결혼이 이루어져야 함을 말하고 있다. 연애가 바탕이 된 결혼은 행복한 결혼으로 이어지기 때문에 결혼에 있어서 본인의 의사가 반영되어야 한다고 생각하였다. 그래서 배우자의 선택에 있어서도 자신이 원하는 배우자의 조건이 무엇인지 밝히고 있다.

반면에 결혼을 결정하는 주체가 결혼 당사자가 아닌 부모나 친지에 의해 이루어지는 중매결혼에 대해서는 부정적인 생각이 나타나 있다. 본인의 의사를 무시한 결혼은 불행한 결혼생활을 가져오게 되며, 결국에는 자살이나 남편을 살해하는 등의 극단적인 행동을 하는 원인이 된다는 것이다.

1930년대에 실질적으로 연애결혼보다 중매결혼이 더 많이 일어났음에도 불구하고 『삼천리』에서 연애결혼에 대해 긍정적인 담론을 표출한 것은 당시의 새로운 사조인 연애결혼에 대해 대중들에게 알려서 강제결혼으로 발생하는 문제들을 줄이기 위해서라고 할 수 있다. 그리고 1930년대가 근대화의 필요성으로 전통적 가족제도의 변화를 필요로 하는 시기였기 때문이기도 하다.

한편, 『삼천리』에서는 이민족과의 결혼이 순수한 사랑이 아닌 일본에 의한 민족동화정책의 일환으로 이루어지는 것에 대해서는 우리 민족의 정체성을 위협하는 행위로 보고 있다. 식민정책으로 행해지는 이민족간의 결혼은 우리 민족의 정체성이 부정되고, 민족 간의 관계가 계층화되며, 우리 민족을 일본의 도구화하는 문제가 발생하기 때문에 결코 이루어져서는 안 되는 것으로 보았다. 이러한 생각은 1941년에 발행된 13권 3호에서는 바뀌어 나타난다. 내선결혼 후 행복한 생활을 하는 담론을 담고 있다. 이는 『삼천리』가 중일전쟁 이후 친일성향을 띠게 되고 일본의 정책에 대해 협력하는 방향으로 바뀌었기 때문이라 할 수 있다.

이민족과의 결혼은 민족에 따라 다른 관점을 가지고 있음을 알 수 있다. 피부 빛이 검은 인도인과의 결혼은 태어날 아기가 검은 피부를 가지게 됨으로써 조선의 다른 아이들과 다르기 때문에 해서는 안 되는 것으로, 미국인과의 결혼은 피부 빛에 대한 언급은 없지만 따뜻한 시선으로 바라보고 있다. 이러한 시각의 차이에서 인종차별적 가치관이 존재하였음을 알 수 있다.

지금까지 살펴본 것처럼, 1930년대 대중잡지 『삼천리』에는 연애결혼을 추구하고, 연애결혼을 하면 행복한 삶을 살게 된다는 담론이 나타나 있고, 이민족과의 결혼에 대해서는 1930년대 초기에는 동화정책에 의한 결혼을 해서는 안 된다는 담론이, 1940년대 초에는 내선결혼에 대한 긍정적인 담론이 나타나 있다. 그리고 개인의 선택에 의한 결혼은 결혼하는 대상자가 어느 나라 사람이냐에 따라 다른 담론이 나타나 있다.

## 〈참고 문헌〉

강병식, 「일제하 한국에서의 결혼과 이혼 실태 연구」, 『한성사학』 6/7호, 1994.

고정명, 「혼인법상 여성지위의 변천」. 『논문집』 2집, 1970.

김문성, 「잡지 『삼천리』 고 – 우리 음악 관련 기사와 글을 중심으로」, 『한국전통음악』 3호, 한국전통음악학회, 2002.

김소연, 「1930녀대 잡지에 나타난 근대백화점의 사회문화적 의미」, 『대한건축학회논문집』 25권 3호, 대한건축학회, 2009.

김주희, 「일제 후반기 결혼 예식과 혼수에 대한 사회사적 고찰」, 『가족과 문화』 15집 3호, 한국가족학회, 2003.

문옥표 외, 『신여성』, 청년사, 2003.

박숙자, 「1930년대 대중적 민족주의의 논리와 속물적 내러티브 – 『삼천리』 잡지를 중심으로」, 『어문연구』 37권 4호, 한국어문교육연구회, 2009.

保坂祐二, 『일본제국주의의 민족동화정책 분석 – 조선과 만주, 대만을 중심으로』, J&C, 2005.

신영숙, 「일제하 한국여성사회사 연구」, 이화여자대학교 박사학위 논문, 1989.

여성한국사회연구회 편, 『가족과 한국사회』, 경문사, 1996.

여성한국사회연구회 편, 『한국가족론』, 까치, 1990.

유가효, 「일제시대 결혼결정과정을 통해서 본 결혼문화의 변화」, 『한국한논집』 36집, 계명대학교 한국학연구소, 2008.

유석환, 「1930년대 잡지시장의 변동과 잡지 『비판』의 대응 – 경쟁하는 잡지들, 확산되는 문학」, 『사이(SAI)』 6권, 2009.

이숙현, 「한국 여성의 결혼관의 변화에 관한 사회학적 연구」, 『연세사회학』 3집, 연세대학교, 1979.

이지원, 「『삼천리』를 통해 본 친일의 논리와 정서」, 『역사와 현실』 69호, 한국역사연구회, 2008.

이효재, 『가족 연구의 관점과 쟁점』, 까치, 1988.

전세경, 「한국사회의 결혼관의 변화에 대한 고찰」, 『공주교대논총』 34집 2호, 공주교육대학교, 1997.

정옥분 · 정순화 · 홍계옥, 『결혼과 가족의 이해』, 시그마프레스, 2005.

조진기, 「내선일체의 실천과 내선결혼소설」, 『한민족어문학』 50호, 한민족어문학회, 2007.

천정환, 「1930년대 문화민족주의와 『삼천리』」, 『한국현대문학회 학술발표자료집』, 2007.

최우선 외 9인, 『결혼과 가족』, 정림사, 2004.

최재석, 『현대가족연구』, 일지사, 1990.

최정숙, 「1930년대 〈여성〉지에 나타난 신여성의 자아의식」, 『유관순연구』 11집, 백석대학교 유관순연구소, 2007.

최혜영, 「신문기사를 통해 본 이혼 양상에 대한 내용분석(Ⅰ) - 1920-1930년대 조선 · 동아일보를 중심으로」, 『대한가정학회지』 42권 11호, 대한가정학회, 2004.

# 근대문학 속에 나타난 상례*

## - 이광수 소설 속에 나타난 장례의식을 중심으로 -

신 종 한** · 장 두 식***

## 1. 서 언

본고는 이광수 소설 속에 그려지는 장례의식(葬禮儀式)을 통하여 일제강점기 상례(喪禮)의 지속과 변용 양상을 살피는 데 목적이 있다.

본고가 분석 대상으로 삼은 이광수 소설은 전통적인 상례(喪禮)의 지속과 변용을 탐색하기에 상당히 문제적인 텍스트들이다. 소설에 뜻을 둔 청년 이광수는 당시 한국사회를 폐허로 인식하였다. 과거로부터 물려받은 것은 전무(全無)하기 때문에 모든 것을 새롭게 창조해야겠다는 생각이 그의 의식 전체를 지배하고 있었다.[1)] 이러한 작가의 세계관에 의해서 그의 소설 텍스

---

* 이 논문은 단국대학교 동양학연구원 중점연구소 연구과제 학술회의(〈'개화기에서 일제강점기까지' 한국 문화전통의 지속과 변용Ⅷ〉, 단국대학교, 2012, 7. 18)에서 발표한 원고를 수정 보완한 것이다.

** 단국대학교 국어국문학과 명예교수.

*** 단국대학교 동양학연구원 연구교수.

1) "他國이나 他時代의 青年으로 말하면, 그들은 그들의 先祖가 이미 하여 놓은 것을 繼承하여 이를 保持하고 發展하면 그만이언마는, 今日의 大韓青年 우리들은 不然하여 아무것도 없는 空空漠漠한 곳에 온갖

트들은 반봉건의식과 계몽담론이 창작의 원리이자 내적 형식으로 자리 잡고 있었다. 그의 반전통 의식은 의식적으로 소설 텍스트의 전면에 드러나고 있다. 하지만 소설이란 '꾸며낸 것'과 '사실'을 자유롭게 선택하여 융합하는 장르이다.[2] 때문에 소설 속에 그려지는 세계는 리얼리즘을 이야기하지 않더라도 현실이 반영될 수밖에 없다. 이는 작가가 의도적으로 드러내고자 하는 세계와 함께 작가가 외면하거나 감추려는 세계가 함께 그려질 수밖에 없다는 말이다. 즉 이광수 소설에는 그의 의지와는 다른 세계가 담겨 있는 것이다. 그러므로 근대지향적인 이광수의 소설 속에는 전근대적인 측면이 함께 형상화되어 있다고 할 수 있다.

소설 속에 형상화된 상례에 대한 연구는 아직까지 심도 있게 진행되고 있지 않다. 이는 장례의식이 주로 민속학의 연구대상이고, 소설에서는 소재 혹은 제재적인 차원에서 논의할 수밖에 없기 때문이다. 현재까지는 권오현의 연구가 유일한 연구라고 할 수 있다.[3] 이 연구는 소설 속에서 한국의 장례의식이 어떻게 형상화되고 있는가와 형상화된 장례의식 속에서 추출된 한

---

것을 建設하여야 하겠도다. 創造하여야 하겠도다.". 「朝鮮사람인 靑年에게」, 『이광수전집 1』(삼중당 1971, p.533)과 같이 이광수는 전대의 모든 것과 단절을 주장하고 새로운 것의 창조를 지향하였다. 차승기, 「두 가지 과거와 계몽의 변증법-이광수의 〈반전통주의〉에 대하여」, 『작가세계』 57호, 2003, p.83.

2) 마르트 로베르(1999) 김치수 · 김윤옥 역, 『기원의 소설, 소설의 기원』, 문학과지성사, p.74.

3) 권오현, 「한국현대소설에 나타난 한국인의 생사관연구-작품에서 보이는 장례의식을 중심으로」, 『한국학논집』 제28집, 계명대학교 한국학연구소, 2001.

국인의 생사관을 고찰하고 있다. 한국인의 장례의식은 유교식 상례를 기본으로 하여 무속신앙과 불교식 상례 그리고 기독교식 상례가 혼재하고 있다고 보고 있다. 그리고 장례의식은 죽은 자의 정체성뿐만 아니라 산 자의 정체성을 언급하고 있고, 죽은 자의 이동이자 산자의 통과의례이고, 장례의식을 통하여 산자의 사회적 교제의 장으로 활용되고 있다고 분석하고 있다.

상례에 대한 연구는 민속학 분야에서 일생의례에 대한 연구와 더불어 지속적으로 전개되고 있는데 장철수[4], 유권종[5], 關根英行[6], 최영갑[7], 김시덕[8], 송재용[9]의 연구는 한국 상례의 성격을 규명하는 논의들이고 송현동[10], 박종천[11]의 연구는 상례의 변화과정을 고찰한 논의다.

본고는 기존 연구를 통하여 전통 상례의 의미를 정리한 후, 이광수의 반전통주의적 소설 텍스트 속에서 형상화된 상례를 고찰하여 일제강점기 상례의 지속과 변용과정을 탐색하고자 한다.

---

4) 장철수(1995), 『한국의 관혼상제』, 집문당, 1995.
5) 유권종, 「한국에서의 상례문화의 전개」. 『유교사상연구』 15, 2001.
6) 關根英行, 「상제례(喪祭禮)의 기원과 복장(複葬)-유교 사자의례(死者儀禮)의 상징인류학적 연구」, 『아시아문화연구』 제11집, 2006.
7) 최영갑, 「유교의 상장례에 담긴 죽음의 의미」, 『양명학』 제19호, 2007.
8) 김시덕, 「유교식 상장례 문화-그 구조와 의미」, 『종교와 일생의례』, 민속원, 2006.
9) 송재용, 『한국의례의 연구』, 박문사, 2010.
10) 송현동, 「근대이후 상장례 정책 변화과정에 대한 비판적 고찰」, 『역사민속학』 제14호, 2002.
11) 박종천, 「상·제례의 한국적 전개와 유교의례의 문화적 영향」, 『국학연구』 제17집, 2010.

## 2. 전통적인 유교식 상례

조선시대 상례는 주희(朱熹)의 『가례(家禮)』를 기반으로 하는 유교식 상례였다. 유교식 상례 이전에는 무속적인 상례와 삼국시대에 들어온 불교식 상례가 있었다. 삼국시대 일반화된 불교식의 상례인 화장 문화는 고려시대 성리학이 도입되면서 유교식의 상례로 전환되기 시작하였다. 조선이 건국되고 유교가 국가이데올로기가 됨으로써 유교적인 상례가 이전의 상례를 밀어내고 중심적인 규범으로 정착되었다.[12] 척불숭유의 정책은 불교식 상례를 비공식적인 상례로 밀어냈고, 무속적인 내세관과 유사한 유교의 죽음관에 기반을 두고 있는 유교식 상례는 큰 문화적인 충격 없이 당대 사람들에게 수용되었던 것이다.

그런데 조선왕조의 상례는 『가례』를 기본으로 하고 있지만 신의경(申義慶)의 『상례비요(喪禮備要)』(1648)와 이재(李縡)의 『사례편람(四禮便覽)』(1844)에서 살필 수 있듯이 우리 실정에 맞게 변용하였다.[13] 즉 조선에서는 중국식의 상례문화를 일방적으로 모방하지 않았다. 중국식 상례는 조선에 유입되는 순간 문화접변을 통해 변용되었던 것이다.[14]

일반적으로 유교식 상장례는 다음과 같은 19개의 절차로 구성되어 있다.

1) 초종(初終)-죽음을 맞이하고 준비하는 단계이다. 임종(臨終), 고

12) 김시덕, 앞의 글, p.81.
13) 권오현, 앞의 글, p.146.
14) 김시덕, 앞의 글, p.95.

복(皐復), 시사전, 수시, 역할분담, 단, 치관(治棺), 사자밥 준비의 순서로 진행된다.

2) 1일째 습(襲)-시신을 씻겨 옷을 입히는 절차이다. 목욕, 습(襲), 습전(襲奠), 반함(飯含), 설영좌(設靈座), 입명정(立銘旌) 순으로 진행된다.

3) 2일째 소렴(小殮)-시신을 삼베로 싸는 절차이다. 소렴전(小殮奠), 단괄발(袒括髮)을 진행한다.

4) 3일째 대렴(大殮)-입관(入棺)하고 빈(殯)을 설치한다.

5) 4일째-상주와 친족들은 목욕 후 성복(成服)한다. 상복을 통해 망자에 대한 예의를 표하는 절차다. 이때부터 조석전과 상식을 올린다.

6) 조(弔)-성복 후 문상을 받는다.

7) 문상(問喪)-부고를 받은 친지들이 행한다.

8) 치장(治葬)-장사할 시간과 장소를 정하는 절차로 지석(誌石)을 만들고 신주(神主)도 만든다.

9) 발인(發靷) 하루 전-천구(遷柩)를 한다.

10) 발인(發靷)-관을 상여에 싣고 장지로 운반하는 절차다.

11) 급묘(及墓)-상여가 장지에 도착해서 하관(下棺)을 하고, 매장을 하며 제주(題主)를 하는 절차다.

12) 반혼(返魂)-신주를 모시고 집으로 돌아와 신주는 영좌에 모시고 혼거는 집에서 태운다.

13) 우제(虞祭)-시신을 보내고 혼을 맞이하여 위안하기 위해 처음으로 지내는 제사로 반혼 날, 반혼 다음날 재우제, 삼일째 날 삼우제 등 3번에 걸쳐 지낸다. 이전의 제사는 전(奠)이고 삼우제부터는 제(祭)라고 하는데 매장된 망자가 신격을 지니게 되어 조상신으로 승화되었기 때문에 명칭이 바뀐 것이다.

14) 졸곡(卒哭)-삼우제 후 3개월 후 지내는 절차로 곡을 마치는 의례

15) 졸곡 다음날(혹은 3개월 후) 지내는 부제(祔祭)-새 신주를 사당에 모실 것을 고하는 의례이다.
16) 소상(小祥)-기년(忌年)을 맞아 고인을 추모하는 제사이다.
17) 대상(大祥)-2번째 기년에 지내는 제사이다.
18) 담제(禫祭)-27개월째 지내는 제사로 평상의 상태로 돌아가길 기원하는 의례이다.
19) 길제(吉祭)-담제 다음 정일이나 해일에 지내는데, 신주(神主)의 대를 바꾸는 의례, 집안을 대표하는 주손(胄孫)이 바뀌었음을 공포하는 의례이다.[15)]

이상 살펴본 유교식 상례는 망자, 망자의 혼, 조상신, 상주라는 4개의 의례주체를 가지고 있기 때문에 4개의 영역으로 구분된다. 망자의 의례(주검처리의례), 망자의 혼을 위한 의례(조상신으로 승화되기 전단계의 의례), 조상신을 위한 의례(망자에서 신격을 얻어 조상신이 되는 의례), 상주를 위한 의례(망인의 권한, 즉 가부장을 계승하는 의례)가 순차적으로 진행된다.[16)] 유교식 상례는 세대교체를 통한 종법적 질서의 재편성이라고 볼 수 있는 것이다.[17)] 즉 유교식 상례는 망자만의 의례가 아니라 망자와 산자 모두의 의례라고 할 수 있다. 이는 상례가 죽음을 통해서 발생하는 가문이나 가족이라는 공동체의 위기와 극복의 과정을 모두 담고 있기 때문이다.

---

15) 권오현, pp.146-155, 김시덕, pp.96-98, 최영갑, pp.393-396의 논의를 참고하여 정리하였음.
16) 김시덕, 앞의 글, pp.98-100.
17) 김미영, 「관계적 질서를 추구하는 유교의 일생의례」, 『종교와 일생의례』, 민속원, pp.68-72.

## 3. 상례의 변화-<儀禮準則>과 기독교식 상례의 확산

개항 이후 외래 문물의 유입에 의하여 한국사회는 급격하게 변동하였다. 이러한 사회변화 속에서 관혼상제와 같은 일생의례 또한 변화하게 되었다. 태양력의 도입과 도시화에 의해서 음력을 근거로 거행되었던 전통 일생의례가 이중과세(二重過歲)와 같은 혼란을 겪게 되었고, 농촌공동체 기반이 붕괴됨으로써 전통상제례의 변형을 불러왔다.[18] 또한 일제의 강제병합에 의해서 한국사회 전체가 일제에 의해서 강제로 재배치되는 파행을 겪게 되었다.

전통 상례는 일제의 정책에 의해서 변형될 수박에 없었다. 1912년 6월 총독부령으로 발표한 '묘지 · 화장장 · 매장 및 화장 취체규칙'은 매장을 기본으로 하는 한국의 상례에 직접적으로 영향을 주는 정책이었다. 이 규칙은 당시 실정에 맞지 않아 1918년에 일부 개정되었지만 서울에 4개의 공동묘지가 조성되었고 화장(火葬)과 납골이 새로운 장례제도로 등장하였다. 조선 왕조가 건국된 이후 승려들 이외에는 행하지 않았던 화장이 일제에 의해서 다시 도입된 것이다.

1934년 조선총독부는 기존의 유교식 사례(四禮)에 근거를 둔 간략화 된 〈의례준칙(儀禮準則)〉을 발표하였다.[19] 〈의례준칙〉은 법률적인 뒷받침 없이 준칙이라는 권고 형태로 되어 있었다.

---

18) 박종천, 앞의 글, p.374.

19) 의례준칙의 제정이유를 번잡하고 형식에 집착한 혼장례(婚葬禮)를 혁정개역(革正改易)하여 민중의 소실(所失)과 지방의 진흥과 국력의 신장을 저해를 막기 위함이라고 명시하고 있다.

하지만 일제가 이를 강압적으로 보급해 나갔다.[20]

일생의례의 하나인 상례는 불변하는 의례가 아니다. 의례도 변화하는 사회와 서로 영향을 주고받으며 변화하는 제도라고 할 수 있다. 그러나 일제강점기 상례가 총독부 정책에 의해서 재배치되었다는 점에서 문제가 있다. 〈의례준칙〉에서 상례 부분을 추출하면 다음과 같다.

一, 임종(臨終)

病이 危篤에 一陷한 때는 近親者 侍側 內外를 安定히 하고 殞命을 하면 死者의 身體 及 手足 등을 整齋하야 辟淚함이 업도록 함

二, 喪主

長男(長男이 업는 때는 長孫이 此에 當함)

三, 護喪

親族 知舊中 經驗이 있는 者가 此에 當함

四, 訃告

護喪者의 名義로써 親戚知舊에게 通知함

五, 襲 及 斂

死亡한 翌日 喪主 及 近親者 若干人 (男喪의 경우는 喪主 及 男子, 女喪의 경우는 主婦 及 女子)이 幃內 死者의 病衣를 제거하고 衾을 覆하고 香湯으로써 尸體를 洗拭하고(浴巾을 使用함) 襚衣[幅巾(女는 掩) 充耳, 瞑目, 握手, 衣袴, 周衣(女는 裳) 襪]를 着케 함

20) 박태호, 『장례의 역사-고인돌부터 납골당까지 숭배와 기피의 역사』, 서해문집, p.194.

六, 靈座

幃前에 靈座를 設하고 紙榜 또는 寫眞을 揭함, 喪主以下 靈前에서 전례奠禮(供物은 酒果脯로 함)을 행함

七, 銘旌

絹, 紬 又는 綿布를 쓰고 杠은 竹 또는 木으로 만드러 靈座의 右에 立함, 書式은 左와 如함 某官某之柩

八, 喪服 及 喪章

喪主 以下 喪에 服할 親族은 襲斂終了의 日로부터 喪服 또는 喪章을 着用함.

喪服은 父, 母, 夫, 妻, 子(長男)에 잇서서는 相互間 喪期間 此를 着用함

喪章은 前記의 者에 잇서서는 服期 第一期中, 其他의 喪에 服할 親族에 잇서서는 喪期 及 服期 第一期中 此를 부함

(一) 喪服

布(麻·本) 素周衣(女는 衣, 裳) 同頭巾(女는 皁色唐只·黑色簪)

(二) 喪章

가. 朝鮮服 從 約 一寸 橫 約 二寸五分의 蝶形結의 黑布를 左胸에 附함

나. 和服　從 約 一寸 橫 約 二寸五分의 蝶形結의 黑布를 左胸에 附함

다. 洋服 幅 約三寸의 黑布를 左胸에 纏함

九, 葬日

葬式은 特殊한 事情이 업은 限 五日以內에 行함

十, 永訣
發引前 永訣을 行함

十一, 發引
發引의 時刻은 早朝로 함
靈柩는 舊式의 喪轝에 依하는 때는 呼唱을 廢하고 靜肅을 守함
但 自動車를 使用해도 無妨함

十二, 穿壙 급 灰隔
靈柩 倒着前 壙을 鑿하고 三物(石灰, 細沙, 黃土)로서 灰隔을 作함

十三, 下官 及 成墳
靈柩 墓地 도착하면 銘旌의 杠을 除去하야 柩上 에 置하고 棺을 壙中에 埋安하고 精土로써 墳墓를 造成하고 此에 莎草를 植付함

十四, 慰安祭
成墳後 墓前에서 行함

十五, 虞祭
返虞祭 靈前에서 行함(但 一回에 限함)

十六, 喪食
喪期中에 朝夕喪食을 供함

十七, 朔望展拜
服期 第一期中은 每日 一日, 十五日 喪主 以下 家族은 靈前에 展拜함

十八, 小祥 及 大祥

喪主는 服期 第一期 滿了의 日에 小祥祭를 行하고 靈座를 撤하고 第二期 滿了의 日에는 大祥祭를 行함

十九, 弔慰

弔慰者는 喪家에 到하야 哀悼의 意를 表함(哭을 廢함)

特히 生前에 親交가 있는 者는 靈前에 拜禮함

二十, 喪期 급 服期

喪期中은 至哀至痛의 意를 持하고 特殊한 事情이 업는 限 業務를 廢함

喪期中은 華飾讌樂을 勤愼함

喪服 及 喪期의 其間은 左記에 依함

從來의 喪期는 別表에 如함

喪期 及 服期는 死亡의 日로부터 此를 起算함[21]

위에 인용된 〈의례준칙〉을 살펴보면 상장(喪章) 착용과 신주(神主)에서 지방(紙榜)이나 영정사진(影幀寫眞)으로 변화, 곡(哭)을 폐하는 것과 같이 외래적인 요소 즉 일본적인 요소가 개입되어 있다. 그리고 상복의 간소화와 장례 기간을 단축하는 등 유교식 상례를 축소하고 있다. 이는 한국의 전통적인 상례를 강제적으로 변형시키는 것이었다. 총독부는 의도적으로 한국의 민속 문화를 변형시키려고 획책하였다. 상례 또한 새로운 법령

21) 「儀禮準則-喪禮 부분」, 장철수, 앞의 글, pp.244-247. 이러한 〈의례준칙〉이 한국에 정착되어 해방 이후 〈가정의례준칙〉으로 계승되었다는데 주목할 필요가 있다. 일제잔재 청산이라는 목표를 위해서 현대 상례를 세밀하게 살필 필요가 있는 것이다.

이나 대중 홍보를 통하여 변화시키려고 노력하였다. 1912년 6월 발포한 〈묘지 · 화장장 · 매장 및 화장 취체 규칙〉은 재래의 한국의 상례를 변화시키는 계기가 되었다.[22]

한국의 상례 변화에 밀접한 관련을 가지고 있는 것은 기독교식 상례라고 할 수 있다. 새로운 종교의 유입과 정착은 일생의례에 영향을 미칠 수밖에 없다. 특히 기독교식 상례는 유교식 상례와 직접적으로 충돌을 했다. 1930년 세창서관(世昌書館)에서 발간한 『사례편람(四禮便覽)』의 부록에는 다음과 같은 기독교식 상례를 게재하고 있다.

耶蘇教人 喪禮

蓋 近日 他宗教人이 死亡ᄒᆞᆫ 時에 皐後(됴혼) 披髮, 哀哭, 及 成服, 魂魄, 朝夕奠, 題主, 虞祭, 卒哭, 時節은 並皆 不行ᄒᆞ나니 更不可擧論者也오 但 祭를 丁ᄒᆞᆯ 時ᄂᆞᆫ 教會에 通訃ᄒᆞ면 教人 數名이 來ᄒᆞ야 屍體에 對ᄒᆞ야 何許文字를 祝誦ᄒᆞ고 斂襲 治棺 等節은 舊禮를 倣行ᄒᆞ되 何時던지 入棺ᄒᆞᆫ 後면 發引ᄒᆞ며 教會喪契員은 教會의 喪轝를 用하고 其他ᄂᆞᆫ 貰輀를 용ᄒᆞ야 先히 該教堂으로 往ᄒᆞ야 靈柩를 教堂內에 運入ᄒᆞ야 祈禱式을 行ᄒᆞᆫ 후 墓地에 往ᄒᆞ야 埋葬하고 喪服은 或 方笠, 布周衣를 着ᄒᆞ얏다가 葬後엔 此를 脫ᄒᆞ고 白帽子나 或 帽子에 布片을 纏ᄒᆞ되 亦不過 數月에 此布片을 除去ᄒᆞ고, 或은 初喪時에 廣 二寸許의 黑繪를 左腕에 纏ᄒᆞ고 帽子와 白周衣를 着ᄒᆞᆫ 者도 有ᄒᆞ고 大小祥 及 祭祀ᄂᆞᆫ 設饌 致祭가

22) 염원희, 「전통 상례의 변화를 통해 본 일제의 조선의식-일제강점기 신문, 잡지기사를 중심으로」, 『일생의례로 보는 근대 한국인의 삶』, 채륜, 2013, p.261.

無ᄒᆞ고 家族 及 親族이 團坐ᄒᆞ야 紀念할 而己오. 或 飮食을 備ᄒᆞ야 賓主 供饌ᄒᆞ나니라. 或 非宗敎人의 喪에도 諸般 儀式은 同一히 行ᄒᆞ되 靈柩가 敎堂에 往ᄒᆞᄂᆞᆫ 事ᄂᆞᆫ 無ᄒᆞ니라.[23]

기독교 장례의식은 "皐後(됴혼) 披髮, 哀哭, 及 成服, 魂魄, 朝夕奠, 題主, 虞祭, 卒哭, 時節은 並皆 不行ᄒᆞ나니"와 같이 유교식 상례를 부정하고 있다. 유일신을 믿는 기독교 입장에서 조상신에 제사를 지내는 한국의 상례는 인정할 수 없었다. 그리하여 기존의 상례 절차를 대폭 변형시키게 되었다. 위의 인용에서도 살필 수 있듯이 장례의식 장소를 교회당으로 지정하고 영결식이 기도식으로 바뀌는 등 크게 변형되었음을 알 수 있다. 교회 상계원(敎會喪契員)이 염습과 매장까지의 모든 장례의식을 진행하고 복기(服期) 또한 간략하게 정하고 있다. 그리고 조상신을 모시는 제사는 당연히 금지하였다.

개화 초 한국에서 죽은 서양인들의 장례식은 당대 한국인들에게 이색적이었다.[24] 하지만 기독교의 보급과 함께 점차 서양식의 기독교 상례가 확산되었다. 1890년대에 들어오면서 서울의 양화진에는 외국인 묘지가 조성되었다.[25]

---

23) 黃泌秀, 『增補 四禮便覽』, 世昌書館 p.338; 장철수, 앞의 글, p.240에서 재인용.

24) 개화기 한국에서 죽은 최초의 서양인은 체코계 미국인 맥시밀리안 타블(Maximillian Taubles)이었다. 타블은 콜레라에 걸려 1886년 3월 15일 서울에서 사망했는데 장례는 제물포에서 조촐하게 치러졌다. 한국에 거주하는 서양인의 수가 늘어나면서 서양인들의 장례식도 늘어났다. 정성화·로버트 네프, 『서양인의 조선살이 1882-1910』, 푸른역사, 2008, pp.55-57.

25) 김승태, 『한말·일제강점기 선교사 연구』, 한국기독교역사연구소, 2006, pp.19-21

헤론 의사가 끝내 지난 토요일(7월 26일) 아침 8시에 우리 곁을 떠나고 말았습니다. 우리는 주일(27일) 오후에 그 집에서 예배를 드렸고, 하관예배는 서울에서 약 4마일 떨어진 한 장소(양화진)에서 월요일(28일) 오후에 드렸습니다.[26)]

미국의 북장로교 의료선교사인 헤론이 이질로 사망하자 외국인들은 장지를 놓고 고민을 하였다. 서울 성곽 안에 매장을 하면 그 지역 한국인들이 습격을 한다는 증언도 있듯이 서양인의 장례식과 매장은 한국 사회에 큰 반향을 일으켰다.[27)] 3일장을 치루는 것은 한국의 전통 상례와 유사하지만 찬송가를 부르며 행해지는 목사 주도의 추도예배나 하관예배는 한국인들에게 낯선 의식이었다. 한국인들의 서양 장례식에 대한 적대적인 반응은 W. 아더노블이 1906년 뉴욕 이튼 출판사에서 출간한 장편소설 「Ewa-A Tale of Korea」에 잘 형상화되고 있다.

호용이의 아버지가 야소교인 가운데 한 사람을 총으로 쏴죽였다네. 나는 이른 아침에 거리에 나와서 장례식이 치러지는 것을 보았지. 이른 시간인데도 불구하고 많은 구경꾼들이 모였다네. 상여는 전통적으로 내려오던 장식들을 모두 없앤 것이었네. 이러한 장례 절차는 공자와 부처를 무시한 것이었지. 상여꾼은 깊은 침묵 가운데 행렬을 따라서 움직였네. 통곡이나 죽은 이의 혼을 위로하는 춤도 추지 않았네. 그것은 신령에게 도전하고 죽음에 대한 모욕이라고 사람들은 술렁댔네. 구경꾼들의 불평은 저주와 악담으로

26) 사무엘 마펫, 『마포삼열 목사의 선교 편지』, 장로회신학대학교 출판부, 2000; 앞의 책, p.19에서 재인용.

27) H.L. 언더우드, 『상투의 나라』, 집문당, 1999, pp.132-133; 앞의 책 p.17에서 재인용

번져 나갔지. 운구자들에게 돌이 날아가고 군중들이 드잡이하면서 소란을 피우는 가운데 외치는 소리가 들렸다네. '저 식인종을 죽여라! 식인종을 죽여! 죽여라! 순간적으로 거리는 난장판으로 변했고 돌과 몽둥이가 운구자들에게 날아들었네. 사람들은 관을 내려놓았지. 폭도로 변한 군중들은 상여 옆에 조용히 서 있는 몇 명의 야소교인들에게 달려들었네. 사정을 이야기할 틈도 없이 교인들은 죽도록 매을 맞았다네. 그리고는 초죽음을 당한 몸으로 바닥에 질질 끌려 우리가 지금 서 있는 강가까지 끌려와서 물 속에 던져졌다네. 모든 조상신들이 풀려 나와서 백성들을 노하게 한 거라는 소문이 돌았지.[28]

아더 노블의 상상력에 의해서 창작된 소설이었으나 경험적인 요소와 당대 정국을 반영하는 장면이 많이 등장하고 있다. 인용된 장면도 헤론의 장례 과정에서 살필 수 있듯이 완전한 허구는 아니었다.

이렇듯 기독교식 상례는 한국의 보편적인 상례였던 유교식 상례와 크게 배치되었기 때문에 많은 갈등을 일으켰다. 하지만 교인 수의 증가와 더불어 기독교식 상례가 유교식 상례와 더불어 한국의 주요 상례로 부상하게 되었다.

28) W. 아더노블, 윤홍로 역, 『사랑은 죽음을 넘어서』, 포도원, 2000, p.62.

## 4. 이광수 소설 속의 상례

### 1) 유교식 상례-『흙』, 『그의 自敍傳』, 『나-少年篇 · 스무살고개』

근대소설에서 죽음은 존재론적인 주제이거나 극적 사건을 형상화하기 위하여 사용되는 제재이다. 또한 소설 속에서 죽음은 사건을 발생시키거나 전개시키는 동기로 작용을 한다. 이광수의 소설도 수많은 죽음을 주제나 제재로 가지고 있다. 그러나 죽음 이후의 단계인 장례의식이나 상례에 관하여 구체적으로 형상화하고 있지 않다. 이는 갈등구조를 기반으로 하고 있는 소설의 플롯에서 죽음은 긴장의 모티프인 점을 고려해야 한다. 죽음은 내러티브의 동력으로 작동하지만 죽음 이후 즉 장례의식에 대한 묘사는 내러티브를 마무리하거나 긴장력을 떨어뜨리는 작용을 할 수밖에 없다. 그러므로 소설에서는 극적인 죽음 이후의 사건들에 대해서는 중요도가 떨어지게 된다. 죽음의식이나 상례풍속을 주제로 하는 소설 이외에는 장례의식에 대해서 깊이 있게 다루는 소설이 희소한 까닭이 여기에 있다.

이광수의 소설 중에서 먼저 유교식 상례가 등장하는 소설을 살펴보면 『흙』, 『그의 自敍傳』, 『나-少年篇 · 스무살고개』이다. 그런데 이 소설들에서 형상화되는 것은 부분적이며 대부분 초종(初終)단계에 머무르고 있다.

> 동네에는 한갑이가 순이를 발길로 차서 죽였다는 소문이 퍼졌다. 이 소문이 퍼지자 유씨네 청년들은 분개하여 가만 둘 수 없다

> 는 의논이 높았다. 초혼 부른 적삼이 아직 한갑이의 집 지붕에 남아 있을 때에 유씨집 청년 사오명이 모두 울분한 빛을 띠고 한갑의 집으로 몰려왔다.[29]

위의 인용된 부분은 『흙』에서 유순이가 죽은 후의 장면이다. 사람이 운명을 하면 제일 먼저 진행하는 절차가 초종(初終)이다. 앞 장에서 살펴보았듯이 먼저 죽음을 확인한 후에는 복(復)을 하게 된다. 이를 초혼(招魂) 또는 고복(皐復)이라고 하는데 망자의 혼을 불러 다시 살아나기를 기원하는 행위이다. 망자의 웃옷을 들고 지붕 위로 올라가 북쪽 방향을 보고 죽은 자의 호칭이나 이름을 세 번 부른다.[30] 복(復)을 한 후에 망자가 깨어나지 않으면 곡(哭)을 하고 상주와 호상을 정하고 치관(治棺)과 사자밥을 준비하고 부고를 보내게 된다. 『흙』에서는 인용된 장면 이상으로 장례의식이 묘사되고 있지 않지만 Ⅱ장에서 살펴본 유교식 상례나 Ⅲ장에서 살펴본 〈의례준칙〉에 의해서 장례절차가 진행되었을 것이다.

『그의 자서전』, 『나-소년편·스무살고개』에서도 초종(初終)에서 매장(埋葬)까지의 장면이 묘사되어 있다.

> 나는 가만가만히 아버지 곁에 가서 얼굴을 들여다보았다. 나는 곧 아버지에게 숨이 없음을 깨닫고 코에다가 손을 대어 보았다. 숨이 없었다.
> 「아버지가 죽었어!」
> 하고 나는 저도 놀랄 만한 소리를 질렀다. 그제야 어머니도 놀

29) 「흙」, 『李光洙 全集 3』, 삼중당, 1971, p.252.
30) 김시덕, 앞의 글, p.103.

라서 내가 하던 모양으로 손을 코에 대어 보았다. … 〈중략〉 … 어머니는 날더러 아버지 눈을 감기라고 명하고, 내가 그대로 한 뒤에는 내 머리꼬랑지를 풀고 어머니도 머리를 풀었다. 그리고는 홑이불로 아버지의 얼굴을 가리었다. 한 팔을 가슴에 얹은 채로, 한 다리를 구부린 채로 그것을 펼 줄도 모르고 어머니는 언제까지나 멀거니 앉아 있었다.

「수경아, 어떻게 사니?」

어머니는 이런 말을 한마디 던지고는 또 멀거니 앉아 있었다.

「수경아 뒷집에 가서 창닌이더러 돌꼬리 기병해 달라고 그래라. 아버지 돌아가셨다구. 중간에서 술도 먹지말고 노름도 하지 말고 급히 기별을 해 달라고.」 … 〈중략〉 … 집에 와서 나는 이상한 광경을 보고 놀랐다. 그것은 어머니가 젖먹이를 업고 아버지의 시체를 타고 넘는 것이었다. 타고 넘는 그 일에 놀란 것보다는 그때 어머니의 표정에 놀란 것이었다. … 〈중략〉 … 「어머니, 왜 아버지 송장을 타고 넘우?」

하고 나는 어린 마음에 그 행동이 하두 수상해서 물었다.

「이렇게 시체를 타고 넘으면 데려 간데. 나허구 애란이 허구 아버지를 따라 가야지. 너와 애경이허구는 오래오래 살아야하고.」 … 〈중략〉 … 아버지가 돌아간 지 아흐렛만에 어머니도 정말 아버지의 뒤를 따라 가고 말았다.[31]

아버지는 운명한 것이었다.

「어머니, 아버지 숨이 없어! 돌아가셨어!」

이렇게 나는 어머니를 돌아보고 말하였다. 내 이 말은 아버지의 죽음을 우주에 선포하는 소리였다. 아버지는 어머니와 두 어린 딸을 곁에 놓고 아무 말도 없이 그 괴로운 일생을 끝막은 것이었

31) 「그의 自敍傳」, 『李光洙 全集 6』, 삼중당, 1971, pp.317-318.

다. 나는 아버지의 임종을 못한 대신에 조그마한 손으로 아버지의 반쯤 뜬 눈을 감겼다. 내 손 길이가 아버지의 눈의 길이를 다 덮지는 못하였으나 내 손이 내려 쓰는 대로 아버지는 만족한 듯이 눈을 감았다. … 〈중략〉 … 사람이 죽는 것을 본 경험이 없는 어머니는 손발을 모을 생각은 아니하였다. 부엌으로 내려가 대접에 물 한 그릇을 떠서 소반으로 받쳐들고 숟가락을 놓아 가지고 들어왔다.

「엇다, 아버지 입에 물이나 한모금 흘려넣어라.」

하고 어머니는 내 손에 숟가락을 쥐어 주었다. 나는 숟가락에 물을 하나 떠서 아버지의 방식 벌린 입에 흘려 넣었으나 입술은 움직이지 아니하고 물은 수르르 뺨으로 흘러 내려서 베개를 적셨다.

어머니는 홑이불을 끌어 올려서 아버지의 얼굴을 가리웠다. 그러고는 한숨을 쉬면서 머리를 풀고 다음에는 나와 누이의 머리를 풀었다. 그리고는 몇 마디 곡을 하였으나 곧 그치고 나를 물끄러미 바라보고 있었다. … 〈중략〉 … 어머니는 젖먹이 누이를 업고 일어나서 띠를 매더니, 아버지의 시체 가까이 다가서며 산 사람에게 말하듯

「나허구 언년이허구 다려가시우. 그리고 도경이허구 간난이허구 오래오래 잘 살게 해 주시우.」

하고 한 발을 번쩍 들어서 아버지의 시체의 허리를 타고 넘었다. 그러고는 크고 어려운 일을 치른 듯이 한숨을 쉬고 빙그레 웃으면서 날더러

「이렇게 하면 다려간데.」하였다. … 〈중략〉 … 그 날 밤은 우리 사 모자만이 지냈다. 뒷집 창린이더러 돌고지 일가집에 아버지가 돌아갔다는 기별을 하여 달라고 부탁하였으나 밤에는 아무도 오지 아니하였다. … 〈중략〉 … 이튿날은 팔월 추석이었다. 돌고지서는 종조와 당숙을 머리로 여남은 사람이 모여왔다. 나는 얼른 한 집에 하나씩 난 것이라고 판단하였다.

내 불쌍한 아버지는 수의도 없이 밀짚거적에 싸여서 바로 우리 집 대문 밖 밭귀에 묻혔다. 그리고는 당숙한 사람을 제하고는 다들 돌아가버리고 말았다.[32)]

인용된 부분은 『그의 자서전』, 『나-소년편 · 스무살고개』에서 아버지의 임종을 맞이하는 장면이다. 이 텍스트들은 자전적인 소설로 분류되고 있다. 그러므로 이 장면은 이광수의 경험이 직접 형상화된 부분으로 읽을 수 있다. 이 임종 장면은 두 소설에서 반복적으로 그려지고 있기 때문이다.

인용된 장면에서 임종에서 매장까지의 과정을 살펴볼 수 있다. 그런데 주인공의 집안이 빈궁하다는 점과 아버지가 돌림병으로 사망했다는 점을 고려해야 한다. 즉 주인공의 아버지가 사망했는데도 불구하고 장례의식의 일반적인 절차를 모두 치루지 못하고 있다. 일단 아버지의 임종을 지켜보지 못한데서 초종(初終)이 시작된다. 죽음을 확인하는 속광(屬纊)을 하였지만 복(復)은 하지 않았다. 어머니는 곡(哭)을 하였으나 상주인 주인공은 곡을 하지 않았다. 시신을 씻기는 습(襲)은 하지 않고 망자의 입에 물을 떠 넣어서 반함(飯含)을 하였다. 그리고 머리를 풀고 이웃집에 부고(訃告)를 부탁하였다. 부고를 듣고 찾아온 종조와 당숙들의 문상(問喪)을 받은 후에 관(棺)도 없이 밀집거적에 망자를 싸서 밭 귀퉁이에 매장을 하였다. 이상을 살펴볼 때 정상적인 장례의식이라고 볼 수 없다. 이렇게 장례를 치룬 것은 빈한한 경제사정과 돌림병에 인한 사인에 원인을 찾을 수

32) 「나 少年篇 · 스무살고개」, 『李光洙 全集 6』, 삼중당, 1971, pp.486-487.

있다.

그런데 주목되는 점은 어머니가 막내 여동생을 업고 망자의 시신을 넘어간다는 것이다. 이렇게 하면 망인이 살아있는 사람을 저승으로 함께 데려간다는 속신(俗信)의 형상화라고 할 수 있다. 유교식 상례에는 존재하지 않은 미신적인 요소가 개입을 한 것이다. 일생의례는 지역별로 다르고 가가례(家家禮)와 같이 집안마다 약간씩은 다르다. 그러므로 절차과정을 살펴볼 때 유교식 상례에 입각한 장례의식이라고 볼 수 있다.

### 2) 기독교식 상례와 변혁적 상례-『사랑』, 『그의 自敍傳』

이광수는 소년시절 동학에 입교를 하였고 일본 유학 중에 기독교 사상에 심취했었다. 때문에 그의 소설 속에는 기독교식 상례가 빈번하게 등장을 한다. Ⅲ장에서 살펴보았듯이 기독교식 상례는 전통적인 유교식 상례와 근본적인 문제에서부터 충돌을 일으켰다. 이러한 기독교식 상례는 이광수의 반전통의식과 밀접한 관련을 맺고 있다.

기독교식 상례가 등장하는 소설은 『사랑』이다. 『사랑』에 묘사되는 임종 장면은 유교식 초종(初終)에서 벗어나 있다. 기독교 신자인 망인이 현세적 삶에 대한 참회와 내세에 대한 희망이 그려질 뿐이다. 유교식 상례에서 볼 수 없는 내세적 안식에 대한 묘사가 심층적으로 형상화되고 있는 것이다.

「맹장염을 모르구 내버려 두어서 그것이 터져서 복막염이 되었다던가? 입원해서 사흘 만에 그만 그렇게 되었어 … 〈중략〉 …

글쎄 그날 저녁 때에 갑작스레 가구 말았어. 정신없이 창가를 하나 부르구」

「창가를요?」

「응. 아주 목소리를 높여서, 좀 목소리가 떨리긴 했어두.」

「아이, 저를 어째!」

「한아, 한아, 내가 엄마다, 아버지두 계시다. 해두 못 알아 듣는 걸. 「어둔 밤 쉬되리니, 네 직분 지켜서」, 글쎄 이 찬미를 석 절을 다 부르는구먼, 정신 없이. 「찬이슬 맺일 때에 급히 일어나, 해 돋는 아침 될 때, 힘써 일하고, 그 빛이 진하여서 어둡게 되어도, 할 수만 있는 대로 힘쎄 일하라」-글쎄 이렇게 분명히 부른단 말야. 선생님이 이 찬미를 좋아하셔서 늘 부르셨거던. 그래서 너덧살부터 한이두 그 찬미를 배워 가지고 늘 부르더니, 마지막으루 글쎄 그 찬미를 부르구 갔어.」

옥남은 한숨을 진다.

순옥도 열 두살 먹은 앓는 애가 그 찬미 부르는 광경을 눈앞에 그리고 몸이 오싹해진다. 이러한 경우에 어떠한 말을 해야 될지를 몰라서 순옥은 고개만 숙이고 있었다.[33)]

옥남은 가끔 눈을 떠서는 누구를 찾는 모양을 보이다가 안빈이가 얼굴을 보이면 약간 끄덕끄덕하는 것도 같았다.

「탈 것이 왔으니 나가 봐.」

이러한 소리도 희미하게나마 하였다.

새로 두시가 거의 다 된 때에 강심제 주사 끝에 옥남은 갑자기 운을 번쩍 뜨고,

〈이 죄인을 완전케 하옵시고,

또 맘속에 거하심 원합니다.

---

33) 「사랑」, 『李光洙 全集 6』, 삼중당, 1971, p.87.

죄 가운데 빠졌던 몸과 맘을
흰 눈보다 더 희게 하옵소서.
눈보다 더 희어지게
곧 씻어서 정결케 하옵소서.〉[34)]

하는 찬미를 불렀다. 그 소리는 대단히 추운 사람 모양으로 떨렸으나, 말 뜻은 다 알아 들을 수가 있었다.[35)]

위의 인용에서는 임종 직전에 찬송가를 부르는 장면이 등장한다. 이는 기독교식 장례의식에서 교인들이 죽어가는 이를 위하여 찬송가를 부르는 절차의 변용이라고 할 수 있다. 옥남이 먼저 죽은 아들 한이처럼 찬송가를 부른다는 것은 소설적 장치일 수 있으나 기독교적 장례의식의 반영이라고 할 수 있다. Ⅲ장에서 살펴본 것처럼  유교식 장례의식의 절차파괴와 변형을 읽을 수가 있다.

『그의 自敍傳』에는 이광수의 반전통주의가 드러나는 장면이 등장한다. 유교식으로 진행되는 조부의 장례의식을 거부하면서 개혁적이고 선구적이라는 자부심을 드러내는 주인공 형상이 그려지고 있다.

---

34) 찬송가 215장(새 426장) 작사 : 작시자 제임스 니콜슨은 직업이 우체국 직원이었던 평신도로서 주일학교 학생들의 찬송지도를 위해 봉사하면서 많은 찬송시를 지었다. 이 찬송시는 다윗이 선지자 나단의 책망을 듣고 자신의 범죄 함을 깊이 깨우치고 회개하는 것을 묘사한 시편 51편 7절을 근거로 하고 있다. 작시자는 흰 눈보다 깨끗하게 변화된 자신의 모습을 소망한다. 이러한 소망은 바로 모든 그리스도인의 소망이다.

35) 『사랑』, 앞의 책, p.154.

이렇게 술을 먹고 돌아 다니다가 하루 저녁은 문득 앓는 조부가 마음에 켕겼다. 나는 친구가 붙드는 것도 뿌리치고 밤길을 육십리나 걸어서 조부가 앓고 누운 곳으로 달여 왔다. 닭이 울었다. 대문 밖에 나섰던 내 당숙모가,

「너 이제 오느냐. 큰 아버님이 돌아 가셨다. 너를 기다리다 못해서 아버님이 눈을 감기셨고나. 석아, 석아, 하고 두 번이나 부르시고 운명을 하셨어.」

하였다.

나는 방으로 뛰어 들어갔다. 조부는 자는 듯이 반듯이 누워 있었다. 그 곁에는 종조부가 혼자 앉아 있었다. 난봉난 당숙들은 어디 가고 없는 모양이요, 그의 운명을 본 이는 오직 그 아우와 질부 두 사람 뿐이었던 모양이다.

나는 승중상으로 거상을 입을 것이언마는 쓸데없는 허례라고 주장하여 거상을 아니 입었다. 무론 영연도 설하지 아니라고 조객이 와도 곡도 아니하였다. 내 아내가 삿갓가마를 타고 머리를 풀고 와서 우는 것을 듣기 싫다고, 다시는 곡성을 내지 말라하고, 머리 푼 것도 보기 싫다고 소리를 쳤다. 다들 내 말대로 순종하였다.

벌서 시집간 애경이 누이가 온 것도 울지 말라고 소리를 질렀다. 나는 이것으로 구습을 혁파하는 것이라고 자처하였고, 나만한 큰 사람은 이렇게 새 법을 내는 것이 옳다고 자신하였다. 일가와 어른들은 내가 하는 해괴한 행동에 눈살을 찌푸리고는 다 달아나 버렸다. 욕이 내 귀에도 들어왔다. 그러나 나는 잘하는 체하고 뻗대었다. 개혁가요 선구자로 자처하였다.36)

위의 인용된 장면은 주인공이 유교식 상례를 거부하는 행위가 묘사되어 있다. 자전적인 내용을 담고 있는 텍스트이기 때문

36) 「그의 自敍傳」, 앞의 책, p.342.

에 반전통 의식을 형상화한 장면이라고 단정할 수는 없지만 유교식 상례를 거부하는 주인공의 행동에서 전통적인 상례의 변화 가능성을 읽을 수 있다. 특히 주인공이 신교육을 받은 청년 지식인이라는 점에 주목할 수 있다. 근대식 교육과 기독교의 확산, 산업화와 도시화 동 사회변동 과정 속에서 일생의례도 변화할 수밖에 없었다. 집안의 장손으로 승중상인 주인공이 상복입기를 거부하고 곡(哭)을 금지시키는 장면을 통해서 유교식 장례의식을 거부하는 새로운 세대의 등장을 살필 수 있는 것이다.

### 3) 창안된 상례-「愛慾의 彼岸」

일제강점기 전통적 상례의 변화과정 속에서 주목할 점은 앞 절에서 살펴본 것과 같이 기독교식 상례의 영향이라고 할 수 있다. 신교육을 받은 지식인들 사이에는 〈의례준칙〉과 같이 간편한 상례를 받아들이고자 하는 분위기도 확산되었다. 연합장(聯合葬)이나 사회장(社會葬)과 같이 새로운 장례의식도 등장하였다.[37] 1922년 5월 19일 서거한 천도교 3세 교주였던 손병희(孫秉熙)의 장례를 천도교회장(天道敎會葬)으로 치르었다. 발인을 6월 5일 아침에 하였는데 교회의식에 의한 위령식과 일반 조문객을 받는 등 유교식 상례에서 벗어난 장례의식이었다.[38] 1926년 5월 12일에는 사회운동가 김사국(金思國)의 장례의식이 사회운동단체연합장(社會運動團體聯合葬)으로 거행되었고 김윤

---

37) 박종천, 앞의 글, p.375.
38) 장철수, 앞의 글, pp.207-208.

식(金允植)과 이상재(李商在)의 장례도 사회장(社會葬)으로 거행되었다.[39]

이러한 현실을 반영하듯 이광수의 『애욕(愛慾)의 피안(彼岸)』에서는 창안된 장례의식이 등장한다. 아버지 김장로의 죄를 사하기 위하여 자살한 독실한 기독교 신자 혜련의 장례식이 목사에 의해서 거절당한다. 혜련의 자살은 기독교적 교리에서 반하는 죽음이었기 때문이었다. 이에 혜련의 오빠 종호는 새로운 장례의식을 창안하여 여동생의 장례를 거행하였다.

> 「당신이 천당에를 가나, 내 누이가 천당에를 가나 두고 봅시다.」
> 하고 불쾌한 말을 하였다. 그래서 종호는 자기 소원대로 장례를 지내기로 하고 몸소 장의사를 불러서 지휘하고 또 영결식 절차도 자기 마음대로 정했다.
> 대청을 배경으로 안마당에 영결식장을 만들고 검은 헝겊과 흰 헝겊으로 싼 풀잴품 위에 하얀 구위를 덮은 영구를 모시고, 영구 뒤에 화환으로 장식한 고인의 사진을 모시고 그 화환과 대청 사이를 희고 검은 장막으로 두르고 관 위에는 동창과 동무들이 보낸 꽃다발을 놓고 상주가 설 자리에는 종호 자신이 모닝에 검은 넥타이를 매고 서있었다. 지나간 사흘 동안 종호는 낮에는 상주로 조상을 받고, 밤에는 누이의 관 옆에서 잠까 눈을 붙였다. … 〈중략〉 … 영결식에 모인 손님이 오륙십 명은 되었다. 그중에는 흰 저고리에 검은 상장을 붙이 혜련의 동창생 십여 명의 한 떼가 눈에 띄었다. 아마 그들은 생전에 혜련의 대한 성격에 대한 추억과 신문기사로 본 혜련의 죽은 내력에 대한 동정 때문일까. 모두 눈이 빨갛고 어떤 사람은 느껴 울고 있었다.

39) 앞의 책, pp.208-213.

상주요 주례자인 종호는 혜련의 사진을 향하여 고개를 숙이고 한참이나 묵도하는 모양을 보인 뒤에 회장자를 향하여

「인제부터 제 불쌍한 누이 김혜련의 영결식을 거행하겠습니다. 오늘 일기도 차고, 눈까지 날리는 좋지 못한 이 날에 이처럼 여러분 와 주시니 … 」

하고 손으로 혜련의 관을 가르키며,

「여기 말없는 시체가 된 누이 혜련을 대신하여 감사함을 드립니다. 제 누이 혜련은 자살한 사람이기 때문에 하늘에도 올라 갈 수 없고 따라서 교회 예식으로 장례를 지낼 수 없다고 목사께서 말씀하셨으므로 오늘 영결식에도 아무 예식도 절차도 없습니다. 여러분께서 적당하다고 믿으시는 대로 제 불쌍한 누이에게 영결하시는 뜻을 표해 주시기 바랍니다.」 … 〈중략〉 … 「여러분, 누구시나 제 누이 혜련의 결점을 말씀해 주실 수 없습니까? 제 누이 혜련의 죄를 하나라도 폭로해 주실 이가 없으십니까? 그러실 이가 있다하면 이 가슴의 아픔은 좀 덜할 것 같습니다.」

하고 소리내어 울었다. … 〈중략〉 … 「저희 찬미 하나 부르겠습니다. 돌아가신 이가 평소에 제일 좋아하던 것입니다. … 〈중략〉 … 「하늘 가는 밝은 길이 내 앞에 있으니, 슬픈 일을 많이 보고 큰 고생 하여도, 하늘 영광 밝음이 어둔 그늘 헤치니, 예수 공로 의지하여 항상 빛을 보도다.」[40] … 〈중략〉 … 눈은 점점 함박눈으로 내리고 휘장을 펄렁거리는 바람도 잤다.

혜련의 관이 집을 떠날 때에 관 머리를 든 사람은 준상이었다.[41]

위에 인용된 장면은 종호가 창안한 장례의식을 형상화한 부

---

40) 찬송가 493장.

41) 「애욕의 피안」, 『李光洙 全集 4』, 삼중당, 1971, pp.266-269.

분이다. 집안을 영결식장으로 만들어 친족 이외에 망자의 친구들이나 사회일반인까지 문상을 받는 부분은 사회장(社會葬)의 의례와 닮아 있다. 흰저고리에 검은 상장을 붙인 조문객들의 형상 속에서 〈의례준칙〉의 적용을 읽을 수 있다. 그리고 종호가 영결식 중에 연설을 하는 부분이나 망자의 결점을 이야기해 달라는 부분은 현실적이지 못하다. 이 부분은 신식결혼식에서 주례와 주례사의 변용으로 읽을 수 있다. 그리고 마지막으로 망인이 좋아하는 찬송가를 부르는 장면은 앞 절에서 살펴본 이광수가 이해한 기독교식 장례의식의 모티프라고 할 수 있다.

## V. 結 語

이상으로 이광수 소설에 등장하는 장례의식을 살펴보았다. 이광수 소설은 반전통주의 의식이 담겨있다. 그는 일제강점이라는 현실을 적자생존과 우승열패의 사회진화론적인 입장으로 받아들였다. 그리하여 그의 소설에는 과거와의 철저한 단절의식이 반영되고 있다.

그의 소설에 등장하는 상례는 4개의 유형으로 형상화되고 있다. 『그의 自敍傳』과 『나 幼年篇 · 스무살고개』에서 등장하는 유교식 상례는 과거의 전통을 계승하는 측면이 강하지만 장례를 치루는 인물들이 돌림병이나 빈곤 때문에 정상적인 장례를 거행하지 못하고 있다. 자전적인 요소가 강하기 때문에 이광수의 반전통주의가 상대적으로 약하게 개입하고 있다고 볼 수 있다. 하지만 이 장면에서 당대 사회의 일반적인 상례가 유교식 장례의식이었음을 반영하고 있다.

『사랑』에서 등장하는 기독교식 상례는 강한 내세관이 세밀하게 형상화되어 있고 전통적인 장례의식의 절차에서 벗어나 있다. 특히 임종 직전에 찬송가를 부르는 모티프는 이광수가 이해하는 기독교적 장례의식의 표상이라고 할 수 있다. 점점 확산되는 기독교식 상례를 살필 수 있다.

개혁적인 상례에는 이광수의 개혁성과 반전통의식이 잘 반영되어 있다고 할 수 있다. 상주인 주인공이 상복도 입지 않고 곡(哭)마저 금지시키는 장면을 통하여 이광수의 상례에 대한 의식을 읽을 수 있다. 또한 이 장면 속에는 총독부의 〈의례준칙〉이 중첩되어 있음을 살필 수 있었다.

그리고 『愛慾의 彼岸』에 등장하는 창안된 상례는 작가의 개혁적인 의식과 소설적 상상력이 반영되어 있다. 이 텍스트에서 그려지는 장례 절차는 당시 새롭게 등장한 사회장 형식의 변형으로 읽을 수 있다. 유교식 상례도 아니고 기독교식 상례도 아닌 새로운 상례의 창안 속에서 기존의 상례와 장례의식에 대한 새로운 모색과 반성을 읽을 수 있다.

지금까지 살펴본 이광수 소설 속에는 전통적 상례였던 유교식 상례와 새로 확산되기 시작한 기독교식 상례 그리고 사회장의 변형과 같은 새로운 상례도 등장하고 있다. 이는 일제강점기 상례가 급격하게 변화하고 있음을 반영하고 있는 것이다. 〈의례준칙〉이라는 총독부의 일방적인 정책 속에서 유교식 장례의식이 간소화되었고 기독교 신자의 증가와 더불어 기독교식 장례의식의 확산과 정착은 기존 상례와 충돌을 하였다. 상례는 종교와 직접적인 관련을 맺고 있다. 기독교식 상례는 〈의례준칙〉

보다 더 한국의 전통적인 상례의 기반을 흔들어 놓았다. 지금까지 살펴 본 이광수 소설들은 이러한 변모과정을 잘 포착하고 있다고 볼 수 있다.

## 〈참고 문헌〉

1. 자료

『李光洙 全集』, 삼중당, 1971.

2. 논저

권오현, 「한국현대소설에 나타난 한국인의 생사관연구-작품에서 보이는 장례의식을 중심으로」, 『한국학논집』 제28집, 계명대학교 한국학연구소, 2001.

김미영, 「관계적 질서를 추구하는 유교의 일생의례」, 『종교와 일생의례』, 민속원, 2006.

김승태, 『한말·일제강점기 선교사 연구』, 한국기독교역사연구소, 2006.

김시덕, 「유교식 상장례 문화-그 구조와 의미」, 『종교와 일생의례』, 민속원, 2006.

박종천, 「상·제례의 한국적 전개와 유교의례의 문화적 영향」, 『국학연구』 제17집, 한국국학진흥원, 2010.

박태호, 『장례의 역사-고인돌부터 납골당까지 숭배와 기피의 역사』, 서해문집, 2006.

송현동, 「근대이후 상장례 정책 변화과정에 대한 비판적 고찰」, 『역사민속학』 제14집, 한국역사민속학회, 2002.

염원희, 「전통 상례의 변화를 통해 본 일제의 조선의식-일제강점기 신문, 잡지기사를 중심으로」, 『일생의례로 보는 근대 한국인의 삶』, 채륜, 2013.

유권종, 「한국에서의 상례문화의 전개」. 『유교사상문화연구』 1권 15호, 한국유교학회, 2001.

장철수, 『한국의 관혼상제』, 집문당, 1995.

정성화 · 로버트 네프, 『서양인의 조선살이 1882-1910』, 푸른역사, 2008.

차승기, 「두 가지 과거와 계몽의 변증법-이광수의 〈반전통주의〉에 대하여」, 『작가세계』 57호, 2003.

최영갑, 「유교의 상장례에 담긴 죽음의 의미」, 『양명학』 제19호, 한국양명학회, 2007.

黃泌秀, 『增補 四禮便覽』, 世昌書館, 1958.

關根英行, 「상제례(喪祭禮)의 기원과 복장(複葬)-유교 사자의례(死者儀禮)의 상징인류학적 연구」, 『아시아문화연구』 제11집, 경원대학교 아시아문화연구소, 2006.

아더노블, W., 『사랑은 죽음을 넘어서』, 포도원, 2000.

마펫, 사무엘, 『마포삼열 목사의 선교 편지』, 장로회신학대학교 출판부, 2000.

로베르, 마르트, 김치수 · 김윤옥 역, 『기원의 소설, 소설의 기원』. 문학과지성사, 1999.

언더우드, H. L., 『상투의 나라』, 집문당, 1999.

# 한국현대소설에 나타난 한국인의 생사관(生死觀) 연구*
## - 작품에서 보이는 장례의식을 중심으로 -

권 오 현**

## 1. 머리말

본 연구의 목적은 한국현대소설에서 죽음의 문제를 다루는 양상을 고찰하는 데 있다. 이는 한국인의 정신적 · 문화적 특성을 파악하는 작업의 일환으로 시도되는 것이다. 하나의 문화적 · 혈연적 공동체 집단의 정서적 특징을 고찰하기 위한 접근방법으로 그 집단이 가진 생사관(生死親)을 정리하는 일은 매우 요긴한 일로 인식된다. 특히 문학이 한 집단의 사상과 감정을 반영하고 있다는 사실을 감안한다면, 소설에서 나타난 죽음에 대한 대응 양상을 분석하고 종합함으로써 얻을 수 있는 결과는 매우 고무적이라 할 수 있을 것이다.

본 연구는 상례(喪祖) 혹은 장례(葬祛)를 소재로 한 한국현대소설을 대상으로 한다. 죽음에 대한 시각은 내세관(來世觀)이나 자살에 대한 관점을 통하여 파악할 수도 있으나 그것은 종교적

---

* 이 논문은 권오현, 「한국현대소설에 나타난 한국인의 생사관 연구: 작품에서 보이는 장례의식을 중심으로」(『한국학논집』 28집, 계명대학교 한국학연구소, 2001)를 재수록한 것이다.

** 계명대학교 교양학부 강사.

접근이 불가피하거나 통과제의의 장치에 대한 검토를 수반하게 된다. 정신적 · 문화적 측면을 파악하기 위해서는 생활의 중요한 의례로서 상례에 대한 의식을 파악하는 것이 주요할 것으로 보인다. 특히 유가사상적 전통이 생활의 기저에 깔린 한국인에게 관혼상제(冠婚喪祭)는 매우 중요한 의례로 인식되고 있으며, 그 중에서 죽음에 대한 시각은 상례를 통하여 표출된다고 할 수 있을 것이다. 따라서 본 연구는 한국인의 장례를 소재로 한 한국현대소설을 통하여 한국인의 정서를 구축하는 죽음에 대한 시각을 파악하고자 하는 것이다.

문학에서 '죽음'이라는 소재는 '사랑'이라는 소재와 더불어 시대와 지역을 초월하여 가장 많이 다루어진 것이다. 따라서 '죽음'에 대하여 연구한 결과는 비교문학적 검토를 가능하게 할 것이다. 물론 본 연구에서 다루는 것은 상례 의식에 국한된 것이기는 하지만, 구체적이고 주제적인 연구의 결과가 집적되어 총체적인 연구로 나아갈 토대를 마련할 수 있으리라 보인다.

한국문학에 나타난 죽음에 대한 연구는 그 동안 간헐적으로 이루어져 왔다. 그러나 그 대상이 주로 '자살'에 대한 것으로 국한되어 있거나 비교적 총체적이라고 한다면 시(詩) 갈래에 편중되어 있는 것이 사실이다. 소설 갈래에서 장례문화를 통하여 죽음에 대하여 연구하는 것은 문예주제론적인 접근과 더불어 문화인류학적 혹은 민속학적 접근이 필수적이기에 복잡하고 난해한 양상을 보인다. 그것이 이 분야의 연구가 미진한 이유였다고 생각된다. 무엇보다 이러한 연구를 수행할 필요성과 타당성이 크지 않았던 것도 그 이유의 한 가지로 작용했던 것으로 생각된다. 이는 문학이 문화적 차이를 초월한 보편적 속성을 가지고 있다는 신념 속에 특정 시대와 지역에 국한된 문학 연구를 도외시하거나 민족사와 문학의 연관성을 지나치게 강조하여 배타적인 문학성을 파악하는 데 관심을 가져온 결과이다. 가장 한국적인 특성을 찾아야 그것을 바탕으로 국제적인 비교가 가능하다는 사실을 상기한다면, 본 연구가 지향하는 바는 한국문학의 국제화에 약간의 도움이 되리라 생각된다.

한국현대소설사에서 장례나 가족의 어른이 임종하는 사건을 다룬 작품은 간간히 발견된다. 거기에서는 한국현대사의 격변 속에서 장례에 대한 인식과 방법에 대한 변천을 드러내기도 하지만, 결국은 시대와 지역을 초월하여 한국의 장례는 죽은 사람을 위한 것이 아니라 살아있는 사람을 위한 것이라는 사실이 드러나고 있다는 가설을 설정할 수 있다. 이러한 가설을 증명하기 위해서는 다양한 작품을 검토하여 시대별 변천과 지역적 차이를 대조하고 비교한 후에 공통적인 특성을 추출해내어야 할 것이지만 실상 본 연구에서 대상으로 한 작품들은 제한된 범위에 머물러 있을 뿐만 아니라 그 선정에서도 필자의 임의에 지나치게 의존하고 있다는 사실을 부정할 수 없다. 이는 우선적으로 필자의 검토가 미진한 데에 그 원인이 있겠지만, 소설 속에서 장례의 문제가 본격적인 주제로 다룬 바보다는 배경적인 장치로서 설정된 바가 많다는 점과 본 연구가 지향하는 바를 이루기 위한 불가피한 선택이었다는 점을 핑계로 내세우고자 한다.

## 2. 한국인의 장례의식

### 1) 장례의식의 학문적 접근 방법

문화를 공유하는 혈연집단의 정서를 파악하는 데 장례의식을 파악하는 일은 매우 중요하다. 거기에는 그 집단이 가지고 있는 죽음에 대한 인식이 기저에 깔려 있기 때문이다. 죽음에 대한 인식은 바로 종교관으로 이어질 수도 있다. 바로 내세관(來世觀)의 바탕이 되기 때문이다. 실제로 어떤 집단에 외래 종교가 유입될 때 가장 극명하게 충돌하는 부분이 바로 장례의식의 절차와 방법이다. 이질적인 종교는 내세에 대한 설정이 다르기 때문에 죽은 자에 대한 태도의 변화를 수반하게 된다. 따라서 장례의식에 대한 연구는 종교학적 접근으로 이루어지는 것이 옳은 일이기도 하다.

그렇지만 한국의 경우에는 장례의식의 사상적 기본이 되는 것이 유가사상인데, 특별한 경우를 제외하고 유가사상을 종교적으로 인식하지 않는다는 특수성을 가진다. 물론 유교(儒教)라고 지칭하고 있기는 하지만, 그것은 종교라기보다 생활의 원리로 자리잡고 있는 것이다. 사실 종교라는 것 자체가 효용적인 차원에서 접근한다면 체계와 권위를 가진 문화 현상으로 파악할 수도 있을 것이다. 그런 의미에서라면 유가사상은 한국 사회에서 효용적 차원의 종교적 위치를 점한다고 볼 수 있다. 그렇다고 하더라도 종교가 가지는 일반적인 특성 중의 몇 가지를 간과할 수 없다. 말하자면 존재에 대한 믿음과 경건한 자세 등이 그런 것이다. 그러므로 한국의 장례의식은 종교학적 접근보다는 문화인류학적 혹은 민속학적 접근에 의하여 연구되어야 할 것이다.

문화인류학의 기본 입장은 학자에 따라서 차이가 나겠지만, 무엇보다도 '문화상대주의'에 기반을 두고 있다고 보인다. 이는 레비-스트로스(Claude Lévi-Strauss)가 문화를 언어학적으로 접근하여 얻어낸 신화소(神話素)라는 개념을 통하여 규명되기 시작한 것으로 각 문화가 표현하는 양식과 방법은 다르지만 그 기저에 담겨있는 본질은 보편적인 것이라는 믿음에 근거하는 것이라 할 수 있을 것이다. 이는 제국주의에 기반한 서구 열강이 설정한 문명과 야만의 대립 구조를 타파하는데 일조를 한 것으로 보인다. 이를 더욱 구체화시킨 것이 바로 프란츠 보아스(Franz Boas)가 제기한 문화상대주의라는 개념인데, 간단하게 말하자면 모든 문화는 보편적인 요소를 가지고 있으며 그것은 그 문화를 공유하는 집단이 처한 자연적·사회적 환경에 의하여 표현 양식이 변화하여 표출된다는 것이다. 이로써 문화인류학은 서구인의 입장에서 제3세계를 바라보는 시각을 벗어나 각 문화공동체, 즉 개별 민족의 입장에서 문화를 바라보는 시각을 획득할 수 있게 된 것으로 파악된다.

하지만 기존의 문화인류학은 각 문화가 보편적으로 가지고 있는 요소가 무엇인가에 대하여 관심을 기울였던 것으로 보인다. 예를 들어 모든 문화는 기본적으로 혈연 중심의 공동체, 즉 가족을 기본으로 하여 전개된다는 결과 등이 그것이다. 여기에서 더욱 나아간다면 그 보편적 요소가 다른 양상으로 나타나게 하는 주변적 원인을 해명하는 작업이 필요할 것이다. 본 연구에서 관심을 가지는 장례의식도 결국은 혈연집단, 즉 가족 단위의 행위라는 것은 사실이다. 그렇지만 장례의식이 다른 문화집단의 것과 다른 양상으로 나타나는 것은 한국이라는 지역적 특수성, 더불어 현대라는 시대적 특수성에 기인하는 것일 텐데, 그 특수성의 구체적인 양상이 어떤 것인가를 규명하지 않고는 일반적인 관념의 재생산에 그치게 될 것이다.

그 특수성에 대한 연구는 민속학으로 이루어질 수 있을 것이다. 그렇지만 민속학은 현상 파악이나 분류에 치우치고 있다는 인상을 지울 수 없다. 그것은 민속학은 그 연구의 자료를 기본적으로 현지답사를 통한 수집된 것에 의존하고 있다는 사실 때문이다. 물론 그것은 현상을 미시적 차원에서 접근함으로써 실증성을 담보할 수 있다는 강점을 지닐 뿐만 아니라 민족 고유의 정서와 사상을 유지하도록 하는 역할을 담당하기도 한다. 그렇지만 개별적 사실에 중점을 두어 보편적 요소를 망각하는 우려를 내포하고 있다고 보인다.

물론 이러한 평가는 문화인류학이나 민속학에 대한 필자의 이해 수준이 천박한 탓에 가지는 선입견에 의한 파악에 그치는 것이며, 각 학문의 개별적 연구방법 혹은 접근방법을 제대로 인식하지 못한 수준에서 제기하는 것이겠으나, 그러한 학문적 한계를 수용하여 본 연구의 방법론으로 적용하고자 하는 의도에서 제기하는 것이다.

본 연구는 문학 작품에 나타난 양상을 자료로 활용하여 문화인류학이 가지는 보편성에 대한 추구와 민속학이 가지는 개별성에 대한 추구를 동시에 만족하고자 하는 것이다. 이는 문학 작품이라는 것이 한 시대와 지역을 기반으로 하는 집단의 공감을 바탕으로 하는 매체라는 점에 근거하는 것이다. 이미 주지된 바와 같이 문학은 현실을 반영한다. 그렇지만 그 반영은 현실의 상황에 대한 기계적인 모사나 실용적인 기록으로 이루어지는 것이 아니다. 개인적 경험을 소재로 삼더라도 전형성을 획득하여야 작품으로 승화될 수 있는 것이다. 이러한 과정을 통하여 작품을 공유하는 집단의 패러다임을 표출하고 총체성을 담보해내는 담론으로서의 가치를 가지게 된다. 그러므로 문학 작품을 연구의 자료로 활용하는 것은 미시적이거나 개별적인 자료에 근거하여 현상을 파악하는 한계를 극복할 수 있을 것으로 보인다.

그렇지만 문학 작품에 대한 총체적이고 본격적인 연구는 유보할 수밖에 없을 것이다. 작품의 구조나 작가의 의도, 혹은 작품의 역사적 배경 등에 대한 고찰이 전혀 없이 접근할 수는 없겠지만 기본적으로 동일한 제재나 주제의식을 가지고 있는 작품을 선정하여 그 맥락을 고찰하는, 이른바 문예주제학적 접근이 불가피하기 때문이다.[1] 게다가 본 연구에서 관심을 가지고

---

1) "주제, 모티프 및 상징(이미지) 연구나 주제 읽기에 근거한 비평인 주제론 또는 문학 주제론(학)은 사실상 당대의 학구적인 문학 연구나 비평에 있어서 매우 본질적인 한 부분을 차지해 가고 있다. 그렇지만, 반주제적 정서가 강한 작품 내재적 형태론 비평의 황금시대에는 이렇게 예술 작품의 내용을 운위한다는 것 자체가 많은 논자들이 일컫고 있듯이, 퇴색되거나 파문이 상태와 다름없는 문학 연구 방법으로 인지되었던 것이 사실이다. 이런 현상은 현대 서구의 문학 연구와 비평에 있어서 두드러진 일반적 경향이었으며, 우리의 경우만 하여도 주제 연구라고 하면 흔히 소재주의에 빠진 마치 이론적으로 퇴락한 연구 양상인 것처럼 폄훼되기도 하였다. 또 실제로 착실한 이론적 기반 없이 그런 빛 바랜 성향을 띤 연구들이 수행되기도 하였다." 이재선, 『문학주제학이란 무엇인가』, 민음사, 1996, pp.5-6.

있는 장례의식을 주제로 삼은 작품이 많지 않다. 물론 많은 작품에서 장례의식을 다룬 것은 사실이지만 그것은 다른 주제를 드러내기 위한 소재에 한정되는 경우가 대부분이다. 그러므로 자칫 소재주의에 의거한 연구로 전락할 위험성도 없잖아 있는 것이다.

그럼에도 불구하고 본 연구를 진행하는 것은 본 연구가 지향하는 바가 작품의 표현 방식 혹은 기술 방법에 있는 것이 아니라 그것을 통하여 한국인의 정체성을 파악하는 데 있기 때문이다. 따라서 본 연구는 문학 작품에 대한 분석을 시도하기 전에 한국의 장례의식이 어떠한 절차와 과정을 거치는가에 대한 구체적인 검토를 선행하고자 한다.

### 2) 장례의식의 절차와 의미[2)]

장례가 지니고 있는 의미와 형태는 사회에 따라서 상이하다. 한국사회에서도 여러 유형의 상례의식 이 혼재하고 있는데, 보편적인 장례의 형태로는 무속적인 상례, 불교식, 유교식, 기독교식 상례가 있고, 이러한 상례는 서로 융합되어 나타나기도 한다. 그 중에서 가장 보편적이고, 전통적으로 행해지고 있는 상례가 유교식이다. 이는 유가사상이 규정한 관혼상제(冠婚喪祭)의 사례(四禮)중의 하나가 상례이고, 상례를 비롯한 사례를 조

---

2) 이 절의 내용은 文愛俐의 석사학위논문『儒林葬의 儀禮節次와 社會的 意味』(영남대학교대학원 문화인류학과, 1997)을 상당히 많은 부분에서 참고하였음을 밝혀둔다.

선시대의 사회적 규범으로 받아들여 법적으로 강요한 것이 그 이유이다.

한국의 상례는 대체로 주희(朱熹)의 저서인 『가례(家禮)』[3]에서 제시한 틀을 기반으로 하면서 중국의 풍습과 다른 한국의 실정에 맞는 예서(禮書)인 『사례편람(四禮便覽)』, 『상례비요(喪禮備要)』 등을 바탕으로 한다고 알려져 왔다. 이는 결국 유림장(儒林葬)이라는 형식으로 요약될 수 있는데, 그 절차와 과정은 매우 복잡하다. 그것을 간추려 보면 다음과 같다.

우선 상례의 절차는 크게 세 단계로 나눌 수 있다. 첫 번째 단계는 죽음을 확인하고 의례수행자들이 죽은 자, 즉 망자(亡者)와의 관계를 인식하는 단계로서 초종(初終)과 소렴(小斂), 대렴(大斂), 성복(成服)의 절차가 있다. 두 번째 단계는 의례수행자들이 행하는 의례를 통해 사자를 다른 세계로 보내는 단계로서 천구(遷柩)와 발인(發靷), 노제(路祭), 하관(下棺), 제주제(題主祭), 반곡(反哭) 등의 절차가 있다.[4] 마지막 단계는 장례식을 마치고 돌아와서 제를 지냄으로써 사자에 대한 인식이 달라지는 과정으로서 장례를 마치고 나서 떠도는 영혼을 안정시

---

3) 이후의 주석에서 장례의식의 절차를 설명하는 내용의 원문은 모두 朱熹의 『家禮』에 의한 것이다. 이를 위하여 우봉이씨 대종회에서 엮은 『국역 사례편람』(이화문화출판사, 1992)을 참고하였다.

4) 흔히 상례(喪禮)라는 용어와 장례(葬禮)라는 용어를 혼동하는 경우가 있는데, 엄밀한 의미에서 장례는 상례의 일부분으로서 이 두 번째 단계가 바로 장례가 되는 것이다. 그렇지만 이 두 용어는 일상. 생활에서 크게 구분되지 않으며 상례라는 용어보다는 장례라는 용어가 더 익숙하게 사용되고 있다는 점을 감안하여 본 연구에서는 엄밀하게 구분해야 할 경우를 제외하고 장례와 상례를 동일어로 취급하여 사용하고자 한다.

키는 의례인 우제(虞祭)와 죽은 자가 조상으로 모셔지는 절차인 부제(祔祭)가 있으며, 그 후의 절차는 소상(小祥)과 대상(大祥), 담제(禫祭)가 있으며, 길제(吉祭)를 끝으로 모든 상례의 절차는 끝나게 된다.

초종(初終)은 죽음을 확인하는 절차이다. 환자를 안채로 모시고 헌옷을 새옷으로 갈아 입힌 다음 자손들이 운명을 지켜본다.[5] 이때 속광(用纊)이라는 절차를 시행하는데, 솜을 코 아래 놓거나 때때로 손으로 가슴을 짚어보아 숨이 멎었는가를 확인하는 것이다.[6] 그렇지만 현대 사회에서는 일반적으로 병원에서 임종을 하게 되며 의료행위에 의하여 죽음을 확인한다. 실제로 전통적인 유림장에서도 죽음을 보다 명확하게 알기 위하여 의사의 진맥을 일차적인 의례 행위로 사용하고 있다. 이렇게 죽은 자의 육체적인 죽음, 죽음에 대한 유족들의 경험, 죽음에 이르는 과정에서 죽은 자와의 대화 단절 과정을 통해 죽음을 인지하는 것이다.

일단 죽음이 확인되면 복(復)[7]을 하게 된다. 이를 고복(皐復)

---

5) 凡疾病遷居正寢 內外安靜 以後氣絕男子不絕於婦人之手 婦人不絕於男子之手旣絕乃哭(병세가 위중하면 환자를 정침으로 옮기고 내외를 안정케 하며 기절하면 남자는 부인의 손에 숨을 거두지 아니하며, 부인은 남자의 손에 숨을 거두지 아니하고 절망하면 슬피 곡한다).

6) 置口鼻之上以絮氣絕(새솜을 입과 코 위에 두고 기절하기를 기다린다).

7) 侍者一人以死者之上服當經衣者 左執領右執要 自前榮升屋中 北向招以衣三呼日某人復畢卷衣降 尸上 男女哭僻無數(아랫사람이 죽은 사람의 웃옷을 가지고 지붕으로 올라가 왼손으로 옷깃을 오른손으로 옷섶을 잡고 북을 향하여 세 번 복, 복, 복이라 부른다. 그 옷을 가지고 내려와 시신에 덮어두고 남녀 모두 곡을 하며 가슴치기를 무수히 한다).

또는 초혼(招魂)이라고 하는데, 죽은 자의 혼을 불러 다시 살아나기를 기원하는 마음에서 하는 행위로 다시 한번 죽음을 확인하게 되며 기다림을 등해 죽은 자에 대한 미련을 버리지 못한 상제들의 마음을 나타내는 절차이다. 죽음에 이르러 지붕에 올라 죽은 자의 이름을 부르며 돌아오라고 하는데, 지붕에 오르는 것은 혼은 위에 있기 때문이다. 이 혼을 불러 시체의 넋과 합쳐지게 하려는 것이다. 이렇게 해서도 살아나지 않으면, 죽은 이로서 처리하여 절차를 밟는 것이다. 고복을 하고 나서 약간의 시간이 지나서 죽음을 확인한 뒤에 유족들이 곡을 시작한다. 물론 현대의 상례에서는 이 절차를 생략하는 수가 많다.

이 과정을 마친 후에 사자상(使者床)을 차린다. 혼백을 데려갈 저승사자를 대접하기 위한 것이다. 이는 지역적으로 차이를 보이는데 영남지방에서는 보통 밥 세 그릇과 짚신 세 켤레, 돈과 술 등을 차려 마당이나 대문밖에 놓는다. 전북지방의 경우 짚을 깔고 그 위에 밥 세 그릇을 놓고, 밥 외에 짚신 세 켤레, 채소 반찬, 돈, 담배, 술 등을 내어 놓는다. 강원지방에서는 고복을 하기 건에 사자상을 차리기도 한다고 한다. 이는 유가사상에 무속신앙(Shamanism)적 요소가 가미된 것으로서 전통적인 유림장에서는 사자상을 차리지 않는다. 이는 유가사상을 신봉하는 양반집안에서는 무속적 장례 관습을 따를 수 없기 때문이다.

이 과정을 거치면서 입상주(立喪主), 주부(主婦), 호상(護喪), 사서사화(司書司貨), 내이복불식(乃易服不食), 부고간친척료우(訃告干親戚僚友)의 절차가 따른다. 이를테면 상례를 치르기 위하여 역할 분담을 하고 준비를 하는 과정이다.[8] 상주는 장자를 말하며, 장자가 없으면 장손이 계승하여 제사를 받든다. 주부는 안상주라고 하기도 하는데 죽은 자의 처를 원칙으로 하되 죽은 자에게 처가 없으면 상주의 아내가 맡는다. 호상은 자제 중에서 예를 잘 아는 자로 한다. 상사의 모든 일을 그에게 알린다. 사서사화는 서식과 재정을 담당하는 것으로 자제나 하인을 시킨다. 이렇게 역할 분담이 되면 옷을 갈아입는다. 남녀 상주들은 흰옷을 갈아입으며, 남자는 위가 터친 통건을 쓴다고 한다. 이때부터 상주들은 고기나 밥을 먹지 않고 이웃에서 끓여 오는 죽을 먹어야 한다. 이어서 호상의 지휘 아래 조객록(弔客錄)과 부전록(賻奠錄), 출납력(出納曆) 등을 마련하고, 부고(訃告)를 준비하여 발송한다.

상가에서는 대문에 청사초롱을 달아 상가집임을 마을 주민들에게 알리고, 팥죽을 직접 끓여 죽은 자 앞에 올린다. 팥죽을 끓이는 것은 사람이 죽으면 상가집에서는 밥을 할 여유가 없음이기도 하지만, 팥의 붉은 색은 악귀나 잡귀를 쫓는다는 믿음에서 비롯되었다.

초종의 단계가 지나면 염(斂)을 하게 되는데, 이는 옷[壽衣]

8) 立喪主-凡主人謂長子無則長孫承重以奉饋奠 其與賓客爲禮則同居之親具尊者主之 謂亡者之妻無則主喪者之妻 護 喪-以子弟知禮能幹者爲之凡喪事皆粟之 司書司貨-以子弟或使僕爲之乃易服不食-妻子婦妾皆去冠及上服被髮 男子扱上임徒跣 子三日不食 朞九月之喪三不食 五月三月之喪再不食 訃告干親戚僚友-護喪司書爲之發書若無則主人自 訃親戚不訃僚友自餘書問悉亭(상주는 장자를 말하며, 장자가 없으면 장손이 계승하여 제사를 받든다. 안상주는 죽은이의 처가 되며 없으면 상주의 아내가 된다. 자제 중에서 예를 잘 아는 자로 한다. 상사의 모든 일을 그에게 알린다. 서식과 재정을 맡은 이로 자제나 하인을 시킨다. 옷을 갈아입고, 식사는 하지 않는다. 친척과 친구들에게 부고로 알린다).

을 입히는 소렴과 입관(入棺)을 하는 대렴으로 나뉜다. 수의를 입히기 전에 시신을 목욕시키는데 이를 습(襲)이라 한다. 습을 하고 난 뒤 '치영좌설혼백(置靈座設魂帛)'이라 하여 영혼의 자리를 설치하고 혼백을 모시며, 붉은 비단으로 명정을 삼아 영좌의 오른편에 세우는 절차가 있는데, 이를 입명정(立銘旌)이라고 한다. 또한 염을 할 때 죽은 자의 양손을 앞쪽으로 곧게 모아서 창호지로 묶는 과정을 수시(收屍)라고 하는데, 대렴을 할 때에 손이나 발이 비틀어지거나 흩뜨려져 있으면 다루기가 힘들기 때문이라고 한다. 그리고 솜으로 귀와 코를 막고, 이불로 시신을 덮고 머리를 남쪽으로 하여 두고 병풍을 친다. 병풍 앞에 시사전을 차려 놓는데 전상위에는 촛불과 향로를 차리고 술을 한 잔 올려놓는다. 이는 죽은 자가 아직 살아 있다는 믿음에서 올려지는 것으로 보인다. 수시가 끝나면 치관(治棺)을 한다. 관(棺)을 주문하는 것이다. 일반적으로 재료로는 소나무나 측백나무를 사용하였으며, 겉은 검은 옻칠을 한다.

운명하고 난 뒤 이튿날에는 평상시의 상차림과 마찬가지로 아침 · 저녁으로 전이 올려지며, 상을 병풍 앞에 둔다. 이어서 소렴을 하는데, 먼저 병풍과 이불을 걷고 죽은 자가 운명할 때 입고 있던 옷을 평상시 입던 깨끗한 옷으로 갈아 입힌다. 흰 솜으로 귀와 코를 막고, 양손을 앞쪽으로 곧게 모은 뒤 창호지로 묶는다. 그리고 허벅지와 정강이, 발목을 차례로 창호지로 묶는다. 다시 이불을 덮고, 병풍으로 가린다. 그리고 상주이하 모두 곡을 한다. 그리고 혼백상자를 마련하여 영좌에 올리고, 명정은 만들어 대문앞에 세워둔다.

운명하고 난 3일 후에 대렴을 하게 된다. 3일 후에 대렴을 하는 것은 죽었다가 다시 살아날 수도 있기 때문에 3일 동안 기다린다는 의미가 있다.[9] 대렴은 다음과 같이 시행된다. 대렴을 수행할 집사가 대렴제구[10]와 상위에 향물과 가위, 불린 쌀, 나무숟가락, 분, 수건을 얹어 방으로 들어간다. 병풍과 이불을 걷고, 방의 중앙에 골자리를 깐다. 염포를 깔아 요를 삼고, 베개를 놓아 시신이 베도록 한다. 가위로 입고 있는 옷을 잘라 벗긴다. 향물에 적신 솜으로 얼굴과 손, 발, 몸을 닦고, 명주 솜으로 물기를 완전히 닦아낸다. 얼굴에 분을 바르고 나서 반함(飯含)이라는 절차를 시행한다. 나무숟가락으로 불린 쌀을 입에 세 번 떠 넣는 것인데, 이는 마지막 가는 길에 배가 고프지 않기를 바라는 마음과 영원히 부를 누리기를 기원하는 것이다. 코를 막고, 명목으로 낯을 가리고, 충이로 귀를 가린다. 다음 손톱과 발톱을 깎아 오낭에 넣고, 좌우 손은 악수로 가린다. 그리고 수의를 입힌다. 버선을 신기고, 행전을 치며, 심의와 도포틀 포개

9) 小斂之明日死之第三日也 執事者陳大斂衣衾 設奠具 如小斂之儀 擧棺入直干堂中少西 乃大斂 設鹽牀干柩東 乃設奠 如小斂之儀 主人以下各歸喪次(소렴한 다음날 즉 죽은지 삼일만에 대렴을 한다. 집사자는 대렴에 쓸 옷과 이불을 준비한다. 전제의 기구를 준비하고 의식은 소렴과 같다. 관을 방의 중앙에 놓는다. 이에 대렴을 하고, 관의 동쪽에 영상을 설치하고, 전제를 진설한다. 주인이하 각기 상례의 차례로 돌아간다).

10) 대렴제구란 폭건(幅巾 : 머리를 싸는 것), 충이(充耳 : 솜으로 만드는 데 귀를 막는 것), 명목(冥目 : 명주로 만들어 얼굴을 덮는 것), 악수(握手 : 손을 가리는 것), 심의(深衣 : 도포와 비슷한 옷), 대대(大帶 : 큰 띠), 단과(홑바지), 과(속바지), 말(襪 : 버선), 이(履 : 종이로 만든 신발), 두루막, 포오(袍襖 : 솜저고리), 한삼(汗衫 : 속저고리), 행전(行纏 : 다리 아랫부분을 바지 위에 끼우는 것), 즐(櫛 : 빗), 소낭오(小囊五 : 작은 주머니 다섯 개), 지욕(地褥 : 요), 천금(天衾), 백면(白綿), 염포(斂布)를 말한다.

서 입힌다. 그리고 큰 띠로 가슴 아래 매어 아래로 드리우고 머리카락을 빗기어 복건을 씌운다. 신을 신긴다. 다음에 솜을 종이에 싸서 목이 앞으로 구부러지지 않도록 턱밑에 넣는다. 천금을 이불로 삼아 시신을 덮는다. 이러한 절차가 끝난 뒤에 관을 방안으로 가지고 들어간다. 관의 뚜껑을 열고 칠성판[11]을 관바닥에 깐다. 요에 놓인 시신을 그대로 들어 관에 넣는다. 손톱과 발톱을 넣은 오낭을 좌우에 각각 넣고 시신이 관 속에서 움직이지 않도록 죽은 자의 옷을 넣는다. 이를 보공(補空)이라 한다. 또는 경우에 따라 죽은 자가 아끼던 물건이나 종교적 상징성을 지닌 물건, 예를 들어 성경책이나 염주 등을 넣는 경우도 있다. 그리고 관 뚜껑을 덮고, 시신이 원래 있던 자리에 관을 다시 두고 병풍을 친다. 이러한 염의 과정은 일차적으로 시신을 깨끗하게 안치하기 위한 과정이겠지만 죽은 자가 새로운 삶을 살아가기를 기원하는 마음에서 비롯된 행위인 것이다.[12]

운명한 지 4일째 되는 날에는 반드시 성복을 해야 하는데, 이 성복은 중요한 절차로 인식되고 있다. 그것은 생자의 사자에 대한 의무가 가장 잘 나타난 단계로 생각된다. 즉 대렴은 사자에 대하여, 성복은 생자에 대한 규정이 한 단계 끝난 상태라고 말할 수 있다. 대렴이 끝났다는 것은 사자 처리의 한 단계가 끝났

---

11) 북두칠성 모양이 그려진 얇은 소나무판.

12) "대렴은 목욕과 옷을 갈아 입음으로써 재생을 위한 상징적인 행위로 볼 수 있을 것이다. 목욕을 함으로써 사자가 생전과는 다른 존재로 인식되는 단계인 것이다. 또한 새로운 존재로서의 삶은 반함으로 시작되며, 성복제 이후에 새로운 거처로서 靈座가 마련되는 것이다. 즉 '壽衣는 衣, 飯含은 食, 靈座는 住'로서의 의미를 지니는 것이다.", 장철수, 『韓國의 冠婚喪祭』, 집문당, 1995, p.165.

음을 의미하며, 성복은 사자에 대해 생자가 해야 할 행동을 의복으로 나타낸 것이다.[13] 상주와 복을 입은 사람들은 머리를 감으며, 목욕을 하고, 상복으로 갈아입는다. 그리고 성복전(成服奠)을 올린다.[14] 성복전에 올려지는 음식은 떡과 적, 포, 건탕, 조기, 과일(감 · 배 · 사과 · 귤)이다. 성복전이 올려지고 나면, 빈소(殯所)가 설치된다. 빈소에 영좌(靈座)를 마련하고, 혼백상자[15]를 영좌에 올려놓는다. 술잔을 올리고, 삼색과일(사과 ·

---

13) 상복은 망인과의 척분에 따라 입는다. 상복제도는 아주 복잡하고 상례에 있어서 중요한 것이다. 服에는 服式을 뜻하는 '복'과 服期를 뜻하는 '복'의 두 가지가 있다. 복식 즉 상복의 형식은 남녀가 각각 다르며 상복을 마르는 형식에 있어서도 斬衰와 齊衰의 두 가지가 있다. 참최란 베를 짜르고 그 끝을 접어 호지 않은 채 마른 상복으로서 아들이 아버지를 위해서 아버지가 아들을 위해서 그리고 아내가 남편을 위해서 입는 상복이다. 제최란 베의 끝을 접어서 혼 상복으로서 참최복에 해당하지 않는 모든 경우에 입는다. 상주나 복인들 모두 평상시에는 상복을 입지 않으며, 맞상주는 상식과 삭망전, 제사 때 상복을 입으며, 그 외 복인들은 삭망전 때 상복을 입는다. 상복을 입는다는 것은 상복으로써 복인들의 행동에 제한을 두며, 그들의 역할을 규정하는 것이 그 의미이다. 그러나 지금은 상복을 만드는 방식이나 상복을 입는 행위에서 그 의미가 변화되었다. 이는 현대사회구조에 적응해 나가는 전략적 행위인 것이다.

14) 大斂之明日死之第四日也 五服之人各服其服入就位然後朝哭相弔如儀 其服之制一日斬衰三年 齊衰三年 杖莽 不杖莽 五月 三月 大功九月 小功五月 시麻三月 成服之日主人及兄弟始食粥(대렴의 다음날 운명한 지 4일 째 되는 날이다. 오복의 복친은 각기 해당하는 상복을 입고, 자리에 나아가 아침 곡을 하고, 의식에 따라 서로 조문한다. 상복의 제도는 참최 3년 이고, 자최 3년이며, 상장을 짚는 기년(1년)이 있으며, 상장이 없는 기년(1년), 5개월의 상복, 3개월의 복, 대공의 9개월 복, 소공의 5개월 복과 시마복의 3개월이 있다. 성복하는 날에 주인 형제가 비로소 죽을 먹는다).

15) 혼백상자는 장의사에서 가져온 것으로 하얀 종이상자에 오색실로 묶는 동심결로 된 것이 아니라, 명주로 해서 양쪽을 돌들 말아 열십자로

배 · 감)과 포, 촛대를 올려놓고 조문객을 받기 시작한다.

이제 본격적인 장례 절차가 시작된다. 즉 천구(遷柩)에서 반곡(反哭)까지의 과정인데, 이는 죽은 자가 새로운 존재로 인식되어 가고 있는 의례절차로서 죽은 자가 맺고 있는 사회적 관계를 명확하게 보여주고 있다.

장례식 전날 아침에 관을 받들고 사당 앞에 가서 조상에게 내일 발인(發靷)하게 됨을 고하는 조전(朝奠)을 올리게 되며,[16] 장지(葬地)에 서는 산역(山役)을 하기 시작한다. 땅을 파기 전에 開土祭(산신제)를 지내고, 이 의례가 끝난 뒤 무덤의 위치를 정하고, 땅을 판다. 땅을 파고 난 뒤 허수아비를 세워 두고 백관 두 명이 이곳을 지킨다. 허수아비를 세워 두는 것은 옛날에는 산소가 좋은 자리이면 도둑질을 해서 장사를 지낸다고 하는데 이를 방지하기 위한 것이다.

장례식 당일 아침에 조전(朝奠)을 올린다. 조문객들이 번소에 예를 표하고, 영구를 옮겨 상여로 나간다.[17] 안상주들은 빈소

---

묶어 놓은 속백으로 한다. 혼백상자가 마련되면서 죽은 자의 존재가 혼백이라는 인식을 하게 되는 의미를 지닌다. 혼의 존재로서 육체를 떠난 상태에서 사자를 대신하는 것이다. 혼백상자를 줄여서 흔히 혼백이라고 지칭한다.

16) 發蚓前一日因朝奠以遷柩告 奉柩朝干祖 三月而葬先期擇地之可葬者擇日塋城祠后土 大擧作主(발인전 하루, 아침 전제 때 영구 옮김을 고한다. 영구를 모시고 조상을 뵙는다. 治葬이라하여 3개월이 되어 장사하매 기일에 앞서 장사할 만한 땅을 가리고 날짜를 기다려 영역을 파고 토지지신에게 제를 지낸다. 큰 상여와 운삽을 마들고 신주를 만든다).

17) 厥明遷柩就轝 乃設遣奠 祝奉魂帛升車焚香(영구를 옮겨 상여로 나아간다. 이어 견전제를 올리고, 축관이 혼백을 모시고 수레에 올라 분향하여 올린다).

의 앞마당에서, 밖상주들은 빈소의 옆마루에서 곡을 한다. 백관이 빈소의 영좌에 있던 혼함(혼백)을 작은 상위에 받쳐들고 나와 빈소로 가서 그 앞에서 곡을 한다. 이어 혼함이 든 혼거와 상여를 방틀이 있는 곳으로 옮긴 뒤 상여를 싣고, 발인제를 준비한다.

발인(發靷) 절차[18]는 병풍을 편 다음, 상을 펴고, 발인제 제수를 차린다. 분향한 뒤에, 축관이 잔을 올리고, 절을 두 번 한 뒤, 한참을 기다린다. 바깥상주들이 재배(再拜)하며, 안상주들은 사배(四拜)한다. 철상을 하고 난 뒤, 상두꾼들은 그 음식으로 음복을 하고 난 뒤 출상을 준비한다. 안상주와 복인이 상여를 붙들고 곡을 하고, 선소리꾼이 북을 치며 선창하면 상여꾼들이 뒤를 따른다. 그렇지만 안상주와 복인은 장지에 가지 않는다. 그 이유는 상주들이 산소에 가는 것은 장사 때 손님들이 상주에게 인사를 드리러 오지만, 안상주를 찾는 이는 거의 없으며, 또 안상주들이 따로 있을 장소도 마땅치 않기 때문이다.

두 방상시(方相氏)가 행렬의 가장 앞에 선다. 방상시는 맨 앞에 서서 잡귀를 물리치고 묘소에 이르러 악귀를 쫓는 등 죽은이의 저승길을 닦아놓은 일종의 망나니로 보인다. 이는 유가사상에 근거한 장례에 무속사상이 스며들어 나타난 것으로 보인다. 짙은 회색 웃옷에 검은 자주색 치마를 입었으며 노란 허리끈을 질러맨다. 방상시 뒤에 명정(銘旌), 영여(靈轝), 100여개 만장

---

18) 柩行 主人以下男女哭步從 尊長次之無服之親又次之賓客又次之 塗中遇哀則哭(영구가 떠나고, 주인 이하 곡하며걸어서 따른다, 존장이 다음이고, 복 없는 친척 이 또 다음이고, 손님들이 다음이다, 도중에 슬픔이 일면 곡한다고 되어 있다).

(輓章)[19]과 공포(功布)가 뒤를 따르며, 상두꾼이 상여를 든다.

상여가 장지에 도착하면 묘지의 네 귀퉁이를 방상시들이 창으로 찌르고, 묘지 안에서도 그렇게 한다. 방상시들이 묘지를 창으로 찌르는 것은 잡귀나 악귀를 물리치기 위한 행위이다. 그 다음에 파 놓은 땅안에 석곽을 넣고, 집사가 고인목을 놓은 다음 머리를 북쪽을 가도록 하고 널을 놓는다. 공포로 관 위를 닦고, 명정을 관 위에 깐 뒤 다시 석곽의 뚜껑을 덮는다. 상주들은 옷자락에 흙을 한줌씩 담아 세 번 관 위에 올린다. 지관이 봉분의 중심이 될 곳에 대나무를 세운다. 천을 묶은 삽으로 가래질을 한다. 봉분을 만들 때 조개가루를 섞어 만든다.[20] 봉분이 만들어지고 선소리꾼이 덜구소리를 한다. 이때쯤 묘지 아래에서는 神主에 지방과 똑같이 글을 쓰고 제를 올린다. 신주는 매장한 다음의 사자를 상징하는 물체이다. 따라서 신주는 이승에서의 육체와 혼을 함께 나타내는 물체라 할 수 있다. 이 때 조문을 하는 문상객들도 있다.[21] 제주가 이루어지고, 봉분도

---

19) 죽은 작가 유림일 경우에 죽은 자의 후학들이 죽은 자의 덕행과 행실, 학문에 대한 회고와 주은 자의 죽음으로 인한 통념을 시로 적어 보내오는데, 이를 만시(輓詩) 혹은 만장(輓章)이라고 한다. 이러한 만시의 내용을 통해서 죽은 자가 생전에 어떠한 인물이었는지 알 수 있으며, 그가 살아온 인생, 사회적 관계 등을 함축하고 있음을 알 수 있다. 상가에서는 발인을 하기 전에 이것을 천에 옮겨 적어둔다. 장례식에 참석하는 조문객들이나 죽은 자를 몰랐던 사람들은 만장을 통해 죽은 자가 어떤 인물이었는지를 파악할 수 있게 되는 것이다.

20) 봉분을 만들 때 조개가루를 함께 썩는 것은 회충의 방지와 나무뿌리의 침입을 막기 위해서이다. 가례에는 석회와 황토와 모래를 비율에 잘 맞추어 섞어 술을 뿌려 비빈 다음 파 놓은 땅에 이를 다져 넣으면 단단해 지기를 기다린다고 되어있다.(寬以灰)

21) 方相至 鍛卑至 柩至 加灰幅內外蓋 乃寅土而漸築之 祠后土於墓左 題

완성되면, 상여와 유품들은 모두 불에 태운다. 약 30여 년 전에는 상여를 나무로 만들어서 보관해 두었다가 공동으로 사용하곤 했지만 최근에는 상여를 보관할 때도 없을 뿐더러 다시 쓰려는 사람도 없기 때문에 불에 태우는 것이다.

장지에서는 산역이 계속되나, 상주들은 혼백을 실은 혼거와 신주를 모시고, 곡을 하며 반혼(返魂)해 돌아온다.[22] 반혼해서 돌아와 영좌에 신주를 모시고 혼거는 집에서 태워버린다. 상주들은 세수를 하고, 우제(虞祭)를 지낼 준비를 한다. 이러한 일련의 절차는 상례라기보다는 제례(祭禮)에 가까운 것으로 파악된다.

초우제(初虞祭)[23]는 반혼한 날에 지내고, 다음날 재우제(再虞祭)를 지낸다. 그리고 3일째 되는 날 삼우제(三虞祭)를 지낸다. 제를 지내 뒤 혼백은 산소 옆에 매혼하며, 안상주와 바깥상주 모두 산소에 가서 성묘한다. 우제를 지내고 나면 초하루, 보

---

主(방상이 도착하고 난 뒤, 영구가 도착한다 하관을 하고, 회를 섞어 안팎의 뚜껑을 막는다. 그리고 흙으로 채우고 점점 다져간다. 묘소 왼쪽에서 토지지신에게 제사하고, 신주를 쓴다).

22) 反魂哭, 設筵座, 弔喪과 함께 복인의 謹身에 대한 내용이 있다. 영여를 받들고 돌아오면서 곡을 하며, 집에 도착해서는 영좌에 신주를 모신다. 그리고 조상하는 사람을 맞는다. 9月服人은 음주, 식육을 할 수 있으며, 大功服 이하는 자기의 집으로 돌아가 평소와 같이 생활한다고 되어있다.

23) 主人以下皆沐浴 執事者陳器具恨 祝出神主干座主人以下皆入哭 祝埋魂帛 罷朝夕奠(주인 이하 모두 목욕한다. 집사자는 제기를 진설하고 제물을 준비한다. 축관이 영좌로 신주를 모셔내고, 주인 이하 모두 들어와 곡한다. 降神, 祝陳饌, 初獻, 亞獻, 終獻, 侑食, 主人以下皆出祝闔門, 祝啓門主人以下入哭辭神하며, 축관은 혼백을 묻는다. 조석으로 곡하고 슬픔이 일면 곡하되 초상 때처럼 한다).

름으로 아침에 삭망전을 지낸다.

초우제는 반혼하여 처음 지내는 제사로서 반드시 장일(葬日)에 지내야 한다. 초우제 이전에는 영좌에 주 · 과 · 포를 올리는 것은 전이라 하고 초우제에 술과 음식을 올리는 것을 제(祭)라 하여 제사의식으로 행한다. 즉 매장에 의해서 사자에 대한 인식이 달라지고 하나의 신으로서 숭배되기 때문에 그에 대한 예의는 특별한 절차로 표현된다. 즉 신주를 모시고 지내는 제의를 우제라고 부르며, 그 이전의 사자나 혼백에게 차려 베푸는 의례는 '奠'으로 구분하여 부르는 것이다.

장례를 하고 난 석달 뒤에 졸곡제[24]를 지냈으며, 졸곡제를 지내고 나서 무시곡(無時哭)이 없어진다. 제의절차와 제수진설은 우제와 동일하게 하였다. 부제[25]는 죽은 자의 영혼이 조상 곁에 가서 함께 있도록 하기 위해 올리는 제사이다.

---

24) 三虞後遇剛日卒哭前期一日陳器具饌 厥明夙興設蔬果酒饌 質明祝出主 主人以下皆入哭降神 主人主婦進撰 自是朝夕之問哀至不哭(삼우 뒤에 강일을 당하면 졸곡이 되며, 하루 전날에 기구와 음식을 차린다. 다음날 새벽 일찍 일어나서 채소와 과일과 술과 음식을 차린다. 축관이 신주를 내오고 주인 이하 모두 들어와 곡한다. 주인과 주부가 제수를 드린다. 이후 제의 절차는 우제와 같다. 이로부터는 아침 저녁 사이에 슬픔이 일어도 꼭하지 않는다).

25) 卒哭明日而부 厥明夙興設蔬果酒侯 質明主人以下哭於靈座前 詣祠堂奉神主出直干座 還奉新主入祠堂直干座 祝奉主各還故處(졸곡 다음날 부제를 지내며, 상제들은 목욕하고 빗질하여 머리를 손질한다. 다음날 아침 일찍 일어나 채소, 술, 과일 등 음식을 차린다. 날이 밝으면 주인 이하 영좌의 앞에서 곡을 한다. 사당으로 가서 신주를 모시고 자리로 나온다. 돌아와서 새 신주를 모시고 사당으로 가 자리에 둔다. 제의절차는 參神, 降神, 初獻, 亞獻, 終獻, 侑食, 闔門, 啓門, 辭神, 納主의 절차와 이렇게 옮긴 신주는 모시고, 선조의 신주는 묘소 옆에 묻는다).

즉 신위를 조상 곁에 모실 때에 지내는 제사로 졸곡제를 지낸 다음날 지냈다. 제의절차와 제수진설은 졸곡제와 동일하다. 사당이 없기 때문에 안채의 대청마루에서 지낸다. 일반적인 상례에서는 이 절차를 시행하지 않는다.

초상으로부터 13개월이 되면 소상[26]을 지낸다. 하루 전에 상제들이 목욕하고, 상복 가운데 남자는 수질을, 여자는 요질을 없앤다. 모든 절차는 졸곡제와 같으나 조석곡을 그치고, 단지 삭망에 모여 곡을 한다. 초상으로부터 25개월이 되면 대상[27]을 지낸다. 모든 절차는 소상과 같으며, 사신 다음에 축관이 신주를 사당에 모신다. 영좌를 걷고 상장은 꺾어 깨끗한 곳에 버리고 상복을 벗는다.

담제[28]는 대상을 지낸 후 3개월 만에 정일(丁日)이나 해일(亥日)은 택해 지내는 제사로서 망인에 대한 상례를 모두 마침으로써 탈상(脫喪)을 한다. 제의 절차는 대상의 의식과 같고,

---

26) 朞而小祥 前期一日主人以下沐浴陳器具饌 設次陳練服 質明祝出主主人以下入哭 出就次易服復入哭(초상에서 윤달을 빼고 열세 달째이다. 즉 일 년 만에 소상이다. 기일 하루 전에 주인 이하 목욕하고 제기를 준비하고 음식을 갖춘다. 모든 차례로 준비하되 연복(소상 이후에 입는 상복)을 준비한다. 다음날 축관이 신주를 모셔 내고 주인 이하 곡을 한다. 나와서 제자리로 와 상복을 갈아입고 다시 들어가 곡을 한다. 이후의 절차는 졸곡제와 같다).

27) 再券而大祥이라 하여 초상으로부터 이날까지 25개월째이며, 두 번째 기일에 한다고 되어 있다. 이후는 소상의 절차와 동일하다. (모든 절차가 끝나면 영좌를 치우고, 상장을 잘라 버린다).

28) 大祥之後中月而禫 閔一月也自喪至此不計閏凡二十七月 厥明行事皆如大祥之儀(대상뒤 중간 달에 담제를 지낸다. 한 달을 사이에 두고 초상에서 대체로 27개월로 윤달도 계산하고, 그 날 새벽에 행사를 하되 모두 대상의 의례대로 한다).

이때 곡도 하여야 한다. 길제[29]는 담제를 지내고 난 다음날 사당이나 감실에 봉안하고 있는 신주를 고쳐 쓰기 위하여 지내는 제사이다.

지금까지 유교사상에 근거한 장례의식의 절차와 의미를 파악해 보았다, 이른바 유림장(儒林葬)의 전범을 살펴본 것이다. 그렇지만 아무리 한국의 문화가 유가사상적 기반 위에서 이루어졌다고 하더라도 현대사회에서 이러한 의식의 절차를 그대로 따르는 예는 극히 드물다. 물론 경북 안동 지방을 중심으로 한 유림들은 유가사상을 하나의 종교로 인식하면서 이러한 유림장의 절차를 그대로 따르는 경우가 없는 것은 아니다. 하지만 근대 또는 현대의 한국사회는 농경사회의 양식 이 무너지고 산업사회의 양식이 일반화되었으며, 이제 정보사회의 양상을 보이고 있는 상황이기에 유림장의 형태를 유지할 수 없다. 특히 유가사상적 전통에 버금가는 불교적 요소와 근현대사를 통하여 강세를 떨치는 기독교적 요소가 가미되어 그 형태를 그대로 유지가 쉽지 않은 것이다. 사실은 유림장 자체에 무속신앙(巫俗信仰)적 요소가 이미 내재되어 있는 것이다. 따라서 한국의 장례의식은 여러 종교적 · 사회적 요소가 혼재되어 나타나는 것으로 보인다.

---

29) 覃之明日卜日 告遷干祠堂 設位 設次陳吉服 厥明夙興設茂果 質明奉主就位 奉避主埋干墓側(담제의 다음날 날을 정한다. 사당으로 옮길 것을 아뢴다. 신위의 자리를 설정한다. 차서를 설정하고, 길복(3년상 뒤의 옷)을 입는다. 그 날 새벽 일찍 일어나 채소와 과일 등을 진설한다. 신주를 모셔 자리로 간다. 參神, 降神, 初獻, 亞獻, 終獻, 侑食, 闔門, 啓門, 辭神, 納主의 절차와 이렇게 옮긴 신주를 모시고, 선조의 신주는 묘소 옆에 묻는다).

### 3) 장례의식의 상징성과 지시성

문화란 "각 개인에 의해 또는 각 집단에 의해 어느 정도 공유된, 상호의사소통을 가능케 하며 또한 함께 공통된 목적을 향해서 어떤 것을 하도록 하고 의미를 공유하도록 하는 조직된 지식 체계"[30)]이 다. 그렇지만 개인이 따르는 지침이나 그 개인이 소속된 집단이 공유한 지식체계가 있음에도 불구하고 사회는 물질적 발전과 구성원의 관계 변동에 의하여 변화할 수밖에 없다. 따라서 구(舊) 체계가 이미 적합하지 않을 정도로 변화된 사회에서 사회의 실체와 문화체계를 구별할 필요가 있다. 그러므로 어떤 특별한 의례를 수행할 때 그 의례가 지니는 의미와 특정한 계층의 문화적 취향과 맞물려서 발생하는 의례의 사회적 함의를 간과해서는 안 될 것이다.

장례는 죽음에서부터 장례식, 탈상할 때까지 수반되는 모든 의례이다. 이는 개인의 마지막 통과의례이자, 개인과 결속되어 있는 사회와 분리되는 과정이기도 하다. 따라서 장례는 죽은 자를 위한 산 자의 몫이다. 죽은 자는 죽음으로써 자신이 지니고 있던 모든 지위와 역할을 상실하지만 산 자들은 죽은 자로 인하여 남겨진 사회관행, 즉 장례식 전후에 행해지는 절차와 장례식, 제사 등을 수행해야 할 의무가 주어지며, 이런 행위로 죽은 자와의 관계를 재규명하게 된다. 모든 사회에서 죽음은 단순히 인간의 생물학적 활동의 정지가 아니라 인간의 영혼이 현세에

---

30) Keesing, R. M., 『現代文化人類學』, 전경수 역, 현음사, 1983, p.383.

서 타계(他界)로 옮겨간다고 믿고 있으며, 장례에는 그러한 관념들이 일정한 행위로 표현되고 있다. 즉 의례를 통하여 정신적으로 또는 물질적으로 산 자들은 죽은 자에게 최대한의 예(禮)를 표출하게 되는 것이다.

죽음은 사회적 활동과 기능의 정지라는 의미를 가진다. 인간의 사회적 활동과 기능은 그 사회의 역할체계에 의해 이루어지고 있기 때문에 죽음은 개개인의 역할의 중단이라는 의미를 갖게 된다. 그렇지만 한국의 정서에 의하면 산 자와 죽은 자의 경계는 그리 확실하지 않다. 단지 생활하는 공간이 다를 뿐이고 가끔 죽은 자의 사회에서 산 자의 사회로 오기도 한다. 따라서 죽은 이에 대한 예의는 역할에 대한 기대의 차이에 의해 상례의식과 제례의식으로 나뉜다. 제례의식은 죽은 자가 산 자의 생활공간으로 올 때 그를 모시는 행위이다.

각종 의례는 일련의 상징성을 지니고 있다. 그 상징이 사회적 관계와 밀접한 연관을 가지고 있다는 것은 당연한 사실이다. 의례의 상징은 특정한 집단에 의해 유지 발전되는 역동적인 구조내에서 통합된다. 이는 집단의 정치조직을 표현하고 정당화시키도록 만들어지며, 의례가 갖는 통합적인 힘과 대중들의 가치관이 구체화되어 나타나 그것이 다시 강화되는 것이다. 장례의식 역시 다른 의례와 마찬가지로 일련의 상징성을 가지고 있다. 재생을 의미하는 목욕으로서 염습, 의식주를 의미하는 수의, 반함, 연좌 등의 과정의 절차에서 죽은 자를 혼백의 단계와 신주의 단계로 끌어올리거나, 성복을 통한 유족의 의무 이행 및 자세 확립하는 것 등이 그것이다. 무엇보다도 이승과 저승의 구별을 통하여 산 자와 죽은 자의 역할을 새롭게 부여하는 행위가 바로 그것이다.

또한 의례는 그러한 상징성과 더불어 일종의 지시성을 가지기도 한다. 지시성이라는 개념은 의미 대상과 분리된 표현 형식에 의거하여 나타나는 일련의 의도적 혹은 작위적 행위를 지칭하는 것이다. 의례라는 것은 한 단계에서 다른 단계로 나아가는 과정에서 치러지는 것이다. 그러므로 의례의 행위에는 필연적으로 의례자들이 가져야 할 자세와 다음 단계에 대한 전망이 암시되어 있는 것이다. 장례의식에는 그것을 치르는 과정 속에서 의례자 및 참여자, 즉 유족이나 조문객이 가져야 할 관계를 지시하고 있다. 그것은 죽은 자와의 관계를 매개로 하여 정리되는 것인데, 그러한 정리를 통하여 그들이 속한 공동체가 공유하는 일련의 가치관, 세계관, 역사관 등을 재정립하는 계기를 마련해준다. 그러한 계기는 공동체뿐만 아니라 그 의례에 참여한 각각의 개인에게도 적용될 수 있는 것이다.

결국, 장례의식이라는 것은 죽은 자에 대한 처리를 통하여 삶과 죽음의 관계를 상징적으로 나타내주고 있으며, 이승과 저승의 영역과 각 세계에 속한 이들의 역할, 더불어 저승에 속하게 된 죽은 자의 이승에 대한 역할과 이승에 속한 유족들의 저승에 대한 역할 등도 역시 지시적으로 보여주고 있다. 죽은 자와 유족, 혹은 조문객과의 관계에 대한 정리를 가능하게 해준다. 또한 거기에서 그치는 것이 아니라 살아있는 사람들의 사회적 역할과 지위를 점검해주고 그것을 통하여 인식할 수 있는 요소들, 예를 들어 개인이나 공동체의 정체성, 가치관, 역사나 사회에 대한 관점 등을 가리키는 역할을 하는 것이다. 전자를 가지는 상징성이라고 한다면 후자는 지시성이라 할 수 있다.

그러한 상징성과 지시성은 결국 장례의식을 치르는 집단이 가지고 있는 죽음에 대한 인식, 즉 생사관을 파악할 수 있는 단초를 제공한다. 그것은 문화의 정체성을 점검하는데 요긴하게 쓰일 수 있다. 본 연구에서 관심을 두는 이유가 바로 여기에 있는 것이다.

## 3. 장례의식의 소설적 형상화 양상

### 1) 장례의식의 소재적 타당성

문학에서 죽음을 소재로 다룬 바는 쉽게 발견할 수 있다.[31] 그렇지만 장례의식이 절차에 맞게 형상화된 작품을 찾기는 어렵다. 작품의 배경으로 처리되거나 사건의 발단을 제공하는 계기로 작용하는 것이 대부분이다. 그래서 문학 속에 서의 장례의식을 문예주제론[32]적으로 다루는 것이 타당한 것인가에 대하여 의문을 제기할 수 있다.

특히 소설의 경우에 그 장르적 특성 때문에 장례를 중심에 놓고 작품을 분석하고 종합하는 일은 쉽지 않다. 소설은 서사적

---

31) 일반적인 죽음을 다룬 문학에 대한 연구는 이재선의 문예주제론에 의거한 일련의 연구와 이인복의 『한국문학에 나타난 죽음의 사적 연구』, 열화당, 1979 등에서 발견할 수 있다.

32) 문예주제론 혹은 문학주제학에 관하여는 이재선의 일련의 연구서적을 참고하라.
이재선, 『한국현대소설사』, 홍성사, 1979; 『韓國文學의 地坪』, 새문사, 1981; 『韓國文學主題論』, 서강대학교 출판부, 1989; 『문학주제학이란 무엇인가』, 민음사, 1996.

객관성을 담보해야 할 뿐만 아니라 인간과 현실의 문제를 담아내야 한다. 그래서 소설 속의 죽음은 사건을 발생시키는 요소로 사용되는 경우가 많고, 따라서 자살이나 살인, 사고에 의한 죽음이 많이 다뤄질 수밖에 없다. 자살이나 살인, 사고 역시 장례의식을 수반하는 것은 아니지만, 소설에서 장례의식을 본격적으로 다루는 경우에는 노환이나 병환에 의한 임종을 전제로 할 수밖에 없다. 자살이나 살인, 사고에 의한 죽음의 경우에는 죽음의 동기에 초점이 맞춰지기 때문이다.

시(詩)에서는 장례의식이 제대로 다뤄질 수 있다. 상(喪)을 당한 상태의 심리적 상황을 시적 화자의 주관으로 표출하기에 적합하기 때문이다. 만시(輓詩)는 장례의식의 한 부분으로 설정되면서 그 내용에서 장례절차에 대하여 서술할 수도 있다. 특정한 인물을 대상으로 삼지 않더라도 장례의식이 가지는 절차와 그 의미를 담아내기에 시 장르는 소설 장르에 비해 상대적으로 유리하다. 김소월의 「초혼」(1925)이 그 대표적인 예이다.

산산히 부서진이름이어!
虛空中에 헤어진이름이어!
불너도 主人업는이름이어!
부르다가 내가 죽을이름이어!

心中에남아잇는 말한마듸는
씃씃내 마자하지 못하엿구나.
사랑하든 그사람이어!
사랑하든 그사람이어!

붉은해는 西山머루에 걸니웟다.
사슴의무리도 슬피운다.
써러저나가안즌 山우헤서
나는 그애의이름을 부르노라.

서름에겹도록 부르노라.
서름에겹도륵 부로노라.
부르는소리가 빗겨가지만
하늘과짱사이가 넘우넓구나

선채로 이자리에 돌이되여도
부로다가 내가 죽을이름이어!
사랑하든 그사람이어!
사랑하든 그사람이어![33]

주관에 의거한 서정성을 기반으로 하는 시 양식과 달리 객관에 의거한 서사성을 기반으로 하는 소설 양식에서 장례의식을 본격적으로 다루기 위해서는 창작과정에서부터 그것을 의식하고 집필되어야 할 것이다. 물론 그런 작품이 전혀 없는 것은 아니지만, 그러한 작품만을 국한하여 연구의 대상으로 삼기에는 한계가 있다. 우선 작품의 수 자체에서 미흡할 수밖에 없다. 그렇다고 해서 죽음 일반, 즉 자살이나 사고를 포함한 소설 속에서의 죽음 전체를 대상으로 하면 논의의 초점이 흐려질 수밖에 없다. 삶과 죽음의 문제에 대한 시각, 즉 생사관을 파악하기 위해서는 죽음의 동기에 집착하면 안 되기 때문이다. 그래서 노환

33) 김소월, 「招魂」, 『원본소월전집』, 홍성사, 1982, pp.456-457.

이나 병환에 의거한 자연스러운 죽음을 전제하여야 한다.

그러므로 본 연구에서는 기본적으로 자연사에 따른 장례의식을 제재로 한 작품을 연구의 대상으로 하고자 한다. 물론 이장(移葬)에 대하여 논의할 때는 살인에 의한 죽음을 소재로 삼은 작품을 거론하는 경우도 있지만 그것 역시 죽음의 동기에 집착하는 것을 배제하고 장례가 주는 의미에 관심을 두고자 한다. 때로는 장례의식이 작품 전체를 관통하는 제재로 다루지 않은 작품들을 거론하는 경우도 있을 것이다. 장례의식이 나오는 장면만 추출하여 의도적으로 확대하여 분석하고자 하는 것이다. 그러다 보면 작품의 해석에서 왜곡이 일어날 위험도 없잖아 있다. 그러한 의도의 오류를 극소화하기 위하여 작품의 내용과 등장인물의 갈등 관계를 제시하여 해석의 타당성을 제시하고자 한다. 이러한 본 연구의 연구 대상을 다루는 기본 입장이 바로 장례의식을 제재 혹은 소재로 한 소설을 주제론적으로 다루는 연구의 타당성을 설명해 준다고 할 수 있을 것이다. 그러한 연구를 한국소설에 나타난 장례의식의 상징성과 지시성을 파악하고, 그것을 토대로 하여 한국인의 정체성을 도출하고자 하는 것이다.

### 2) 정체성에 대한 서술로서의 장례의식

장례는 한 인간으로서 사회 활동을 하는 데 마지막으로 치러야 하는 행사이다. 장례를 통하여 죽은 자와 다른 사람과의 모든 종류의 사회적 · 인간적 관계가 정리되는 것이다. 그로써 죽은 자가 더 이상 공동체의 구성원이 아님을 천명하게 되는 것이다. 그러므로 장례는 당연히 죽은 자의 정체성에 대한 서술이 뒤따를 수밖에 없다. 하지만 장례를 통하여 확인하게 되는 것은 죽은 자의 정체성이라기보다 산 자의 정체성이다. 죽은 자와의 관계를 정리하는 과정에서 살아남은 자의 사회적 관계를 다시 점검하게 되는 것이다. 더불어 장례의 과정에서 야기될 수 있는 심리적 상태의 변화는 죽은 자에 대한 것이라기보다 유족 또는 친지들과의 관계에 의거하여 발생한다. 이러한 일련의 서술과 묘사를 통하여 인간의 정체성을 표현하게 되는 것이다.

소설 작품에서 죽은 자에 대한 서술은 주인공 혹은 여타 다른 등장인물의 성격을 묘사하기 위한 간접적 방법으로 사용된다. 죽은 자와의 심리적 유대관계의 구조를 통하여 인물의 위상을 파악하도록 하는 것이다. 또는 회상이나 회고의 모티프로 사용되는 경우가 많다. 현진건의 작품에서는 부고(정확히는 위독상태를 알리는 전보)가 사건의 발단이 되고 있지만 많은 작품에서 과거의 사건이나 인물을 떠올리는 계기로서 부고를 사용하고 있는 것이다.

현진건의 「할머니의 죽음」(1923)은 본격적인 장례의식에 이르지는 않았지만, 초종까지의 과정을 사실적으로 묘사한 작품이다. 물론 그나마도 결국 임종을 하지 않게 되는 결과로 맺고 있으나, 할머니가 위독하다는 전보를 받고 서울에서부터 시골에 있는 집으로 급히 내려간 주인공과 그의 가족들이 할머니의 죽음을 기다리는 과정을 그린 작품이다.

그날 저녁때에 할머니는 여상히 깨어나셨다. 이런 일이 한두

> 번이 아니었다. 몇번이나 신과 지팡이가 놓이었다 치었다. 다라니가 벽에 걸리었다 떼였다 하였다. 그러는 동안에 자손의 얼굴은 자꾸자꾸 축이 나갔었다. 말하기는 안되었지만 모두 불언중(不言中)에 할머니가 하루바삐 끝장나기를 기다리고 있었다. 관조차 맞추어서 칠까지 먹여놓았다. 내가 처음 오던 날 상청(喪晴)이 아닌가고 놀라던 그 울막도 이 관을 놓아두려는 의지간이었다.[34)]

하지만 장례에 참석한 사람으로서 죽은 자, 혹은 운명을 앞둔 이에 대한 경건한 마음은 보이지 않는다. 물론 가족의 죽음이 슬프지 않은 것은 아니지만, 현대사회에서 유가사상에 의거한 장례의식은 아무리 간소화하였다고 해도 버겁기만 하다. 그래서 "불언중(不言中)에 할머니가 하루바삐 끝장나기를 기다리"[35)]게 되는 것이다. 이 작품은 "죽음은 평안한 소멸이 아니고 최후의 고통스러운 병임을 암시"하는 것이라고 평가되기도 하는데, 그것보다 가족의 죽음을 맞이하는 다른 가족들의 반응을 통하여 대가족 제도에서의 어른의 의미와 농경 사회가 지니는 인간성과 근대 사회가 요구하는 합리성에 대한 문제를 제기한 것으로 보는 게 타당하리라 보인다.

현대 사회를 살아가면서 전통적인 유가사상에 의한 장례의식을 치르기에 어려움이 많다. 그것은 외래 종교, 특히 기독교의 유입과도 관계있지만 무엇보다도 산업사회적 특성에 의한 것이다. 그래서 의식 자체가 많이 간소화되었음에도 불구하고 그마저도 수행하기에 쉽지 않다. 농경사회적 전통과 산업사회적 생

34) 현진건, 「할머니의 죽음」, 『한국단편소설선집』, 계명대학교출판부, 1999, p.37.
35) 이재선, 『한국현대소설사』, 홍성사, 1979, p.261.

활이 충돌한 결과이다.[36] 한국사회는 짧은 기간에 농경사회와 산업사회와 정보사회를 거치고 있다. 서구에서는 2-3백년 간에 걸쳐 일어났던 변화가 한국사회에서는 불과 4-50년 만에 이루어지고 있다. 유래를 찾아볼 수 없는 설날과 추석의 귀성전쟁이라 불리는 교통대란은 그러한 농경사회적 사고와 산업사회적 사고가 공존하고 있기 때문이다. 더불어 정보사회적 사고를 요구당하고 있다. 한국사회의 특수성을 이해하기 위해서는 이 점을 간과할 수 없다.

박완서의 「길고 재미없는 영화가 끝나갈 때」(1997)에서 장례의식을 다루는 부분은 매우 간략하다. 그러나 이 작품을 주목하는 것은 치매 노인을 서술의 대상으로 하여 노인의 문제를 본격적으로 제기하고 있을 뿐만 아니라 나아가서 인생의 의미를 담담하게 재조명하고 있기 때문이다. 특히 장례의식이 서술되고 있는 부분에서 죽은 자와 유족의 관계에 대한 언급이 드러나고 있다.

> … 〈전략〉 … 어머니는 의사가 예언한 생존기간도 미처 못 채우고 돌아가셨지만 칠십에 처음들은 사랑의 고백 때문에 그 동안을 즐겁게 보내셨다. 똥구덩이에 빠져서도 웃음을 잃지 않았다: 아버지도 말로만 아니라 거의 매일같이 어머니를 문병 했고 똥도 치우고 싶어했지만 어머니는 그것만은 허락하지 않으셨다. 죽을

36) 현진건의 「할머니의 죽음」이 발표된 1920년대 한국사회가 산업사회로 나아갔다고 보기는 힘들다. 한국사회가 산업사회의 모습을 갖추기 시작한 것은 1960년대 중반부터라고 보인다. 그렇지만 당대는 일제에 의한 자본주의의 수입으로 기이한 형태의 도시문화가 자리잡고 있었던 것으로 파악된다.

> 때가지 사랑받고 싶어서 그 꼴만은 안 보이고 싶었나 보다. 어머니 묏자리를 잡는 데도 정성을 다하셨고, 장례 때도 수시로 그 딸꾹질을 참는 것 같은 소리를 내며 눈물을 뚝뚝 흘려서 우리를 민망하게 했다. 아버지에 비해 자식들은 솔직히 슬픔보다는 시원한 쪽이 더했을 것이다. 상주인 오빠의 얼굴을 보고 있으면 영락없이 길고 지루한 영화가 끝났을 때의 관객을 연상시켰다. 나는 지쳐 있기라도 하지, 오빠는 장남된 도리를 제대로 못한다는 자책감을 너서 벗어나고 싶어서 이제나저제나 임종 소식만 기다리기가 얼마나 지루했을까.[37)]

죽은 자에 대한 서술을 통하여 죽은 자의 남편인 아버지, 그리고 장자이면서도 치매에 걸린 어머니를 모시지 않은 오빠, 딸임에도 불구하고 그런 어머니를 모신 주인공의 입장이 그려지고 있다. 하지만 중요한 것은 죽은 자에 대한 이해가 아니라 살아남은 아버지에 대한 이해이며, 또 오빠에 대한 용서인 것이다. 그것을 통하여 인생의 의미와 효용을 파악하는 것이다. 작가는 작품 속에서 "난해한 영화를 보고 나면 혹시라도 이번엔 조금이라도 더 이해할 수 있을까 해서 한두 번 더 보게 되는 수가 있다"는 말로 인생을 풀이하고 있다.

장례의식이란 죽음을 정리는 형식적 표현이다. 그 죽음이라는 것은 삶의 다른 한쪽 면으로 인식되는 것이다. 그러므로 일련의 의식을 거치면서 사람들이 원하는 것은 죽은 자의 세계에 대한 동경이 아니라 산 자의 세계에 대한 조명이다. 결국 장례의식을 소재로 한 소설에서 서술하는 대상은 죽은 자가 아니라

37) 박완서, 「길고 재미없는 영화가 끝나갈 때」, 『너무도 쓸쓸한 당신』, 창작과비평사, 1998, p.135.

유족이다. 이는 소설이라는 장르의 특성상 이미 죽어서 갈등을 일으킬 수 없는 죽은 자에 대한 서술은 큰 의미를 지니지 않기 때문이기도 하려니와 장례를 소재로 하여 제기하려는 문제가 살아있는 자의 위상에 있기 때문이다. 그 위상이라는 것은 곧 정체성으로 통하는 것이다.

### 3) 통과제의로서의 장례의식

장례는 통과제의로서 설명할 수 있다. 통과제의(Initiation: the rites of passage)[38]는 문화인류학적 개념으로서 인류학에 따르면, 유년이나 사춘기에서 성인 사회로 진입하기 위해서는 일련의 고통스런 의식을 치르게 되는데, 이를 통과제의라고 일컫는 것이다. 이때 주인공에게는 육체적인 시련과 고통, 신체 어느 한 부분의 제거, 금기와 집단적인 신념에 대한 일련의 고통스런 체험이 부과된다. 이러한 고통의 체험을 통과함으로써 이들은 비로소 성인 사회의 구성원으로서의 자격을 부여받으며 그 사회에 재편입하게 된다.[39] 그것은 원시종교에서 극명하게 드러나며 현대 종교에서도 그러한 의식은 요구되고 있다. 사실 유가사상에 의거한 사례(四禮), 즉 관혼상제(冠婚喪祭)가 바로

---

38) 엄밀한 의미에서 '통과제의(the rites of passage)'와 '이니시에이션(initiation)'이라는 말은 구분된다. 이니시에이션이란 '통과제의의 문턱에 들어선다는 것'을 뜻하는 말이다. 하지만 통과제의에 필요한 단계 중에서 특정 단계를 뜻하는 것이 아니라 통과제의의 모든 단계를 일컫는 개념이기에 편의상 동일어로 사용하기로 한다. Simone Vierne, 『통과제의와 문학』, 이재실 역, 문학동네, 1996 참조.

39) 한용환, 『소설학 사전』, 고려원, 1993, pp.336-337.

통과제의인 것이다. 그 중에서도 장례는 죽음으로 인해 인간이 맞이하는 마지막 의례라 할 수 있다. 통과의례는 분리의례flite of separation), 주변적 상태(marginal state), 통합의례(rite of incorporation)의 3단계로 이루어진다. 통과의례에서 의례자는 먼저 대립되는 두 항 중 기존의 상태와 기존의 지위에서 분리되고, 이어 어중간한 주변적 상태에 놓여지며, 마침내 대립되는 두 항 중 새로운 상태 및 새로운 지위로 통합되는 것이다. 이러한 세 단계는 장례에도 적용될 수 있다. 임종에서 장례식까지는 죽은 이가 이승에서 분리되는 '분리의례'로 인식할 수 있고, 장례식은 이도 저도 아닌 '주변적 상태'이며, 장례식에서 탈상까지는 '통합의례'로 인식할 수 있을 것이다. 그렇지만 장례를 통과제의로 보는 시각을 다른 각도로 인식할 수도 있을 것이다. 말하자면 죽은 자를 주체로 보고 자신의 인생에서 마지막으로 치르게 되는 의례라는 인식에서 벗어나 살아있는 자를 주체로 보고 장례를 통하여 거듭나는 계기가 되는 것으로서의 통과제의로 인식할 수 있을 것이다.

> 버스가 나주를 지날 때 나는 혼곤한 피로에 싸여 지금껏 내가 살아오면서 겪었던 죽음의 일들을 떠올리고 있었다. 아홉 살 땐가 열 살 때 물에 빠져 죽을 뻔한 일이 있었다. 비가 온 다음날 친구들과 함께 조개를 잡으러 가서였다. 친구들과 나는 뙤약볕이 내리쬐는 철길을 따라 반나절이나 걸어 큰 강에 도착했다. 민물과 바닷물이 겹치는 그 곳엔 손바닥만한 대합이 참 많았다. 나는 손끝이 수면에 결리 정도의 깊이까지만 잠수해 들어가 바닥에 있는 조개를 잡고 있었다. 하지만 그날따라 옆구리께로 떠내려가는 물살의 힘은 엄청나게 셌다. 한 순간 몸이 가로로 떠서 비틀리며 나

는 이내 거센 물살에 휘감기고 말았다. 아무리 허우적대도 중심을 되찾을 방법은 없었다. 그리고 뼈마디의 힘이 다 빠쳐 나갔을 때 나는 물 속에서 번쩍 눈을 뜨고 마지막 생사의 싸움을 지켜보았다. 삶과 죽음이 벌거벗은 남녀처럼 엎치락뒤치락하는 가운데 마침내 날숨이 코까지 올라왔고 이어 실크 커튼처럼 부드러운 빛이 내 손과 발을 조아묶기 시작했다. 질은 푸른빛이던 실크 커튼은 점점 보랏빛으로 변해갔다. 그리고 보랏빛이 흰빛으로 바뀔 즈음 나는 의식을 잃고 쓰러졌다.[40)]

윤대녕의 소설 「천지간」(1996)은 외숙모의 장례식에 참석하러 가던 주인공이 우연히 여인을 만나게 되고 그 여인과 잠시 동안 지내게 되는 일을 그린 소설이다. 상복을 위한 검은 양복부터 삶과 죽음의 경계를 표현하는 흰빛에 이르기까지 색상의 이미지를 통하여 죽음의 문제를 다루고 있다. 결국 "여자는 전생을 지우기 위해 나와의 관계를 원했고 그리하여 아이는 살리되 아이의 아비에게서는 놓여날 수 있었다고 중얼거리며 내 팔 안에서 깊이 잠들었다"는 서술을 통하여 주인공의 정신적 여정을 마무리하고 있다.

장례는 당사자나 유족에게는 충격으로 다가오는 사건이 아닐 수 없다. 그래서 그 충격으로 인하여 정신적 성숙을 가능하게 하기도 하지만, 일단 조문객이나 죽은 자에 대한 기억이 추억 수준으로 인식되는 인물에게 그것은 더 이상 충격일 수 없다. 게다가 많은 사람과 관계를 맺으며 살아가는 현대 사회에서 장례에 참석하는 일은 거의 일상화한 생활의 한 분야가 되고 만

---

40) 윤대녕, 「천지간」, 『이상문학상 수상작품집 20』, 문학사상사, 1996, p.20.

다. 그렇다고 하더라도 장례에 참석하는 일은 여타의 일상 생활과 다른 의미를 가진다. 그것은 죽음과 맞닿아 있는 행사이기 때문이다.

죽음은 그것이 어떤 형태로 나타나든지 그것은 인식하는 자에게 새로운 정신적 · 심리적 변화를 야기시킨다. 그래서 일련의 통과제의에 의거한 작품들, 예를 들어 1960년대 김승옥의 소설이나 1990년대의 윤대녕의 소설 등에서 죽음의 문제를 많이 다룬다. 그렇지만 기실 그러한 소설 작품에서 죽음의 문제를 다루는 방식은 '자살'의 형태이다. 장례를 주된 소재로 하는 경우에는 대부분 자살이 아닌 임종에 의한 죽음을 다루는 경향으로 본다면 통과제의의 문제와 관련이 크지 않은 것으로 보일 수도 있다.

하지만 자살을 통하여 죽음의 문제에 접근하는 것과 임종에 의하여 죽음의 문제를 접근하는 것은 그 양상이 달라진다. 전자는 피할 수 있는 죽음, 즉 삶에 대한 의지가 있다면 선택하지 않을 수 있는 죽음을 대상으로 하여 현상의 문제를 극복하고 성장하는 과정을 그리는 것이다. 거기에 반하여 후자는 피할 수 없는 죽음, 삶의 의지가 강할수록 더욱 강하게 다가오는 죽음을 대상으로 하여 자연적 존재로서 인간의 본질을 파악하고 사회적 존재로서 인간의 위상을 재고하게 하는 것이다. 그런 의미에서 장례의식은 등장인물에게 하나의 통과제의로서 작용될 수 있고, 그것을 통하여 새로운 인식을 하게 되는 것이 아니라 숨겨졌던 자신의 본질을 확인하게 되는 것이다.

장례의식을 통과제의로 인식하는 것은 산 자의 세계로부터 죽은 자의 세계로 옮겨가야 하는 죽은 자가 치러야 할 의식이라는 사실에 기인한다. 그렇지만 그러한 통과의례는 장례 참가자에게 다른 의미로 적용될 수 있다. 삶과 죽음의 접경을 보여주는 장례의식을 통하여 인생을 반추하게 되고 과거에 있었던 사건의 현재에 미치는 영향을 점검하기도 하는 것이다. 이러한 모습을 소설 작품을 통하여 형상화하는 것은 독자의 공감을 기반으로 하는 작업이 아닐 수 없다.

### 4) 사회적 교제 장치로서의 장례의식

장례는 단순히 죽은 사람들만을 위한 것이 아니라 지금 살아 있는 사람들의 사회적 지위를 나타내는 행위이다. 즉, 현재 살아 있는 자손들이 일족(一族)의 역사를 사회적으로 보여주는 행위인 동시에 의례를 성대히 치를 정도의 사회적 지위를 지니고 있음을 보여주는 행위인 것이다. 의례의 사회적 의미를 해석하기 위해서는 의례를 행하는 의례 행위자들과 주변의 사회환경과의 관계를 파악해야 하며, 지역사회의 성원들에게 자신들의 정체성(identity)을 어떻게 부여하는가를 살펴볼 필요가 있다. 왜냐하면 지역민이 자타를 구분하고 위계화하며 문화적 전통을 재창출해 나가는 역할을 하기 때문이다. 장례의식이 가지는 사회·문화적 의미는 급격한 사회문화변동 과정에서 공동체의 고유한 전통문화를 표현하며, 가족과 친족, 지역민 사이의 유기적인 상호관련성을 통해 지역사회를 구성하는 계층 간의 문화 정체성을 정립해 가는 것이다. 또한 의례수행과정에서 생기는 불합리한 문제들은 사회구조의 변화에 적응하여 적절하게 조화를 이룸으로써 문화전통을 재창출해 가고 있다.

다시 현진건의 「할머니의 죽음」을 보자, 할머니의 임종을 기다리는 가족들이 모여 있으면서, 거기에서 위계와 질서가 다져지게 되는 것이다. 애매했던 서열이 확실하게 정해지고, 모호했던 역할이 정확하게 분담되는 것이다.

> 아침저녁으로 각지에 흩어져 있는 자손들이 모여들기 시작하였다. 방이라야 단지 셋밖에 없는데, 안방은 어머니, 형수 들이 점령하고 뜰아랫방 하나 있는 것은 아버지, 삼촌, 당숙들에게 빼앗긴 우리 젊은이 패―사 ·육촌 형제들은 밤이 되어도 단 한 시간을 눈붙일 곳이 없었다. 이웃집과 누누이 교섭한 끝에 방 한칸을 빌려서 번차례로 조금씩 쉬기로 하였다. 이 짧은 휴식이나마 곰비임비 교란되었나니 그것은 10분들이로 집에서 불러들이는 까닭이다. 아버지와 삼촌네들의 큰심부름 잔심부름도 적지 않았지만 할머니 곁에 혼자 앉은 중모의 꾸준한 명령일 때가 많았다. 더욱이 밤새 한시에나 두시에나 간신히 잠을 들어 꿀보다 더 단 잠이 온몸에 나른하게 퍼진 새벽녘에 우리는 꺼들리어 일어나는 수밖에 없었다.
>
> "한머님 병환이 이렇듯 위중하신데 너희는 태평치고 잠을 잔단 말이냐."
>
> 우리가 건넌방에 들어서면 그는 다짜고짜로 야단을 쳤다. 그중에도 가장 나이 어리고 만만한 내가 이 꾸중받이가 되었다. 인정사정 없는 그의 태도가 불쾌는 하였지만 도덕적 우월을 앗긴 우리는 대꾸 한마디 할 수 없었다.
>
> "다들 뭐란 말이냐. 나는 한달이나 밤을 새웠다. 며칠들이나 된다고."
>
> 졸음 오는 눈을 비비는 우리를 보고 그는 자랑스럽게 또 이런

꾸중도 하였다.

'놀라운 호성을 부리는 게 도무지 우리 야단칠 밑천을 장만하는 게로구나.'

나는 속으로 꿀꺽꿀꺽 하며 이런 생각을 하였다.[41)]

때로는 '도덕적 우월'의 유무에 따라 지위가 결정되기도 한다. 이는 대의명분을 중요시하는 유가사상적 전통이 그대로 반영된 것이며 그 '도덕적 우월'을 차지하기 위하여 몸과 마음을 혹사하기도 한다. 그것은 가족 안에서 이루지는 것일 뿐만 아니라 가족과 조문객과의 관계, 혹은 조문객과 조문객 사이의 관계 속에서 나타나기도 한다.

장례의식을 절차에 따라 치르는 것이 죽은 자에 대한 예의에서라기보다 조문객들의 시선을 의식하기 때문이라는 점을 간과해서는 안 될 것이다. 그것은 일족(一族)의 명예와 관계되는 것으로 그것을 제대로 치러야만 사회적인 지위를 잃지 않게 되거나 혹은 교양이 있음을 천명함으로써 사회적 지위의 상승을 꾀할 수 있는 것이다.

조문객 사이의 관계도 마찬가지이다. 현대 사회에서 이익을 목적으로 하지 않은 채 불특정 다수와 교제를 가지게 될 기회는 그리 많지 않다. 물론 동창회나 계모임 등의 특수한 회합이 없는 것은 아니지만, 그것 역시 그 범위가 제한되어 있거나 그 활동이 한정적일 수밖에 없다. 그런 의미에서 혼례나 장례와 같은 행사는 일상적인 행사 참여이면서 참석자의 사회적 지위를 표현할 수 있는 기회가 되는 것이다. 특히 장례는 죽은 자와의

41) 현진건, 「할머니의 죽음」, 앞의 책, p.36.

관계를 일차적인 매개로 하여 불특정 다수인과 교제할 수 있는 기회가 될 뿐만 아니라, 거기에 참석하는 것으로 도덕적 우월을 차지하게 되어 그 이후의 사회적 활동에도 영향을 미칠 수 있는 것이다. 그렇기에 장례는 사회적인 지위와 서열을 확인함으로써 문화공동체의 정체성을 정립하는 역할을 하게 된다.

부음으로 시작하는 일련의 소설 작품들[42]에서 주인공이 그 장례식에 참석함으로써 야기되는 사건은 주로 주인공과 다른 등장인물과의 관계를 기반으로 한다.

죽은 자를 매개로 한 주인공과 등장인물의 관계는 일차적인 것이고, 그들 간의 관계 자체가 갈등을 일으키게 된다. 혹은 관찰자 시점일 경우에는 장례에 참석한 등장인물과의 관계를 주목하여 그들이 필연적으로 가질 수 없는 갈등의 원인과 그 해결을 모색하는 과정으로 진행되는 것이다.

때로는 장례의식이 충돌하는 문화의 완충장치로서의 역할을 하기도 한다. 문화의 충돌은 종교적 차원에서 극명하게 드러나는데, 그 중에서 장례의식은 내세관을 전제로 하기 때문에 그 충돌의 전위지대에 놓여있는 것이다. 염상섭의 「임종」(1949)에서 이러한 문화의 충돌에 대한 언급을 볼 수 있다.

> 과수댁은 컵속에 넣은 물종지를 찾아내어 빈소로 가치고 가더니 신체의 주위에 말끔히 뿌렸다. 천주교에서 세를 붙이고 받아둔

---

42) 이러한 모티프로 소설의 발단을 설정하는 작품들은 상당히 많이 있다. 그렇지만 대부분 장례의식 자체에 대한 묘사나 그 의미에 대한 서술이 제대로 이루어지지 않고 있다. 본 연구에서 구체적인 작가와 제목을 언급하지 않은 것은 거기에 기인한다. 연구의 대상이 지나치게 방만하게 되어 초점이 흐려질 우려가 있기 때문이다.

성수였다.

발치께 서서 가만히 바라보던 명호가,

"그럼 장례를 어떻게 지내시렵니까? 제사는 일체 폐하시나요?"

하고 물으니까 과수댁은,

"그렇게까지야 하겠읍니까."

하고 다만 좋은 일이니, 성당 사람이 하라는 태로 한다는 것이었다. 초상집에서는 삼일장이냐 오일장이냐 하는 의논이 벌어졌다.

…〈중략〉…

젊은 축들은 저희끼리 이런 소리를 수군거리는 것이었다. 그러나 아무도 그 발이 옳다고 찬성하는 사람도 없고 그로다고 나무라는 사람도 없었다. 하여간 하룻밤 하룻밤을 안팎에서 복작대고 들볶아쳐서 제시간에 성복제를 지내고 나니까, 앓아누웠다던 명호의 재종형이 지팡이를 짚고 지적지척 조상을 왔다.

"허! 내가 먼저 갈 줄 알았더니 이게 웬 일이란 말인가!"

하고 관을 붙들고 상제들보다도 더 섧게 울고 나더니, 염주를 꺼내들고 염불을 하기 시작했다. 한식경이나, 옆사람이 지루하도록 염불을 끝마치고는 이 늙은이는 품에서 훔척훔척하면서 백지에 기름하게 싼 봉투를 꺼내서 관상명정(棺上銘旌)을 쳐들고 관 위에 끼워놓은 것은 손수 베낀 경문인지 한 모양이었다. 장지에 나가서도 하관할 때 폐백과 함께 이 종이 봉지도 횡대에 넣는 것을 잊지는 않았다. 성수에 말끔히 씻긴 혼백 이 또다시 볼타의 대자대비한 공적에 안겨 안온히 잠들지 모르나, 그보다도 먼저 산 사람들이 제 각자의 소임이나 향의를 기울인 데 만족을 느낄 것이다.[43)]

하나의 장례식에 기독교 신앙의 요소와 불교 신앙의 요소가

---

43) 염상섭, 「임종」, 『정통한국문학대계 14』, 어문각, 1948, pp.372-373.

공존하는 모습을 보인다. 물론 그 기저에는 유가사상적 제례의식이 깔려있음도 사실이다. 이질적인 각 요소가 이렇게 한꺼번에 등장하는 것은 한국인이 가지는 죽음에 대한 시각, 즉 생사관이 종합되는 결과를 가져온다. 만약에 장례의식이 죽은 자를 위한 것이라면 죽은 자의 신념에 의거한 의식이 치러져야 할 것이다. 그렇지만 나름대로의 신념에 의한 의식을 치르는 것은 "산 사람돌이 제 각자의 소임이나 향의를 기울인 데 만족"을 느끼기 위한 행동의 소산인 것이다.

만약에 장례의 자리가 아닌 다른 자리에서 이렇게 문화 혹은 종교의 충돌이 일어났다면 그것은 극단의 대립으로 이어질 가능성이 높다. 장례의식에서는 죽은 자를 매개로 하여 모든 행위가 이루어지는 것이기에 죽은 자를 위하는 행위는 그 양식이 어떠한 모습으로 나타나더라도 용서가 가능하다. 때로는 유족의 신념이나 신앙에 의거한 의식이 고집되기도 하지만 거기에서조차 이단적인 행동이 처벌되지 않는다. 그렇게 죽은 자는 죽은 뒤까지 사회적 관계의 일부분을 담당하게 되고, 산 자들의 가지는 대립의 요소는 무마되는 것이다.

죽은 자와 유족, 유족과 조문객, 그리고 조문객과 조문객 사이의 사회적 관계가 장례의식을 통하여 정리되고, 그들이 가지는 이질적 문화가 조화를 이루게 된다. 이렇게 장례의식은 사회적 교제 장치로서 역할을 하는 것이다.

## 4. 장례 의식을 통하여 표출된 한국인의 정체성

### 1) 한국인의 현실지향성과 가족과 반영

이청준의 『축제』(1996)는 장례의식을 본격적으로 다룬 장편소설이다. 장례를 '축제'라고 반어적으로 표현한 제목에서 볼 수 있듯이 장례라는 것은 죽은 이를 위한 것이 아니라 살아있는 이를 위한 것이라는 사실을 전달하고 있다. 불화와 갈등으로 가득 찼던 가족이 장례의식을 치르면서 화해와 용서를 이루는 과정을 그린 것이다.

> 사자(死者)들에 대한 사랑과 감사와 경의, 그것이 어찌 다만 사자들을 위한 것일 것인가. 그것은 결국 우리들 살아있는 자들의 삶을 위한 사랑과 이해의 시작에 다름 아닐 것이다. 그런 뜻에서 나의 친구는 백야는 돌아가신 그의 어른께 대한 것 못지않게 자신을 포함한 모든 이웃들과 그들의 삶에 대해서 더없는 감사와 사랑을 바치며 살아갈 것이리라 믿게 되는 것이다.[44)]

『축제』는 장례의식의 절차에 추보하여 소설을 진행시키고 있다. 장례를 제재로 삼아 그 절차와 과정이 가지는 의미를 소설적으로 형상화한 것이다. 소설 전반에 걸쳐서 장례의식의 절차가 드러나지만 그 일단을 인용하면 다음과 같다.

---

44) 이청준, 『축제』, 열림원, 1996, p.232.

한밤중에 이웃에서 소리를 듣고 달려온 새말 내외와 남은 집안 식구들끼리 노인의 유체 수습과 혼백 모시는 일을 마무리하고 나니 아침날이 훤히 밝아왔다. 야심한 시각에 거듭된 변고를 바로 알리기도 뭐하여 저녁녘에는 강릉 떠난 원거리 조카아이들과 담너머 새말 형님네밖에는, 근거리 친척간에도 기별을 미뤄둔 채 우선 먼저 손을 써 둬야 할 수시(收屍)나 초혼(招魂) 등 당장의 절차들을 모두 다시 치러낸 것이다.

그리고 날이 밝으면서 원일이 청일이들이 급히 길을 되짚어 돌아온 다음엔, 제반장례 절차를 의논하고 바쁜 일손을 나눠 맡아줄 한고을 집안 어른들고 이웃 친지며 수하들에게 차례로 전화 부음을 하였다. 준섭으로선 전부터 이미 생각해온 바가 있어서 장례절차에는 크게 의논할 바가 없었지만, 구면장이나 이 교장 같은 고을안 노장들에게는 집안 어른에 대한 예의로나 깐깐한 뒷소리들을 예방하기 위해서나 으레 그렇게 하는 것이 좋을 듯싶어서였고. 이웃 친지나 집안 수하들에 대한 기별은 아침서부터 당장 음식 장물거리를 봐오고, 정식 부고를 띄우고, 빈소를 마련하여 조문객을 맞이할 채비를 서둘러 줄 일손이 필요했기 때문이다.

하고 나니 이번에는 염이나 치장(治裝), 운구 따위, 치상 과정의 중심절차 한 대목씩을 제때제때 시순 따라 맡아줘야 할 서울쪽 친구들과 다른 몇몇 원근동 지인들에게도 소식을 길게 미루고 있을 수가 없었다.

준십은 집안이 어수선해지기 전에 서울과 광주, 장흥 등지로 요긴한 데부터 몇곳 연속으로 전화번호를 눌러댔다. 송규식에게는 아직 아침 이른 시각이라 집으로 전화를 걸어 윤 사장을 비롯한 사랑방 사람들에게 새 부음을 전하게 하고, 함평으로 돌아간 둘째 매형에게는 염습(殮塌)을 함께 할 채비를 다시 갖춰올 것을 당부했다. 그리고 광주의 무등산곡 서화가 계산(谿山)에게는 노인의 명정(銘旌)과 제축문들을 부탁하고, 해남의 덕인 우록(友鹿) 선생에게는 노인의 묘자리를 정하는 일에서부터 하관, 성분(成墳)까지 의 산일의 일체를 살펴주십사 청탁했다.[45)]

장례의식은 어떤 경우에서든 갑자기 당하게 되는 일이다. 그러면서도 간과해서는 안될 큰 행사인 것이다. 따라서 그것을 수행하여야 하는 당사자에게는 여간 힘든 일이 아닐 수 없다. 매우 바쁘게 움직이면서도 절차와 과정을 꼼꼼히 살펴야 하는 것이다. 특히 "깐깐한 뒷소리들을 예방하기 위해서" 해야 할 일도 적잖은 것이다. 이를 방치해뒀다가는 사회적으로 고립을 면하기 어렵기 때문이다. 물론 죽은 자에 대한 처리가 잘못되었다는 것은 죽은 이에 대한 예의가 아니라는 점에서 일차적인 비난이 있겠지만, 결국은 그 절차를 제대로 인식하지 못하고 있는 가족들의 교양 없음에 대한 비난이 주를 이루게 되는 것이다. 이것 또한 장례절차가 죽은 자를 위한 것이라기보다 살아남은 이들, 즉 유족의 사회적 지위와 체면을 위한 것이라는 측면을 보여주는 것이다. 장례의식의 "중심절차 한 대목씩을 제때제때 시순따라" 처리할 수 있도록 역할을 분담하는 것이라든지 그 일을 수행하는 것 또한 만만찮은 일이다. 정상적인 상황에서도 그러한 큰 행사를 치르는 것이 쉽지 않은데 친지의 죽음이라는 충격을 가지고 있는 상태에서 그 많은 일들을 관장하는 것은 결코 쉬울 수가 없다.

그래서 장례의식을 소설적으로 형상화하는 것은 자칫 주인공 혹은 등장인물의 심리적 상태나 상황에 따른 행동에 함몰될 수

---

45) 이청준, 앞의 책, pp.122-123.

있다. 그렇지만 이청준은 그러한 몰입을 방지하기 위한 장치를 적절히 사용하고 있다. 그는 초기소설에서부터 소설의 거리를 통제함으로써 객관성을 유지하고 있는데, 알레고리나 소격 효과와 같은 소설적 장치와 소외된 인물을 소재로 삼는다거나 화자와 청자를 이중 혹은 삼중 구조로 만드는 부분 등을 그러한 기법의 차원에서 인식할 수 있을 것이다.

즉 행위자와 관찰자 사이에 일정한 거리를 유지고 있는 것이다. 그러한 기법은 기본적으로 작중 인물에 몰입되는 현상을 막는 객관성 유지의 효과를 가질 뿐만 아니라 행위자와 관찰자가 중첩되면서 현실의 세계에서 보이지 않는 연관 관계의 양상을 작품의 세계 속에서 드러내주는 효과를 지닌다.[46] 이 작품에서 작가가 선택한 방법은 서술자의 시점 확보이다. 그것은 소설 속의 화자를 작가로 설정하여 감독에게 보내는 편지의 형식으로 표출되고 있다. 그래서 실제의 작가인 이청준과 그가 설정한 작가인 이준섭, 그리고 이준섭이 그의 글에서 주인공으로 삼은 준섭이 등의 이중, 삼중의 시각을 확보하고 있는 것이다. 그래서 소설 자체와 소설 속의 소설이 교류하면서 객관성을 담보해내는 것이다.

> 이런 글에서 굳이 제3자 시점의 화자를 내세운 것은, 1인칭 시점이 당시의 제 감정과 실제 정황에 더 충실할 수는 있겠지만, 그보다 자식으로서 제 어머니의 일을 직접 말하기가 매우 어색하고 송구스러울 뿐만 아니라, 심정적으로 훨씬 노인의 일을 미화하고

---

46) 졸고, 『1960년대 한국소설 연구』, 문예미학사, 2000, pp.186-196 참조.

과장할 가능성이 클 것 같아섭니다. 1인 칭보다는 3인칭 시점의 객관적 진술 형식으로 그 폐해를 줄여 보자는 의도에서지요.[47]

이 점은 이 소설이 실제로 작가 이청준과 영화감독 임권택의 작업에 의하여 영화로 만들어졌다는 상황[48]을 감안한다면 작가와 감독 간의 서신 연락은 작품의 공간과 현실의 공간을 넘나드는 요소로 작용할 수도 있다. 그것은 오히려 작품의 세계와 현실의 세계를 혼동하게 하는 결과를 낳을 수도 있지만 작가는 오히려 그것을 소설적 객관성을 확보하는 거리의 통제(control of distance) 기법으로 사용하고 있는 것이다. 기존의 소설 형식을 파괴하면서 익숙한 소설적 전개방식에 역행하는 이른바 '낯설게 하기'의 일환으로 이용된 것이다.

미리서 제3자 화자의 시점까지 빌려 시작한 글이었지만, 자식으로선 지금에 이르러서도 적절한 자제력이 불가능했던 것 같습니다. 실은 당시의 제 솔직한 심정이 그만큼 미묘하고 혼란스럽기도 했고요. 더욱이 문자라는 기호와 상상력만을 매개로한 글의 표현은 그 하나하나의 상황(시각적이고 청각적인 부분까지)을 오직

47) 이청준, 앞의 책, p.34.

48) 이 소설은 이 소설을 원작으로 삼아서 제작된 같은 제목의 영화(임권택 감독, 1996)와 동시에 발표되어 화제를 낳았다. 더불어 비슷한 시기에 『학생부군신위』(박철수 감독, 1995)라는 영화가 개봉되어 화제를 낳기도 하였다. 두 작품 모두 장례의식을 본격적으로 다룬 작품이라는 공통점을 가지고 있으면서 『축제』가 호남지역의 장례의식을 기반으로 하면서 가족 간의 화해하는 주제에 중점을 두고 전개되는 데 반하여 『학생부군신위』는 영남지역의 장례의식을 기반으로 하면서 장례 절차에 초점을 맞추어 사건이 진행된다는 차이점이 있어 대비되었던 것이다.

단선적인 시간 서순에 따라 길게 서술해 나갈 수밖에 없어, 그 때문에도 그 시각과 청각의 동시·복합적 표현물인 영화는 달리 그것이 더욱 단조롭고 지루하게 느껴지셨을 줄 압니다. 시골에선 그 때 이미 수시(收屍)와 고복(皐復)까지 치르고 난 상황이었지만, 글 속에선 그런 것도 어디에나 끼어넣을 엄두를 못냈으니까요.[49]

더불어 이 작품이 소설과 영화의 차원에서 동시에 이루어진 작업임에도 불구하고 작가는 각 장르의 특성에 대하여 확실한 인식을 하고 있었던 것으로 보인다. 소설이 영화를 만들기 위한 준비 단계의 작업, 혹은 시나리오의 스토리를 제공하는 수준으로 전락하는 것을 방지하고 독자적인 영역을 확보할 수 있도록 배려하고 있는 것이다. 이런 점 때문에 이 작품이 영화로 만들어졌음에도 불구하고 소설로서의 예술적 가치를 인정받을 수 있는 것이다.

그러고 보니 차제에 결국 소설을 만들어 볼까 싶던 그간의 제 욕심이 더 노골적으로 드러나고 만 셈입니다만, 일이 실제로 그렇게 된다면, 지금까지의 이야기들에는 영화하고는 별개의 소설적 질서가 부여되고, 다른 이야기들도 더 필요해질 수 있는 일 아니겠습니까. 영호와는 매체의 성질이 다른 만큼 이야기의 구조나 흐름(종말)도 상당 부분 달라질 수 있겠구요. 아직 어떤 식으로 작정이 내려진 것은 아닙니다마는, 이를테면 이 종말도 뒤에 덧붙여 드린 데까지 더 계속되어 나가거나, 아니면 장혜림과의 이야기나 사진촬영 과정을 생략하고 준섭이 바로 산으로 올라가는 진행으로 바꾸어 버릴 수도 있겠지요. 경우에 따라서는 소설 역시 영화

49) 이청준, 앞의 책, p.80.

처럼 이쯤에서 마무리가 지어지고 말거나.[50)]

하지만 이 작품의 가치가 기법상의 문제에 한정되는 것은 결코 아니다. 전술한 바와 같이 상례 의식을 추보적으로 제시하여 현장감을 살려주고 있으며, 무엇보다도 가족이라고 하는 단위가 가질 수 있는 사회적 의미와 그 역할에 대한 천착이 수반되어 있기 때문이다. 이 소설에서 보이는 거의 유일한 갈등이라고 보이는 용순이와 다른 가족 간의 불화가 장례의식을 치르는 과정에서 융화되고 화해에 이르게 되는 것이다. "제 아버지의 주검 곁에 혼자 버려져 남은 아이"로 인상이 새겨진 용순이는 "지난날 이 집안의 곤핍했던 한 시절과 돌아가신 노인네의 어두웠던 주변사들"을 대변해 주는 인물이다. 그와의 화해는 어두운 과거와 단절하여 미래지향적인 삶을 전망하는 가족의 모습을 제시하는 것이다

> 모두들 음울하고 무거운 분위기를 걷어내고 전날과 같은 일상으로 돌아가고 있는 모습이었다. 그러나 준섭이 원일에게 긴 발 접어둔 채 그냥,
>
> "여기 상청 앞으로 식구들 좀 모이시래라. 우리 여기자님이 가족 사진을 한 장쩍 어주고 가시 겠 단다."
>
> 간단히 몇 마디로 사진 촬영 채비를 일렀을 때도 그것을 새삼 멋쩍어하거나 별스러워하는 벗을 보인 사람이 아무도 없었다.
>
> 하고 보면 장혜림은 어쩌면 자신이 지녀갈 선물보다 준섭을 포함하여 노인의 뒤에 남은 이 집 사람들의 뒷날을 위해서, 그녀가

50) 이청준, 앞의 책, pp.291-292.

거꾸로 남기고 가소 싶은 선물로 그 이상한 사진을 생각해낸 것인지도 몰랐다. 그것은 누구보다 용순에 대한 그녀의 각별한 관심과 배려에서도 역력히 드러났다.

"용순 연닌 뭐하세요. 빨리 이리 와서 끼여 서지 않구요. 삼촌이랑 식구들이 기다리고 있지 않아요."

장혜림이 마당 한가운데에 카메라를 치켜든 채 앞에 모여선 가족들을 하나하나 확인해 나가다가 이날따라 어딘지 풀이 죽은 모습으로 그 상청 주위를 주볏쭈볏 맴돌고 있는 용순을 보고 전에 없이 더 큰소리로 불러대고 있었다. 그리고 용순이 비로소 못 이긴 척 스적스적 친구들 한쪽 가로 자리를 붙여 서는 것을 보고 아까부터 옆에서 팔짱을 지르고 구경하던 새말까지 그 용순을 핑계 삼아 한 바탕 허물 없는 농담소리를 보냈다.

"그래라. 그렇게 한쪽 가상이로 빼꼼히 붙어 서지 말고 그 한가운데, 니 자애롭고 인정 많은 큰엄니 곁으로. 너는 속이 어쩔랑가 모르겄다만, 너를 빼놓고 이런 사진을 찍었다간 돌아가신 할머님이 벌떡 일어나 쫓아내려 오실지도 모른께……!"[51]

한국인에게 삶과 죽음은 단절된 것이 아니다. 산 자의 세계인 이승과 죽은 자의 세계인 저승 간의 거리는 그렇게 멀지 않다. 제삿날 밥을 먹으러 다녀갈 수 있는 정도의 거리인 것이다. 따라서 죽은 후의 세계에 대하여 왈가왈부하는 것은 무의미한 일이며 현세의 일에 관심을 두는 것이 현명한 모습인 것이다. 이미 죽은 사람도 언제든지 현세에 개입할 수 있다. 죽은 자도 가족의 일원으로 그 역할을 담당하는 것이다. 요컨대, 장례의식을 치르면서 최소의 사회 단위로서 가족의 의미를 확인하는 것이

51) 이청준, 앞의 책, pp.290-291.

다. 특히 산업사회의 영향으로 에서 분리된 것으로 인식되던 대가족 집단이 그러한 의식을 통하여 혈연공동체로 재정립되는 것이다.

### 2) 격동하는 한국근현대사의 표출

한국소설의 특징으로 꼽을 수 있는 것 중에 하나가 장·단편을 가리지 않고 거시적 역사의식이 담겨 있다는 것이다. 특히 사소설(私小說)류가 주축을 이루는 일본소설과 대비해 본다면 그 특성이 뚜렷이 드러날 수 있을 것이다. 이는 한국인의 삶 자체가 현대사의 격변을 겪어온 것이었고 그것을 소설 작품으로 형상화한 결과에 의하여 나타난 것이다.

장례의식을 소재로 삼은 작품은 대부분 죽은 자의 인생 역정에 대한 회고나 평가가 수반되고 있는데, 그러한 죽은 자의 인생 역정이 현대사의 격변과 어울려 역사의식을 표출하는 장치로서 작용하는 것이다. 그것은 직설적인 설명이나 묘사로 이루어지기도 하지만 간접적인 암시를 통하여 전달하기도 한다. 그러한 암시의 장치는 문학적 감동을 일으키는 효과가 있기도 하지만 특히 정치적이나 통념적인 이유로 예술 표현이 일정 부분 제한되었던 1970년대와 1980년대의 작품에 그러한 경향이 나타나는 것도 특기할 만한 사항이 아닐 수 없다.

황석영의 「북망, 멀고도 고적한 곳」(1973)은 사흘 전에 돌아가신 어머니의 장례를 치르기 위해 까막골을 찾은 청년의 이야기이다. 이념의 회생자로서 암매장될 수밖에 없었던 아버지의 시신을 찾아 어머니와 합장(合葬)하기 위한 것이다.

아버지를 몰래 묻어주었던 친구 분을 뵈어 아버지의 묘를 찾고, 어머니의 유골과 함께 묻어주는 과정이 그려져 있다.

> 장지가 예서 먼가요?
>
> 아니 저 기야.
>
> 노인은 그들이 앉은 언덕의 휘어진 능선을 손가락으로 가리켰다.
>
> 저기…… 소나무가 일산처럼 굽어 서 있는 그 아래지. 그쪽 오백 평은 내가 준비해둔 거야.
>
> 가십시다.
>
> 청년이 한지로 싼 뭉치를 얹은 상자와 칠성판으로 쓸 송판을 짊어지고 일어섰다.
>
> 등성이에 올라서자 높고 낮은 야산이 사방으로 꾸불거리며 뻗어간 게 보였다. 하늘에는 구름 한 점도 없었다.
>
> 그쪽 땅은 분말이 굵은 황토였다. 잔돌이 끊임없이 패어나왔다. 노인이 지시했다.
>
> 이장 묘는 깊이 파지 않는 걸세. 무릎 근처면 되네.
>
> 칠성판의 넓이만큼 팠다. 어지간히 자리가 잡히자 상수는 조금 높이고, 하족은 밑으로 더 팠다. 칠성판 위에 아까 싸놓았던 뼈들을 순서에 맞춰 늘어놓았다. 청년이 라면상자 속에서 광목과 한지에 산 모친의 유골을 꺼냈다. 노인이 떨리는 목소리로,
>
> 어디…… 어디 좀 보여주게.
>
> 펼쳐진 종이 위에는 한 두어 줌 되어 보이는 골편들이 있었다. 노인은 그것들 위에 손을 가만히 얹었다, 그의 손이 부들부들 떨려서 골편 몇 개가 멀어졌고 노인은 그것을 주워올렸다. 청년이 아버지의 형해 위에다 압석의 파편과도 같은 어머니의 뼈를 떨어

뜨렸다. 검은 뼈 사이에서 노란 뼈는 곧 판별할 수 있었다. 그 석회질들은 기묘한 모양을 이루어 섞여 있었다. 한참이나 그것을 이윽히 내려다보던 청년이 광목을 펼치면서 말했다.

전생에 무슨 일이 있었는지, 제가 알게 뭡니까. 저는 그저 어머님 원하시던 대루 해드릴 뿐입니다.

그이들을 아는 건 이제 나뿐일세

노인이 발하고서 짓무른 눈을 손가락으로 자꾸만 비볐다. 청년은 펼친 광목을 칠성판의 위서부터 뚤뚤 휘감고 상하로 단단히 싸매어 구멍 속에 뉘었다. 청년이 흙 한삽을 푹 뜨는데, 노인이 나섰다.

가만…… 노인은 흙 한줌을 쥐어 흰 광목 위에다 흩뿌렸다. 청년이 흙을 재빨리 덮기 시작했다. 성묘가 다된 다음 두 사람은 탈진해서 오랫동안 등성이에 앉아 있었다. 뭔가 뚫어지게 보고 있던 노인이 중얼거렸다.

자네 아나? 한(恨)이 란 건…… 색깔이 있다면 똑 저 모양일 걸세.

청년이 고개를 들어 그쪽을 건너다보았다. 청천 하늘을 배경으로 지나가는 맞은편 능선의 중동이가 사태로 비스듬히 잘려 있었다. 한 입 베어문 홍도(紅桃)처 럼 단애의 속빛은 더욱 강렬했다.[52)]

이 작품은 이장(移葬) 혹은 합장(合葬)의 모습을 보여주고 있다. 물론 이장이나 합장 역시 유가사상을 기저에 깔고 이무어지는 장례형식이지만 이 작품에서 나타나는 것은 정상적인 장례절차에서 벗어난 형태이다. 상주가 혼자서 장지를 찾는다는 것

52) 황석영, 「북망, 멀고도 고적한 곳」, 『삼포가는 길』, 창작과비평사, 2000, pp.305-306.

부터 부친이 묘를 모르고 있다는 것까지 전통적인 유가사상에 의거하면 배은망덕한 행위가 아닐 수 없다. 그렇지만 그러한 행위의 원인이 개인적 차원에 있는 것이 아니라 역사적 차원에 존재하는 것이기에 등장인물의 행위가 보편성을 획득할 수 있는 것이다.

소설 속에서는 아버지의 죽음에 대한 구체적인 설명이 없다. 아버지가 죽을 수밖에 없었던 사건에 대한 언급이 없는 것이다. 단지 "그 녀석이 다쳐 가지군 숨어있었지. 총 든 자들이 와서 잡아냈구……"라든가 "그렇지. 밤에… 자네 부친시신을 내가 아무도 몰래 수습해다 묻었지. 나중에 입관시키느라구 고생했네만……"라는 등의 배씨 노인의 말을 통하여 짐작할 수 있을 뿐이다. 실제로 작품이 발표된 시기와 연결시켜서 역사적 배경에 대한 지식을 따로 가지지 않는다면 파악하기가 어렵다. 이 점은 이 작품이 가지는 단점으로 작용하기도 한다. 독자가 내용을 이해하기 위하여 따로 지식을 습득해야 된다면 그 소설의 작품성을 의심할 수 있기 때문이다. 그렇지만 오히려 그러한 모호성이 시대를 초월한 공감을 만드는 결과를 낳을 수도 있다. 주인공의 아버지는 일제강점기에 독립운동을 하던 지사일 수도 있고, 한국전쟁 직후의 빨치산 활동을 하던 자일 수도 있으며, 자유당 정권에 반발한 반정부 활동을 하던 자일 수도 있는 것이다. 또는 쿠데타로 집권한 군사정권이나 그 정권이 친위쿠데타로 만들어낸 유신정권에 맞서 싸우던 혁명이론가, 혹은 1960년대부터 불어닥친 근대화·산업화 과정에서 소외계층으로 나타난 노동자로서 노동운동을 하던 자일 수도 있다. 이렇게 시대에 따라서 아버지의 활동의 내역은 달라진다. 그렇지만 이념과 상황은 다로더라도 한국현대사의 격변 속에서 희생된 인물이라는 점은 일맥상통한다. 이 소설이 발표된 이후에도 또 다른 역사적 희생자를 낳은 사건들이 벌어졌고, 앞으로도 벌어질 수 있는 것이다.

이장(移葬)을 소재로 하여 이념의 문제를 다룬 소설로서 문순태의 「철쭉제」(1981)를 거론할 수 있다. 지리산을 배경으로 하여 한국전쟁 때 머슴이었던 자에게 끌려가 살해와 암매장을 당한 아버지의 시신을 찾아오는 과정을 그린 작품이다. 하지만 이 작품은 이장의 절차나 과정에 대한 묘사가 약하고 지리산의 경치에 대한 묘사가 강하여 마치 한 편의 기행문을 보는 듯한 느낌을 준다. 그러한 서경적묘사가 이 작품의 예술성을 높여주고 있는 것이다. 가매장 당했던 아버지의 유해를 찾아내어 다시 안장하는 장변에서도 그러한 경향이 드러나고 있다.

> 세석평전 철쭉꽃밭에 내려와 전날에 유골을 파냈던 그 자리에 봉긋하게 봉분을 만들어 아버지 유해를 안장(安葬)했다.
> 봉긋한 아버지의 무덤 위에 철쭉꽃 그늘이 우쭐거렸다.
> "저 꽃들이 아버님의 모습같이 느껴지는군요."
> 내 말에 박영감도 고개를 커다랗게 끄덕이면서,
> "이름난 한량이었던 어르신은 죽어서도 저렇게 멋들어지는구먼!"
> 하고 푸실하게 웃어 보였다.
> "내년 철쭉제에도 꼭 오겠습니다."
> "그래야재. 내년 철쭉제에 와서 어르신을 뵙고 가야재!"
> 멀리서 보는 아버지의 무덤은 탐스러운 철쭉꽃 묶음이었다.
> "지도 후담에 죽으면 세석평전 철쭉꽃밭에 묻히고 싶구먼요!"
> 지금껏 말이 없었던 박 판돌이의 그 말에 나는 처음으로 그를

보면 씽긋 웃었다."[53)]

하지만 그저 지리산의 경치를 묘사하는 것에 그치지 않고 그러한 배경적 요소와 이장을 통한 사건적 요소가 어울려 이념과 신분을 뛰어넘는 화해를 제시하고 있다. 이른바 휴머니즘에 입각한 역사의식이라고 할 수 있을 것이다. 한국현대사의 비극이 이념의 대립에서 나온 것만이 아니라 그보다 뿌리 깊은 신분의식, 혹은 혈연의식에 근거한 사고방식에 의한 것이라는 사실을 지적하고 있다. 신분질서와 그것을 극복하려는 노력들, 거기에서 파생된 원한과 복수 등에 의하여 비극이 이어지고 있는 것이다. 이 작품에서는 그러한 갈등이 지리산을 봄 경치 속에 녹아들어 결국에는 용서와 화해로 마무리하게 된다.

장례가 갈등을 해소하는 장치로 사용되는 예는 여러 작품에서 찾아볼 수 있다. 더 이상 이승에서의 관계를 유지할 필요가 없으므로 과거의 일이 용서될 수 있는 계기가 되는 것이다. 해방, 분단과 전쟁, 혁명과 정변, 그리고 독재정권의 탄압과 거기에 대한 저항으로 점철되었던 한국의 현대사에서 인물 사이의 갈등은 개인적 차원을 넘어 경험에 의한 이념과 가치관의 대립으로 나타나는데, 그러한 대립을 해소하는 장치로서 죽은 자에 대한 이해와 회환이 작용하는 것이다.

김원일 「미망」(1982)은 주인공의 집에 같이 살고 있는 어머니와 할머니, 즉 고부간의 갈등을 그린 소설이다. 그렇지만 그

---

53) 문순태, 「철쭉祭」, 『제4세대 한국문학 21』, 삼성출판사, 1983, p.241.

갈등은 가족관계 속에서 지위를 점령하기 위한 투쟁이 아니라 두 분이 살아오신 인생역정이 상이한 탓에 나타나는 것으로 보인다. 그 인생역정이라는 것이 한국의 현대사의 전개와 무관하지 않다. 그래서 이 소설은 전쟁과 분단의 문제가 이변에 숨어 있는 작품으로 평가받고 있다.

외모와 성격이 판이하게 다른 할머니와 어머니의 갈등은 살이 끼어 운명적으로 일어날 수밖에 없었던 것이 아니라 신분의 문제에서부터 사상의 문제에 이르기까지 그들이 처한 상황에 의하여 만들어진 것이다. 사고무친의 입장에서 열아홉에 뜨내기 홀애비에게 시집을 왔던 할머니, 그리고 재산을 다 날려 백수건달이 된 적빈한 유생의 막내딸로서 처지나 문별을 따지지 않고 시집을 오게 된 어머니, 그리고 혼인을 일주일 앞 둔 상태에서의 할아버지의 죽음, 그것으로 야기된 할머니의 어머니에 대한 타박과 험담, 무엇보다도 “그노무 빨갱이 공부를 하는지 기집질을 하는지” 한 해의 반 이상 집을 비우고 외지 풀입을 하던 남편으로 기억하는 어머니와 “대역죄인 아들이라고 남에게 아들 말 한분 속시원히 몬 해보고, 한이 되고 암이 돼도 이날 이때꺼정 보도연맹에 자수한 아들이라며” 기다리는 정성을 잃지 않았던 할머니의 아버지에 대한 시각의 차이는 바로 우리 현대사의 양극단을 전형화한 것으로 보인다. 그렇다고 그들이 서로를 이해하지 못하는 것은 아니다. 어머니에 대한 청보를 할머니에게서 듣고, 할머니에 대한 정보를 어머니에게서 들을 수 있다는 것은 그들이 서로를 잘 이해하고 있다는 증거이다. 그렇지만 그들은 결코 화합할 수 없다.

> 시장 입구에 있는 장의사와 윤내과로 들르기 위해 내가 골목길을 허겁지겁 뛰어갈 때, 저 맞은 편에서 어머니가 준옥이와 나란히 이쪽으로 걸어오고 있었다. 어머니는 한 손으로 준옥이의 손을 잡고, 한 손에는 비닐봉지를 들고 있었다. 나의 다급한 걸음과 얼룩진 눈을 보고도 어머니는 애써 시선을 피했다. 나중에 안 일이지만 어머니가 들고 오신 그 비닐봉지 속에는 갈치 두 마리가 들어 있었다.
>
> 그날 저녁 고모가 할머니의 유품을 정리할 때, 사십여 년을 차고 다닌 낡은 비단 꽃주머니 속에서 동전 삼백 원과 닳은 증명서 한 장이 나왔다. 그 증명서는 누렇게 색바랜 아버지의 손톱 만한 사진이 붙은 '보도연맹 가입증'이었다.[54)]

그러한 불가능한 화해를 가능하게 만든 것이 바로 할머니의 죽음이다. 할머니의 죽음은 그 자체로는 갑작스러운 사건이지만, 이미 구순을 앞둔 처지였기에 가족에게는 당연한 것으로 받아들여지는 것이다. 어머니로서는 진작에 할머니에 대한 이해를 바탕으로 하고 있기에 더 이상 사회적 관계를 유지하지 않는 할머니와의 대립이 무의미할 수밖에 없다. '갈치'로 상징되는 화해의 매개물은 어머니가 집으로 돌아가는 순간에 필요 없는 사물이 되겠지만, 그들의 대립이 해소되었음을 보여주고 있다.

장례의식은 기본적으로 가족 단위의 공동체를 기반으로 하는 의례 행위이기 때문에 그 절차와 과정에서 크고 작은 충돌이 일어나지 않는 것이 합당하다. 가족 단위의 공동체는 학습과 경험에 의한 지식이 동일하기 때문이다. 그렇지만 한국사회에서 벌어지는 장례의식은 유림장이라고 하는 엄격한 기준이 있음에

54) 김원일, 「미망」, 『한국소설문학대계 57』, 동아출판사, 1995, p.459.

도 불구하고 미묘한 차이를 가진다. 그것은 가족 단위라고 하더라도 서로 다른 경험을 가질 수밖에 없도록 만든 한국 현대사의 격동에 기인하는 것이다. 작품 속에서 나타나는 가족 간의 갈등은 이산(離散)과 그에 따른 상이한 경험과 사고를 바탕으로 둔 대립에 기인하는 것인데, 그것은 바로 한국현대사를 소설적으로 형상화한 것이다.

## 5. 맺음말

본 연구는 한국현대소설에서 장례의식을 다룬 작품들을 대상으로 하여 한국인의 생사관을 파악하고, 그것을 바탕으로 하여 한국인의 정체성을 정립하고자 하였다. 비록 본 연구에서 대상으로 한 작품들이 한정된 범위에 그쳤을 뿐만 아니라 그 해석에서도 오류가 있을 수 있지만 본 연구가 목적으로 하는 바를 검증하는 데는 효과가 있었다고 보인다.

한국의 장례의식은 죽은 사람을 위한 것이 아니라 살아있는 사람을 위한 것이라는 가설은 작품 속에서 드러나는 양상에 의해서 증명되었다. 한국소설에 나타나는 장례의식의 양상은 죽은 자의 정체성뿐만 아니라 그와 관계된 산 자의 정체성을 언급하고 있다는 것, 죽은 자가 이승에서 저승으로 옮겨가는 과정일 뿐만 아니라 그로 인해 산 자의 정신적·사회적 성장을 도모하는 통과제의로 작용한다는 것, 그리고 죽은 자와의 관계를 매개로 하여 산 자의 사회적 교제의 장으로 활용된다는 것 등으로 분석해 볼 수 있었다.

이렇게 분석한 결과를 다시 종합해보면 한국현대소설에서 장례의식을 제재로 삼아 나타내고자 했던 것은 가족 단위 중심의 가치관을 바탕으로 하는 현실지향적 사고를 가지고 있다는 사실이며, 더불어 한국소설이 거시적인 역사관을 담고 있다는 사실과 맞물려 한국현대사의 격동기를 살아오면서 가지게 된 대립의 요소를 해소하는 계기를 제공하고자 했다는 것을 알 수 있다.

이러한 일련의 연구를 통하여 얻을 수 있는 결론은 역시 한국인은 현실지향적이라는 사실이다. 한국인에게 삶과 죽음의 경계는 큰 의미가 없다. 죽음이라는 것은 또 다른 삶의 형태이고, 죽은 자도 산 자와 함께 어울리면서 지내는 것이다. 따라서 저승에서의 삶을 예비하기보다는 이승에서의 삶에 관심을 두고 살아간다. 그것은 바로 '팔자소관'이라는 말로 대변되는 운명론으로 이어진다.

그렇다 보니 내세관이라고 내세울 만한 것이 따로 없어 보인다. 이는 유교라는 종교적 입장을 주장하면서 내세관을 따로 두지 않는 유가사상과 상통한다.

그래서 한국인의 현실지향성과 삶과 죽음의 경계를 짓지 않는 생사관은 유가사상의 영향에 의하여 형성된 것이라고 파악할 수도 있다. 그렇지만 이는 선말이 전도된 것으로 보인다. 한국인의 장례의식은 유가사상적 바탕을 기저에 깔고 있기는 하지만 무속신앙적 요소가 많이 가미되어 있으며, 불교신앙적 요소와 기독교신앙적 요소가 혼재되어 나타나고 있다. 이는 한국인의 정서가 유가사상에 근거한 가부장적이고 보수적인 것만은 아니라는 사실을 말해준다. 말하자면 유가사상에 의거하여 현실지향적이 된 것이 아니라 현실지향적인 정서를 가지고 있었기에 내세관을 따로 설정하지 않는 유교적 경향을 수용하게 되었던 것으로 보인다.

한국인이 체면과 명분을 중요시하는 것도 유가적 사상에 기인한 것이라기보다 농경사회적 전통에 근거하는 가족 단위의 공동체 생활을 유지한 사실에 기인하는 것으로 파악된다. 농경사회는 일정한 지역에서 한정된 인물들이 공동체를 이루며 사는 양상을 보인다. 그 구성원의 외모와 성격까지도 노출되어 있는 사회에서 체면과 명분은 언행과 활동의 가치를 판단하는 기준이 되기 때문이다. 그러한 정서와 예의를 중시하는 유가사상의 교리는 어울리기 쉬웠던 것으로 짐작된다. 따라서 유림장의 형식과 절차를 그대로 고수하지 않으면서도 그 원칙을 수용하여 간소화한 절차와 과정을 만들어내고 그것을 전수하여 습득하게 된다. 때때로 장례 절차에 대한 의견이 대립되는 모습을 보이는 것은 그러한 전수와 습득의 과정에서 일어난 차이에 기인하는 것이다.

그러한 농경사회적 전통이 있기에 한국인은 화해를 중시 여긴다. 그렇지만 그 화해는 대립의 본질적인 원인을 건드리지 않는 화해이다. 원인을 규명하고 그것을 제거함으로써 수반되는 화해가 아니라 그 원인에 대한 언급을 회피하는 무연의 화해인 것이다. 그러므로 그것은 타협에 가깝다. 그러므로 화해를 하면서도 과거의 일을 잊지 않는 의고적인 양상을 보인다.

또 한 가지 빠뜨릴 수 없는 점이 한국현대소설에 나타난 장례의식에는 그 등장인물이 살아왔던 인생 역정이 드러나 있고, 그것은 한국현대사의 맥락과 연결되고 있다는 사실이다. 해방, 분단, 전쟁, 혁명, 정변, 독재, 저항 등등으로 이어지는 정치적 격동과 농경사회에서 산업사회로, 그리고 정보사회로 급격히 변화해온 사회·경제적 환경이 용해되어 있는 것이다. 그러한 인생이었기에 그것은 반추하게 되는 장례의식을 통하여 역사관이나 정치관을 피력하게 되는 것이다. 이는 현대의 한국인이 표면적으로는 정치에 대하여 환멸을 가지고 있거나 무관심한 것처럼 보이지만 사실 심층적으로는 정치에 관심이 매우 많을 수밖에 없다는 사실을 암시한다.

한 가지 아쉬운 점은 본 연구를 진행하면서 여러 작품을 시대적으로 구분하고 지역적으로 분류하여 그 차이를 대비하여 보고자 했으나, 실제로 그 차이를 발견할 수가 없었다는 점이다. 소설 작품에서는 상례절차의 지역성을 드러내고 있는 작품을 발견하기 어려웠으며, 영화 작품에서 약간의 지역적 차이를 볼 수 있었으나 작품의 주제나 의미에 영향을 미칠 만큼 중요한 사항이 아니었다. 물론 구체적인 현장 자료를 사용했다면 그 차이를 대비해 볼 수도 있을 것으로 추측되지만, 최소한 문학 작품에 나타나는 상례 의식에서는 그 차이가 드러나지 않고 있다. 이는 문학 작품을 대상으로 하는 문화인류학 혹은 민속학 연구의 한계를 드러내주는 부분이기도 하지만, 문학 작품의 총체성 및 전형성을 고려한다면, 어느 정도의 차이에도 불구하고 한국인의 죽음에 대한 인식이나 상례 절차가 가지는 의미가 시대적으로나 지역적으로 다르지 않다는 사실을 반증하는 것으로 파악된다.

본 연구는 문학 작품에 나타난 장례의식을 통하여 한국인의 정체성을 도출하였다. 그렇지만 이러한 결론은 일정한 부분에서 관념적이거나 추상적인 면이 없지 않다. 혹은 한정된 범위의 소설에서 나타나는 양상만을 통하여 도출한 것이기에 성급하게 일반화시켰을 가능성도 없지 않다. 그러므로 본 연구가 가치를 제대로 가지려면 몇 가지 미비한 점에 대한 보충이 필요하다. 이것은 본 연구의 논의가 방만해지는 것을 막기 위하여 의도적으로 거론하지 않은 부분이지만, 이러한 연구가 수반되어야 한국인의 생사관에 대한 정확한 인식과 그것을 통한 정체성의 규명이 올바르게 정립될 수 있을 것이다.

첫째, 우선 연구 대상의 확대이다. 이는 일단 본 연구에서 대상으로 삼은 작품이 한정적이라는 사실에 기인한다. 그렇지만 본 연구에서 대상으로 삼지 않은 작품들에 대하여 관심을 가질 필요가 있는 것이다. 특히 이 연구의 대상으로 적합한 작품은 철저히 유가사상적 기반에서 쓰여진 작품들, 그러니까 이른바 고전문학의 작품일 수도 있다. 물론 굳이 현대문학, 그 중에서도 소설을 대상으로 한 이유는 현대사회에서 다양하게 변용된 장례의식의 의미를 파악하기 위해서였다. 그럼에도 불구하고 한국현대소설의 범주 안에서도 아직까지 제대로 다루지 못한 작품들이 많이 있는 것도 사실이다. 이 주제에 대한 계속적인 관심과 연구를 통하여 보충해야 할 것이다.

둘째, 다양한 장례의식에 대한 비교연구이다. 본 연구에서 제대로 다룬 장례의식은 결국 유림장에 국한되고 있다. 비록 한국의 장례의식이 그것을 기반으로 한다고는 하지만 여타 다른 문화의 영향에 의하여 변용된 형태의 장례의식에 대한 구체적인 연구가 진행된다면 그것이 소설 속에 나타나는 양상을 더욱 세밀하게 찾아볼 수 있으리라 보인다. 특히 무속신앙에 근거한 장례의식의 변용 양상에 대하여 연구한다면 오히려 유가사상에 의한 장례의식에 대한 연구보다 한국인의 정체성을 파악하는데 더욱 구체적이고 심층적인 결과를 얻을 수 있는 가능성이 있다.

셋째, 자살이나 살인, 사고 등을 통한 죽음을 다룬 소설과의 주제적 비교가 필요하다. 그 동안 죽음 일반에 대하여 다룬 연구가 없었던 것은 아니지만, 그런 연구에서는 죽음의 양상을 구별하지 않고 진행되었다. 따라서 자살에 의한 죽음에서 나타나는 생사관, 살인 또는 사고에 의한 죽음에서 나타나는 생사관 등을 따로 연구하여 그 성과와 본 연구의 성과를 비교 검토하는 작업이 필요할 것이다.

무엇보다도 외국문학에서 나타나는 장례의식에 대한 연구가 필요하다. 이는 자국 연구자들이 수행하기를 기대하고 있는 바이지만, 각국의 문화공동체가 가지는 생사관과 그것을 통하여 본 그들의 정체성에 대한 연구가 이루어졌을 때, 그 성과를 가지고 본격적인 비교문학적 연구가 가능해질 수 있으리라 믿는다. 예를 들어, 서구에서는 죽음을 맞이한 방식에 따라 장례절차의 차이가 드러나는 반면, 한국에서는 죽은 이의 사회적 지위에 따라 장례절차의 차이가 나타나는 점 등은 충분히 비교의 가치가 있는 것으로 보인다.

본 연구는 현대의 한국이라는 시대적, 지역적 특수 환경 속에서 드러나는 양상에 초점을 맞추어 진행된 것이다. 여러 문화가 보편적 요소를 가지고 있다면, 그 보편적 요소가 시대와 지역에 따라 변용되어 나타나는 원인을 찾는 작업은 중요한 의미를 지니고 있다고 보이기 때문이다. 그래서 그 원인에 대한 비교를 통하여 문화의 상대성을 제대로 파악할 수 있을 것이다. 그러나 본 연구가 그러한 역할을 담당할 만한 성과를 이루었다고 보기는 힘들다. 다만, 이러한 연구의 성과가 누적되어 발전적 연구의 자료로 활용됨으로써, 편협한 시각에서 개별 문화를 재단하는 것이 아니라 다양한 관점을 수용하여 각각의 문화를 이해할 수 있게 되기를 바라는 것이다

## 〈참고 문헌〉

권오현, 『1960년대 한국소설 연구』, 문예미학사, 2000.
김소월, 「招魂」, 『원본소월전집』, 홍성사, 1982.
김원일, 「미망」, 『한국소설문학대계 57』, 동아출판사, 1983.
문순태, 「철쭉祭」, 『제3세대 한국문학 21』, 삼성출판사, 1983.
박완서, 「길고 재미없는 영화가 끝나갈 때」, 『너무도 쓸쓸한 당신』, 창작과비평사, 1998.
염상섭, 「임종」, 『정통한국문학대계 14』, 어문각, 1948.
윤대녕, 「천지간」, 『이상문학상 수상작품집 20』, 문학사상사, 1996.
이인복, 『한국문학에 나타난 죽음의 사적 연구』, 열화당, 1979.
이재선, 『문학주제학이란 무엇인가』, 민음사, 1996.
이재선, 『韓國文學의 地坪』, 새문사, 1981.
이재선, 『韓國文學主題論』, 서강대학교 출판부, 1989.
이재선, 『한국현대소설사』, 홍성사, 1979.
이청준, 『축제』, 열림원, 1996.
장철수, 『韓國의 冠婚喪祭』, 집문당, 1995.
한용환, 『소설어 사전』, 고려원, 1992.
현진건, 「할머니의 죽음」, 『한국단편소설선집』, 계명대학교 출판부, 1999.
황석영, 「북망, 멀고도 고적한 곳」, 『삼포 가는 길』, 창작과비평사, 2000.
Keesing, R. M., 『現代文化人類學』, 전경수 역, 현음사, 1983.
Simone Vierne, 『통과제의와 문학』, 이재실 역, 문학동네, 1996.
『국역 사례편람』, 우봉이씨대종회 역, 이화문화출판사, 1992.

# 한일 근대 창작 동화 속에 투영된 일생의례의 특징*

## -마해송의 「어머님의 선물」과 百田宗治의 「般若の面」을 중심으로-

김 영 순**

## 1. 들어가며

본고에서는 근대에 한국과 일본에서 쓰여진 창작 동화를 일생의례의 관점에서 살피고자 한다. 여러 이야기 중에서도 한국과 일본 작가가 쓴 순수 창작 동화로 초점을 맞춘 것은 이들 창작 동화들 속에서 상징성과 당대의 현재성이 반영되어 있음이 목격되었기 때문이다.

일생의례라는 관점에서 근대시기 한국과 일본에서 발간된 잡지를 살펴보는 과정에서 한국 잡지로는 『어린이』(1923년 창간), 일본 잡지로는 『도우와(童話)』(1920년 창간)에 게재된 창작 동화로 그 범위를 좁혀갔다.

한국에서 『어린이』가 근대에 발간된 아동문예잡지로서 대표성을 띠는 것처럼, 일본 쪽 대상 잡지인 『도우와』 또한 동일한 위상을 갖는다. 『도우와』가 일본 아동문학사에서 갖는 위치를

* 이 논문은 김영순, 「한일 근대 창작 동화 속에 투영된 일생의례의 특징」(『아동청소년문학연구』 제12집, 한국아동청소년문학학회, 2013)을 재수록한 것이다.

** 단국대학교 동양학연구원 연구교수.

살펴보면, "잡지 『도우와』가 『아까이 토리』, 『킨노 후네』(후에 『킨노 호시』)와 더불어 우리나라[1] 다이쇼기(1912-1926)[2]를 대표하는 유력한 아동잡지의 하나였다는 것은 이미 잘 알려져 있다"[3]라는 문장에서도 알 수 있는 것처럼 이 잡지는 『아까이 토리』(赤い鳥, 1918-1929, 1931-1936)를 포함하여 일본 근대 아동문예잡지를 대표한다. 두 잡지에 발표된 창작 동화를 중심으로 사람이 태어나서 죽을 때까지 행해지는 관혼상제를 포함하여 출산 등 인간의 일생에서 행해지는 제반 행사나 의례, 학교나 공부, 가정교육 등 인간이 일생 속에서 통과하는 여러 제도나 관례에 초점을 맞추어 통독하였다.

그런 과정에서 일생의례 중에서도 특히 'Initiation(통과의례)'의 특징을 띠는 요소에 천착하여 공통성을 찾은 결과 한국 작품으로는 마해송(1905-1966)의 「어머님의 선물」을, 일본작품으로는 모모타 소우지(1893-1955)의 「반야의 가면」을 선별하였다. 이 두 작품은 여러 유사점을 공유하고 있다. 1920년대에 양국의 대표적인 아동잡지에 발표되었다는 점, 근대에 쓰여진 창작 동화라는 점, 소년이 주인공이라는 점, 어머니와 아들 관계가 중심 모티프라는 점, 소년들이 심리적으로 어느 시기에 고착되어 있다는 점, 퇴행하는 연령대가 같다는 점, 과거로 회귀하거나 퇴행하였다가 현실로 되돌아온다는 점 등이다.

본고에서 다룰 두 편에는 각각 인간관계 속에서 발생하는 제

1) 원본 그대로임. 일본을 가리킴.

2) 괄호는 본고 연구자에 의함.

3) 鳥越信, 「雑誌『童話』の特色—児童文学史上の位置」, 『雑誌『童話』復刻版別冊《解説・執筆者一覧》』, 岩崎書店, 1982, p.8.

반 문제들이 투영되어 있는데다 상징성이 강하게 담겨진 동화가 고찰 대상이기도 하여 심리학적 비평방법론을 적용하여 이들 동화가 내포하고 있는 의미를 밝히는 것을 목적으로 하고자 한다. 2장에서는 통과의례적인 관점에서 두 작품의 내용을 중심으로 분석하고, 3장과 4장에서는 이러한 작품 분석을 통해 고찰된 특징과 요소를 중심으로 그 의미를 확장시켜 고찰해가고자 한다.

## 2. 내적 체험으로서의 통과의례

### 1) 「반야의 가면(般若の面)」

먼저 작품 발표 연대가 빠른 모모타 소우지의 「반야[4]의 가면(般若の面)」에 대한 고찰부터 들어가고자 한다.

「반야의 가면」[5]에는 어렸을 때 아버지를 여의고, 7살 되던 해에 어머니마저 병으로 잃은 쵸키치(長吉)라는 소년이 등장한다. 도매상에서 일을 도우며 생계를 유지하는 13살이 된 쵸키치는 우연히 장난감 가게에서 본 아름다운 여자 얼굴 가면에게서 눈을 뗄 수 없게 된다.

쵸키치는 "아무리해도 잊어버릴 수 없는 것이 한 가지 있었습니다. 그것은 7살 때 사별한 저 그리운 어머니의 자취였습니다. 쵸키치의 어린 머릿속에는 어머니의 그 부드러운 웃음띤 얼굴

---

4) 귀신처럼 무서운 얼굴을 한 여자의 가면이나 탈.
5) 百田宗治, 「般若の面」, 『童話』(제2권 제2호), 1921년 2월.

이 언제까지나 확연하게 남아있었습니다"[6]에서 알 수 있는 것처럼, 소년은 가면의 얼굴에서 사별한 어머니의 얼굴을 본다. 이런 쵸키치 소년이었기에 우연히 가면을 목격했을 때, "그 선명하게 살결이 희고 갸름한 아름다운 여자 가면 중에 쵸키치는 살아있을 때의 자기 엄마 얼굴과 똑닮은 점을 발견했습니다. 특히 그 가늘고 선이 고은 눈썹, 살짝 들어간 볼, 한없는 부드러움을 담뿍 담고 당장이라도 생긋 웃을 듯한 입가, 그것을 보고 있자니 쵸키치의 마음은 저절로 6년 전의 옛날로 돌아가 그 엄마 품에 안겨 잠들었던 당시의 달콤하면서도 그리운 심정이 떠올랐습니다."[7]라며 과거의 어머니 모습을 떠올리게 된다.

> 쵸키치는 열에 들떠 그 가면을 얼굴에 갖다 대었습니다. 오랫동안 가게 앞에 진열되어있던 그 오래된 가면은 어쩐지 먼지가 끼고 만지면 오싹하니 찬기가 느껴졌지만 쵸키치에게는 그것이 따스한 엄마의 숨처럼도 느껴져 마치 살아있는 듯한 그 얼굴 생김새가 몇 년만에 만난 아들인 자기에게 자상하게 말을 걸어오는 듯한 느낌마저 드는 것이었습니다.[8]

어머니를 연상케 하는 여자 가면에 사로잡힌 소년이지만 장난감 가게 주인은 이를 부모에 대한 효심으로 해석하며 쵸키치에게 가면을 무상으로 주게 되고, 쵸키치는 평상시보다 더 열심히 일을 하면서도 그 여자 가면을 마치 진짜 살아있는 어머니

6) 百田宗治, 「般若の面」, 34면, 본고에 인용된 일본어의 한국말 번역은 본 연구자에 의한다.
7) 위와 같음.
8) 위와 같음.

를 대하듯 하며 7살 어린 시절로 '퇴행'하게 된다. 제도로써 '성인식'이 치루어지는 20세 전 단계인 13살 사춘기를 맞이하는 때는 부모로부터의 심리적인 독립이 선행되는 전초의 시기라 할 수 있는데, 쵸키치에게도 그러한 시기가 도래한 것으로 볼 수 있다. 즉 성장을 위한 통과의례의 시기를 맞이한 것이다. 하지만 쵸키치의 경우는 어린 나이에 맞이한 부모의 죽음, 특히나 7살 지점에 학교라는 제도 속에 들어가기 직전에 맞이한 어머니의 죽음은 심리적인 상처가 되어 소년의 내면에 잠재해 있다가 심리적인 독립과 성장의 시기를 맞이한 소년을 가면에 집착하게 하는 퇴행으로 몰아간다. 그리고 소년은 한도를 모르는 퇴행으로 빠지며 사로잡힐 정도에까지 이르게 되고 도매상 주인이 그런 소년을 걱정하게 되자 소년은 거짓말까지 하게 된다. 이처럼 주위 사람들의 우려대로 소년은 가면과 어머니를 동일시하게 되고 집착하게 된다.

> "아아, 어머니……"
> 쵸키치는 열에 들떠 그 가면을 얼굴에 갖다 대었습니다. 오랫동안 가게 앞에 진열되어있던 그 오래된
> 가면은 어쩐지 먼지가 끼고 만지면 오싹하니 찬 기가 느껴졌지만 쵸키치에게는 그것이 따스한 엄마의
> 숨처럼도 느껴져 마치 살아있는 듯한 그 얼굴 생김새가 몇 년만에 만난 아들인 자기에게 마치 부드럽
> 게 말을 걸어오는 듯한 느낌마저 드는 것이었습니다. (…)
> 하얀 가면은 마치 살아있는 것처럼 쵸키치의 양 손 사이로 역시 쵸키치의 얼굴을 지긋이 응시하고 있었습니다. 그 눈 속에는 맑은 눈동자가 들어있고, 입술은 자주 쵸키치를 재우면서 재미난

옛이야기 등을 들려주었던 그 입술 그대로였습니다.
"어머니 안녕히 주무세요."[9)]

이 창작 동화의 일련의 사건과 흐름을 통해 알 수 있는 것은 소년이 7살 때의 그 심리 상태로 고착되어 있는 채라는 것이다. 소년은 13살이라는 물리적인 나이가 되어 사춘기를 맞이하고 있지만 심리적으로는 7살 그대로인 것이다. 이처럼 소년, 어머니, 여자 가면이라는 이들 관계를 통해서 부모와 심리적인 독립이라는 통과의례 과정에 직면하게 되고, 그러한 과정과의 대면을 통해 하나의 인간으로 성장해가는 여러 단계를 거쳐야다는 점을 유추할 수 있다.

그로부터 몇 시간 지나지 않아 오오가와의 요도야바시 근처 안으로 이어져있는 작은 거룻배 한 척의배 안으로 사람이 떠내려왔습니다. 선장 등이 다가가 끌어올려 보니 견습 점원 모습을 한 귀여운 아이가 소름끼치는 반야 가면을 양 손으로 꽉 부여잡은 채로 거의 숨이 끊어지고 있었습니다. 별 일도 다 있다고 여기면서도 여러 가지 손을 쓰자 요행이도 물을 많이 마시지 않았는지 얼마 후에 숨을 내쉬었습니다.…이 아이가 쵸키치였습니다…쵸키치가 그 날 밤 어두운 사방등 등불 아래에서 본 것은 상냥한 어머니 가면이 아닌 세상에서도 무서우리만치 창백한 반야 가면이었습니다. 장난끼 가득한 다른 아이들이 장난삼아 살짝 바꿔치기 한 것이었습니다. 마음 속에 오직 돌아가신 어머니에 대한 생각으로 가득 찬 쵸키치는 어느 사이 그 가면이 소름끼치는 반야 얼굴로 바뀐 것을 보고 너무나 놀란 나머지 상기되어 근처 강으로 몸을

9) 위와 같음.

던진 것이 틀림없습니다.(「반야의 가면」)[10]

하지만 통과의례는 결코 쉽게 성취되는 것이 아닌 어려움과 고통이 따르는데 이 작품에서도 역시 소년은 죽음의 고비를 맞이하게 된다. 가면에 과도하게 집착하는 소년을 놀려주기 위해 다른 동료 소년들이 아름다운 여자 가면이 아닌 무서운 반야 가면으로 바꿔치기 해놓은 것을 모르고 귀신같은 형상을 한 가면을 보고 소년이 까무러치고 만 것이다. 그리고 강에 스스로 몸을 던져 죽을 위험에 처하게 된다. 요행히도 소년은 간신히 구출되어 목숨을 건져 다시 일터로도 돌아오게 되고 도매상 주인의 힘을 빌러 어머니의 묘도 세우게 된다. 따라서 이 소년의 경우는 퇴행을 통해 죽을 고비를 맞이하지만 그 죽음에서 다시 살아남(재생)으로 인해 7살 때의 고착을 풀고 13살 소년으로서 재탄생하여 다시 앞으로 나아가는 '변화' 및 '성장'의 기회를 포착한 것으로도 해석할 수 있다.

이어서 이러한 「반야의 가면」에서의 특징들을 엮어가며 「어머님의 선물」의 고찰로 들어가고자 한다.

### 2) 「어머님의 선물」

마해송의 「어머님의 선물」[11]의 주인공인 상봉이는 올해로 8

---

10) 百田宗治, 「般若の面」, p.41.

11) 마해송, 「어머님의 선물」, 『샛별』, 1923; 『어린이』, 1925년 12월(재수록); 『가톨릭소년』, 1960년 2월(재재수록). 본고에서는 실물 확인이 가능한 『어린이』를 고찰대상으로 삼았으며, 작가 생전에 수정하여 게

살이지만 어머니가 돌아가신 것은 「반야의 가면」의 쿄키치와 마찬가지로 7살 때이다.

> 상봉이는 올해에 겨우 여덜살된 아조 어린이인대 상봉이를 가장 사랑하야주시던 어머님은 작년 가을에 우연히 병환이 들으서서 숨결갓치 돌아가섯습니다. (…)
>
> 상봉이는 울고 울고 또 울엇습니다.
>
> 그리다가도 『내일은 다시 일어나 주시레니……』하고 한참을 자고 일어나도 어머님은 일어나지 안으섯습니다. 그래도 상봉이는 아조 돌아가신 줄은 밋지 안엇습니다. 언제는 다시 오서서 나의 빰을 대워주시고 나의 옷을 지여주시고, 그리고 과자와 과실 갓흔 것을 만히 갓다 주시레니……하고 기다리고 잇섯습니다.[12]

7살 나이에 어머니를 상실한 점, 시간이 지나도 어머니의 죽음이 소년에게 받아들여지고 있지 않은 점, 심리적으로 7살 나이에 고착되어있는 점 등은 앞서 살펴본 「반야의 가면」의 쿄키치의 경우와 동일하다.

「반야의 가면」에서 쿄키치가 어머니를 연상하게 하는 가면과의 대면으로 13세에서 7세로 '퇴행'했다면, 상봉이의 시련은 새어머니가 들어오면서 가시화되는데 고난에 직면한 "상봉이는 눈물에 저즌 두 눈을 이리저리 훔치면서 짚신을 끄을고 가만히 가만히[13] 山골작이를 차저"[14]간다. 산골짜기로 들어서는 모습

---

재된 최종텍스로 볼 수 있는 『가톨릭소년』 텍스트 또한 일부 참고하였다.

12) 마해송, 「어머님의 선물」, 『어린이』, 1925년 12월 1일, p.39. 맞춤법은 잡지 게재 원본대로이고 띄어쓰기를 일부 현행 맞춤법에 준하여 고쳤다.

의 상봉이는 어머니가 돌아가신 그 지점인 7살 시기로 '퇴행'을 하고 있다고 볼 수 있다. 이러한 상봉이를 퇴행으로 이끌어가는 직접적인 원인을 제공하는 것은 새어머니라는 존재인데, 새어머니의 이미지는 「반야의 가면」에서 쵸키치가 사로잡힌 가면의 이미지와 겹친다.

> 얼마안이 되야 어머님이 오기는 왓습니다. 그러나 그 어머님은 상봉이를 나으신 상봉이를 가장 사랑하야 주시던 어머님은 안이엿습니다. 상봉이가 날마다 날마다 긔다리던 어머님은 안이엿습니다. 돌아가신 어머님만콤 늙지도 안코 머리도 깜앗코 눈은 가늘고 코는 옷둑한 젊은이엿습니다. 얼골에는 분을 회벽갓치 발으고 머리에는 무슨 칠을 하는지 윤이 반질반질 흘넛습니다.
>
> (…)
>
> 한마듸의 말도 다정스럽게 하야주는 때가 업시 공연히 승을 내고는 어린 상봉이만 못견듸게 따리고 욕햇습니다. 상봉이는 그것이 못견듸게 외롭고 슯헛습니다.
>
> 뒤동산 나무밋헤나 앞냇가 언덕 우에서 남몰으게 늣겨 운적도 한 두 번이 안이엿습니다.
>
> 그럴 적마다 돌아가신 어머님을 생각하고 "어머님! 어머님! 어머님 게신 곳에 나도 가고 십허요!" 하고 소리쳐 울기도 햇습니다.[15)]

---

13) '가만히 가만히' 부분이 『가톨릭소년』 텍스트(1960)에서는 '아장아장'으로 바뀌어져 있다. '아장아장'이라는 표현에서 알 수 있는 것처럼 산골짜기로 들어서는 모습의 상봉이는 8살로 아장아장 걷는 '아기' 시기를 넘긴 나이이지만 유아틱하게 표현되며 이 표현으로도 '퇴행'을 하고 있음을 유추할 수 있다.

14) 마해송, p.39.

15) 마해송, pp.39-40, 밑줄은 본고 연구자.

「반야의 가면」에서의 여자 가면은 표면적으로나 내면적으로나 즉각적으로 '그리움을 불러오는 대상'으로서의 역할을 하지만 「어머님의 선물」에서의 새어머니는 '시련을 주는 대상'으로서의 역할을 하고 있다. 이처럼 그 표면적인 역할은 서로 상반되나 주인공 소년들을 7살 시절로 회귀시킨다고 하는 역할은 공통된다. 또한 「반야의 가면」에서 쵸키치의 아버지는 돌아가신 걸로 나오지만 「어머님의 선물」에서의 상봉이의 아버지는 생존해 있다. 그럼에도 불구하고 소년들에게 있어 아버지의 역할은 두 작품에서 동일성을 띤다. 즉 고독 속에서 헤매는 소년을 위해 두 작품에서의 아버지는 아무런 역할을 담당하고 있지 못하다는 점에서이다. 돌아가신 어머니에 대한 그리움, 계모의 학대에 덧붙여 정신적인 디딤돌이 되어주지 못하는 아버지라는 존재의 희박함으로 인해 상봉이는 그 누구와도 소통되지 못하는 외로움과 고독 속에서 고통스러워하다 산 속으로 들어가게 되고 어머니 무덤을 찾아가는 것이다.

상봉이는 그렇게도 원하던 어머니와의 재회를 무덤에서 이루게 되는데 이 때 어머니가 준 '사과'로 상징되는 '어머님의 선물=사랑'은 다름 아닌 아버지와의 관계 회복의 계기를 가져다준다. 무덤이 갈라지며 나타난 어머니의 영혼은 상봉이를 향해 "너를 혼자 두고 먼저 온 어머니를 너무 원망하지 말아라! 아버지는 너를 사랑하여 주신단다!"[16], "이애 상봉아! 아버지가 기다리신다. 어서 가 보아라!"[17]라며, 상봉이로 하여금 아버지의 사랑을 환기시켜준다. 상봉이가 아무리 "어머니하고 갓치 가요.

16) 마해송, p.42.
17) 마해송, p.42.

나는 아버지 실혀"[18]라고 거부를 하여도 어머니는 "상봉아! 이 속에 잇는 능금은 아버지께 들이고……", "아버지는 너를 기다리신단다!"[19]라며 끊임없이 아버지라는 존재를 상기시킨다.

> 『우지말아! 잘잇거라!』하시는 소리만 들닛습니다. 상봉이는 펄석 주저안즈며 『어머니! 어머니!』하고 불으면서 한참이나 울엇습니다. 그때에 누구인지 『이애 상봉아!』하고 불으는 어른의 소리가 들닛습니다.
>
> (…)
>
> 『아버지!』하고 능금을 내밀며 『이거 어머니가 아버지 들이래요!』하얏습니다. 아버지는 웃으시고
>
> 『어머니가?』하시면서 상봉이를 안으시고 『어서 들어가서 저녁 먹자』하섯습니다.
>
> 『나는 어머님 뵈앗서요』하닛가 아버지는 그래도 작고 웃기만 하섯습니다.
>
> 흘으는 물소리만 고요히 들니는데 밝은 달아래 상봉이를 안고 가시는 아버지의 눈에는 이슬갓흔 눈물이 맺쳣습니다. 상봉이는 아버지의 눈물을 보고 무심중에 『아버지!』하고 불닛습니다.
>
> 『오! 우지 말아!』하시면서 아버지는 뜨거운 뺨을 대어주섯습니다.[20]

일상생활 속에서는 좀처럼 돌파구를 찾지 못하고 있던 부자관계가 새어머니라는 존재로 인해 소년을 퇴행으로 내몰고 그 퇴행의 도착지점인 무덤에서의 어머니와의 재회를 통해 아들과

18) 마해송, p.43.
19) 마해송, p.43.
20) 마해송, p.43, p.49.

아버지는 관계회복의 길로 나아가게 된다. 이 이야기는 퇴행을 통한 관계의 회복을 이야기하며 역시 7살로 고착되어있던 소년을 앞으로 나아가게 하는 통과의례가 담긴 이야기로 볼 수 있는데, 여기서의 새로운 시작은 소년뿐만 아니라 고착되어있던 아버지의 삶에서도 의미를 띤다. 따라서 아들과 아버지의 통과의례가 이 작품에는 동시에 담겨있는 것이다. 이 점에서 이 작품은 통과의례적 관점에서 보았을 때 단절이나 상실이 아닌 관계회복의 메시지가 담겨있다고 볼 수 있겠다.

한편 상봉이와 아버지의 관계를 위한 매개체 역할을 하는 '사과'는 꿈이 아닌 현실에서는 '물' 속에서 상봉이의 손에 의해 건져 올려진다.

> 그리고 졸졸 흘으는 물소리도 가늘게 들녓습니다. 상봉이는 가만히 정신을 차리고 살펴보앗습니다.
>
> 사방은 조용하고 둥근달 그림자만 물속에서 흔들니는데 물속에 잠근 발에 무엇이 걸니는 듯 걸니는 듯햇습니다.
>
> 얼는 내려다 보니 그곳에는 카다란 능금 한 개가 써나려 와잇섯습니다. 상봉이는 『오 이것이 어머님이 주신 능금이구나』하고 그것을 집어 가지고 깃버햇습니다.(「어머님의 선물」)[21]

「반야의 가면」에서도 쵸키치가 강물에 몸을 던졌다가 소생하는 장면이 나오는데, 「어머님의 선물」의 경우는 산골짜기 속의 '물'이 그 역할을 담당하고 있다. 위 인용문에서도 알 수 있는 것처럼 상봉이는 물 속에서 '사과'를 얻고, 쵸키치는 잃었던 생

---

21) 마해송, p.43.

명을 얻게 된다. 통과의례 관점에서 보았을 때 이러한 물이 상징하는 장치는 '소생', '재생', '재탄생'의 의미로 볼 수 있다. 이런 재생의 상징과 더불어 프로이트가 영웅 신화를 예로 "작은 상자에 넣어진 채 버려진다는 것은 분만의 상징적 묘사에 다름 아니다. 작은 상자는 모태이며 강은 바로 양수(洋水)인 것이다. 양친과 자식의 관계는 무수한 꿈속에서 물에서 끌어내거나 강물에서 구원하는 것으로 나타난다."[22]에서 말하고 있는 것처럼 '탄생', '재생'의 상징과 더불어 어머니와 아들 간의 원초적이면서도 근원적인 관계를 나타내고 있다고 볼 수 있으며, 더 나아가 아버지와 아들의 '관계 회복'의 의미 또한 담고 있다고 볼 수 있다.

## 3. 통과해야 할 원초적인 지점으로의 회귀

「반야의 가면」이나 「어머님의 선물」은 이처럼 여러 부분에서 공통성을 지니고 있는데, 통과의례 관점에서 보았을 때 그 무엇보다도 중요한 요소는 소년과 어머니와의 관계이다. 부모 자식 간의 관계는 모든 관계의 근원이 되는 관계이기도 하여 통과의례의 관점에서 보았을 때는 한 인간의 삶과 밀접하게 관련하는 깊이를 지닌다.

앞에서 「반야의 가면」과 「어머님의 선물」의 두 주인공 소년인 쵸키치와 상봉이가 어머니가 돌아가신 시점인 7살로 퇴행하

22) 지그문트 프로이트, 이윤기 옮김, 「인간 모세와 유일신교」, 『프로이트 전집13-종교의 기원』, 열린책들, 2003, p.264.

는 과정을 거치게 됨을 살펴보았다.

하지만 쵸키치처럼 '가면'에 그대로 사로잡히거나, 상봉이처럼 어려움에 직면할 때마다 지금은 없는 어머니를 찾으며 고착된 채로 현실로 다시 되돌아오지 못한 상황이 되거나 외면한다면 위험을 부르게 된다. 그런 의미에서 「반야의 가면」의 쵸키치나 「어머님의 선물」의 상봉이는 심리학적인 의미에서의 '퇴행'을 한 것인데, 여기서 말하는 퇴행은 분석심리학자 칼 융의 기술로 치환하여 말하면 "되돌아가는 길, 즉 퇴행Regression은 어린 시절에 이르고 마침내 어머니의 자궁 안으로 되돌아가게 된다"[23)]라는 의미에 가까운 경우를 가리킨다. 쵸키치나 상봉이는 이처럼 어린 시절의 기억을 회상하고 지금은 현실에 없는 어머니를 느끼게 되고 어머니의 품으로 다시 돌아가는 퇴행을 하고 있다고 볼 수 있다.

따라서 소년들에게 어머니의 존재는 어떠했는지 7살 시점에서의 소년들의 심리 상황을 좀 더 고찰할 필요가 있다. 「어머님의 선물」에서 상봉이의 어머니가, '작년 가을에 우연히 병환이 들으서서 쑴결갓치 돌아가'신 것처럼, 「반야의 가면」에서의 쵸키치의 어머니 죽음 또한 급작스럽게 찾아온다.

쵸키치는 일찍이 아버지를 여의였습니다. 오사카에 있는 동네에서도 훨씬 남쪽에 있는 그 당시 나가

마치라고 불리우던 누추하고 가난한 사람들만 모여 살던 곳으로 쵸키치의 어머니는 부탁받은 바느질

23) C.G. 융, 융 저작 번역위원회 번역, 「이중의 어머니」, 『영웅과 어머니 원형 8』, 솔출판사, 2006, p.268.

> 감 등을 하면서 하나뿐인 아들인 쵸키치가 성인이 되는 것을 볼 낙으로 살았습니다만 그 어머니도 또한 갑작스런 병에 걸려 쵸키치가 막 7살 봄을 맞이했을 때 뜬금없이 이 세상을 떠나고 말았습니다.[24)]

두 어머니 모두 '병'으로 인해 죽음을 맞이하는데, 소년들은 전혀 마음의 준비를 하지 않은 상태에서 어머니의 죽음에 맞닥뜨리게 된다. 즉 이로써 소년들에게는 어머니의 죽음이라는 상황이 현실적으로나 심리적으로 받아들이기 어려운 것이었음을 유추할 수 있다.

> 상봉이의 설음이야 무엇이라고 말하겟습니까! 도라가신 어머님을 흔들며 『어머니 어머니!』하고 불으기도 햇스나 돌아가신 어머님이 엇지 대답을 하시겟습니까 (…) 그래도 상봉이는 아조 돌아가신 줄은 밋지 안엇습니다.(「어머님의 선물」)[25)]

> 그 쵸키치에게는 어찌해도 잊어버릴 수 없는 것이 한 가지 있었습니다. 그것은 7살 때 사별한 저 그리운 어머니의 자취였습니다. 쵸키치의 작은 머릿 속에는 어머니의 저 상냥한 웃음띤 얼굴이 언제까지고 선명하게 남아있었습니다.(「반야의 가면」)[26)]

이처럼 두 소년들에게 있어 어머니는 일종의 '고착'이 되어 소년들이 성장하는 과정에서 시련에 맞부딪히거나, 우연한 사건

---

24) 百田宗治,「般若の面」, 34면, 밑줄은 본고 연구자에 의함.
25) 마해송, p.39.
26) 百田宗治, 「般若の面」, p.34.

에 직면했을 때 언제고 어머니가 돌아가신 지점으로 소년들을 이끌고 간다.

이러케 생각할 사록 의지할 곳이 업시 더욱 외로운 생각만 나서 다시 울음이 복밧쳐 올나서 그만 그 자리에 쓰러저서 참지 못하고 소리처 울엇습니다. 『어머니! 어머니는 왜 오시지 안어요? 어머니는 왜 나를 혼자 두고 가섯서요!』하면서 한참이나 울다가 가만히 정신을 차려보닛가 저는 엇던 조고만 무덤 압헤 업듸여서 그렇케 울엇든 것이엿습니다.

엇더케 놀나고 무서웟는지 벌떡 이러나서 뒤로 물너섯습니다. 사방은 고요하고 으슥한데 그 압을 피하랴하엿스나 도모지 발이 써러지지를 안엇습니다.(「어머님의 선물」)[27]

대장이 어떤 급한 용무를 시켜서 그 일을 마치고 되돌아오는 길에 우연히 지나던 장난감 가게 앞에 진열된 여자 가면 하나가 쵸키치의 마음을 마치 그곳에 못박게 하고 말았습니다. 그것이 어떤 가면인지 쵸키치는 알 수 없었습니다만 그 선명하게 살결이 희고 갸름한 아름다운 여자 가면 중에 쵸키치는 살아있을 때의 자기 엄마 얼굴과 똑닮은 점을 발견했습니다.

특히 그 가늘고 선이 고은 눈썹, 살짝 들어간 볼, 한없는 부드러움을 담뿍 담고 당장이라도 생긋 웃을

듯한 입가, 그것을 보고 있자니 쵸키치의 마음은 저절로 6년전의 옛날로 돌아가 그 엄마 품에 안겨

잠들었던 당시의 달콤하면서도 그리운 심정이 떠올랐습니다.

쵸키치는 그냥 그 앞을 스쳐지나갈 수가 없었습니다…….(「반야의 가면」)[28]

---

27) 마해송, p.41.

따라서 이러한 과거의 고착 상황에서 벗어나고 풀어야할 과정이 필요하게 된다. 그런 의미에서 쇼키치와 상봉이가 직면한 '퇴행'은 성장을 위한 통과의례적인 성향을 띠는데, 퇴행의 그 원초적인 근원지인 어머니로의 회귀는 어느 의미에서 불가항력적인 필연성을 띠는 지도 모른다. 옛이야기인 〈해와 달〉을 분석심리학적 접근으로 분석한 이부영은 모자관계에 대해서 아래와 같이 해석하고 있다.

> 그러면 '어머니와 아이'의 이야기란 심리학적으로 무슨 뜻을 가진 것인가 생각해 보지 않을 수 없다. 母子關係의 측면을 다루고 있다고 할 수 있다. '어머니가 호랑이로 변하고 아이를 잡아먹는'-支配慾과 貪慾에 찬 母性本能의 否定的 側面과 이를 止揚하려는 新生權能(아이들)에 관한 이야기라고 할 수 있고, 여기에 하늘로부터의 救援이라는 宗教的 本能의 役割이 제시된 이야기이다.[29]

이렇게 소년들을 고착시키고 위험에 빠뜨리며 퇴행으로 이끈 어머니들이었지만, 소년들은 그러한 어머니와의 대면을 통해 결국에는 고착에서 풀려나 다음 단계로 이행하는 계기를 맞이하게 된다.

---

28) 百田宗治, 「般若の面」, p.34.
29) 李符永, 「分析心理學과 民譚解釋」, 『韓國民譚의 深層分析-分析心理學的接近-』, 집문당, 2000, p.37.

## 4. 퇴행점이 되는 연령대가 내포한 의미

이처럼 두 편은 모두 상징성이 강하고, 인간의 내면세계가 그려진 작품들이라 할 수 있는데 '일곱 살', '열세 살' 전후가 통과의례의 관점에서 보았을 때 중요한 전환점이 되는 나이임을 알 수 있다. 앞에서 기술한 대로「어머님의 선물」에서 현재의 상봉이는 8살, 퇴행하는 나이는 7살,「반야의 가면」의 쵸키치의 경우 현재의 나이는 13살, 퇴행해가는 나이는 상봉이와 같은 7살이었음을 알 수 있었다.

「어머님의 선물」의 "올해에 겨우 여덜살된 아조 어린이인"[30] 상봉이는 아주 '서러운 마음'에 산속으로 들어서며, 7살 때 병으로 돌아가신 어머니의 무덤을 찾아가, 무덤에서 나온 선녀와 같은 어머니와 해후를 하게 되는데, "계모에게 매맛고 쏫겨난 어린 상봉이는 밤이 이슥도록 압내ᄭᅡ 언덕에서 덧업는 ᄭᅮᆷ을 ᄭᅮ고 잇섯든 것임니다."[31]에서 알 수 있는 것처럼 이러한 일련의 사건은 사실은 꿈이었음을 알 수 있다.

칼 구스타브 융은「무의식에의 접근」이라는 글에서 인간이 꾸는 꿈을 분석하며, "우리가 무의식이라고 부르는 것은 근원적인 마음의 일부를 구성한 원시적 특성들을 보존해 온 것 같다. 꿈의 상징들이 항상 언급하고 있는 것이 이와 같은 특성들이다. 마치 마음이 발전하면서 그 자체로부터 떨쳐버린 모든 옛것들-환상, 공상, 고태적 사고 형태, 기본적인 본능 등-을 무의식이

---

30) 마해송, p.39.
31) 마해송, p.43.

되돌려 주려고 찾아나선 것 같다."[32]라고 기술하고 있다. 「반야의 가면」에서 가면에 집착하며 7살 어린 시절 기억 속으로 빠져드는 쵸키치의 경우나, 「어머님의 선물」에서 꿈이라는 설정을 통해 어머니와 재회하는 상봉이의 경우 융이 언급하고 있는 위 상황과 일치한다고 볼 수 있겠다. 융은 같은 책에서 '여덟살 여자아이'가 꾼 꿈을 예로 "어린이들이 산출하는 원형은 특별한 의미를 갖는다. 왜냐하면 어린이가, 그 내용과 관련이 있는 전통과 직접적인 접촉이 없었다는 것이 거의 확실할 때가 많기 때문이다"[33]라고 언급하면서 아래와 같이 말하고 있다.

> 그 꿈은 의심할 것 없이 '집단적 상'을 내포하고 있다. 그리고 그것들은 원시종족에서 젊은이들이 성인이 되고자 할 때 그들에게 주는 가르침과 어느 면에선가 비슷하다. … 〈중략〉 …
>
> 그 꿈이 그 아이에게 밝혀주고 있는 것은 이런 생각들이다. 그것은 원시인들이 성인식에서 들려주는 이야기나 선불교의 공안과 같은 짧은 이야기로 표현된 죽음의 준비였다. 이 죽음의 메시지는 정통적인 기독교 교리와는 다르며, 오히려 고대의 원시적인 생각과 같다. 그것은 역사적 전통 밖에 있는 오랫동안 잊혀진 정신적 원천에서 나온 것 같다. … 〈중략〉 …
>
> 그것은 마치 정상적으로 잠복해 있다가도 때때로 운명적인 사건이 다가옴을 묘사하거나 동반하는 어떤 사고의 형태가 어린 마음 속에서 일어남으로써 미래의 사건이 그들의 그림자를 뒤로 향해 드리우는 것과도 같은 것이다.[34]

---

32) 칼 구스타브 융 편, 이부영 외 역, 「無意識에의 接近」, 『人間과 無意識의 象徵』, 집문당, 1983, 99-100. 일부 본문의 한자를 한글로 고쳤다.

33) 융, 같은 책, p.73.

통과의례의 관점에서 보았을 때 「어머님의 선물」의 상봉이 또한 융이 「무의식에의 접근」에서 언급한 여덟 살 소녀와 동일한 나이임을 생각할 때, 이러한 원시적인 '성인식'과 관계가 있는 지도 모른다. 하지만 융이 언급한 소녀는 열 한 살 경의 어린 나이에 전영병[35]으로 사망하고 있다. 사망하기 몇 년 전 꿈을 통해 소녀는 이처럼 원형적이고 원초적인 경험을 하고 있는 셈인데, 어찌되었던 그 꿈을 꾸고 몇 년 뒤 사망한 소녀의 경우에서 알 수 있는 것처럼, 통과의례의 관점에서 보았을 때 예닐곱 살의 소년소녀들이 직면한 심리적인 상황은 비약적인 변화와 성장을 내포하고 있음을 알 수 있다. 그렇기 때문에 또한 죽음이나 병 등 신체적으로 위험에 처하는 상황 역시 동반함을 유추할 수 있다. 또한 「반야의 가면」이나 「어머님의 선물」의 죽음의 위험이나 고난은 떨쳐버리지 못하고 있는 과거, 미숙함, 유약함, 유치함과의 결별을 상징하고 있다고도 볼 수 있겠다.

「반야의 가면」의 쵸키치가 퇴행하는 현재 시점인 13세 또한 상봉이와 소녀의 예닐곱 살 이상의 무게를 가진다. 『13歲論』[36]

---

34) 융, 같은 책, pp.74-76.

35) 융, 같은 책, p.69, p.72를 보면, "어느 날 그는 그의 열 살 난 딸이 크리스마스 선물로 준 손으로 쓴 조그만 공책을 나에게 가져왔다. 그 공책에는 그녀가 8살 때 꾸었던 一聯의 꿈이 적혀있었다. 그 꿈은 내가 본 것 중에 가장 怪異한 꿈들이었다. (…) 그녀는 외국에서 살았는데 그해 크리스마스가 1년쯤 지났을 때 전염병으로 사망하였다."라는 문장이 보인다. 융은 책에서 소녀가 몇 살 때 사망했는지를 밝히고 있지 않지만, 이들 문맥을 통해 소녀가 10살에서 11살 사이에 사망했음을 추정할 수 있다.

36) 村瀬学, 『13歲論;子どもと大人の「境界」はどこにあるのか』, 洋泉社, 1999년 2월 26일.

이란 저서 제목에서 알 수 있듯이 13세를 맞이한 소년소녀의 심리를 탐구해온 일본의 아동문화연구자인 무라세 마나부는 「마의 '13세'론」이란 글에서 사춘기로 접어든 소년소녀들의 몸이 변화를 보이는 이 시기에 대해 "이러한 현상을 변신(Metamorphose)으로 생각해보면 거기에 나타난 현상은 바로 하나의 완결체를 향해 농익은 것이 그 경계에 달해 스스로의 완결성을 균열시키기 시작하며 내부를 재생, 재건, 재편성하기 시작하는 과정이라고 볼 수 있다."[37]고 언급하고 있는데, 동화 속에 등장한 소년들의 심리 또한 같은 맥락에서 보아도 될 것 같다.

이런 면에서도 통과의례 관점에서 보았을 때 어쩌면 이 시기가 가장 난해하면서도 중요한 시기에 해당함을 말해주고 있음을 알 수 있으며, 우리들 인간의 일생에서 어느 특정한 나이에 통과하는 지점이 되는 연령은 예로부터 특수한 성장, 재생의 폭발적인 힘을 내재하고 있음을 살필 수 있다.

한국의 융학파 분석심리학자인 이부영은 "원시사회의 성인식 Initiation이나 샤마니즘 사회에서의 주의(呪醫)(샤만 shaman)의 입무식이 어쩔 수 없는 소명에 의해서 고통과 죽음과 재생의 과정을 밟아야"[38]하고, "샤만이 될 사람은 일종의 소명으로서의 고행을 치르지 않으면 안 된다. 그것은 원시 종족에 널리 인정되고 있는 성인과정에서 보는 세 가지 단계, 즉 고통과 죽

---

37) 村瀬学, 「魔の「13歳論」論ー'ない'を体験する季節ー」, 『未形の子どもへー人生四苦八苦からー』, 大和書房, 1989년 2월 10일, pp.79-80.

38) 이부영, 「마음의 구조와 기능」, 『개정증보판 분석심리학-C.G. Jung의 인간심성론-』, 一潮閣, 1998, p.122.

음과 재생의 과정을 거치는 일이었다."[39]라며, 원시사회에서의 샤만의 성인의식을 예로 '고통', '죽음', '재생'에 대해 언급하고 있다. 특히나 7세·13세라고 하는 인간의 성장 과정에서 어떤 특수한 연령대에 위치하는 지점이 그러한데, 「어머님의 선물」과 「반야의 가면」의 소년들이 보이는 퇴행의 일련 과정을 접목시킬 때 접목되는 부분이 있다고 할 수 있겠다.

## 5. 제도로서의 이니시에이션의 상실과 퇴행의 의미

일본의 분석 심리학자 가와이 하야오는 「이니시에이션과 현대」라는 글에서 '통과의례(Initiation)'에 대해 "그것은 아주 복잡한 의례이며 그 하나하나를 직접 체험할 필요가 있다"[40]고 전제하며, 근대 이전의 사회에서는 "인생의 각 시기마다 이니시에이션의 의례가 행해져 사람들은 거기에 참가하는 것으로 인해 자신의 변화를 '체험'할 수 있었다"[41]고 강조한다. 그러면서 근대사회의 특징을 "고대부터 있어왔던 이니시에이션의 의례를 소실한 점"[42]이라고 언급하고는 아래와 같이 덧붙이고 있다.

> 제도로서의 이니시에이션은 근대 사회에서는 소멸했다. 하지만 인간의 내적 체험으로서의 이니시에이션의 필요성은 없어진 것은

39) 이부영, 같은 책, p.339, 원문에 있는 일부 한자와 반복되는 영자는 본고에서는 생략했다.

40) 河合隼雄, 『<心理療法>コレクションⅥ 心理療法入門』, 岩波書店, 2010, p.55.

41) 위와 같음.

42) 위와 같음.

> 아니다. 여기에 현대인의 삶의 문제가 발생한다. 어린이가 어른이 된다는 것은 실로 힘든 일이다. 그렇기 때문에 고대에는 사회가 전면에 나서서 심혈을 기울여 각각의 사회나 집단이 그에 어울리는 이니시에이션의 의례나 제도를 확립시켜 왔다. 그것을 잃어버렸기 때문에 개인이 감당해야할 부담은 아주 무거워졌다. 말하자면 각각의 사람이 각각의 이니시에이션을 자신 면전에서 자기 스스로 만들고 연출할 수 밖에 없게 되었다.[43]

이처럼 본고에서 다룬 동화들은 '고대 때부터의 통과의례의 상실'의 시기에 창작된 작품들이며, 이와 더불어 서양적 가치관과 새로운 제도의 도입이나 과학문명이 동양 사회에 새로운 대안으로 부상한 근대 시기에 쓰여진 작품들이다.

그런 의미에서 심리학적인 비평을 접목시켜 고찰한 「어머님의 선물」과 「반야의 가면」은 '이니시에이션'이 그려진 작품들로 볼 수 있다.

한편 이들 두 편에는 공통적으로 어린 시기로의 회귀가 그려져 있었는데, 본 연구자는 '퇴행'이라는 용어를 차용했다. 어린 시기로의 회귀가 의미하는 것을 좀더 고찰해 볼 필요가 있겠다.

> 어린이는 몸이 작고 의식의 사고가 빈곤하고 단순하기 때문에, 우리는 유사 이전의 정신과의 근원적인 동질성에 기초를 두고 있는 유아의 마음이 굉장히 복잡하다는 것을 인식하지 못한다. 그 '근원적인 마음'은 인류의 여러 진화 단계들이 태아의 신체 속에 이미 존재하고 있는 것과 똑같이 어린이에게 남아 있어, 여전히 작용을 발휘하고 있다.[44]

---

43) 앞의 책, p.63.

어린이를 다루는 그 자체가 어쩌면 바로 잃어버리거나 상실한 근원적인 세계로의 접근을 말하고 있다고도 볼 수 있겠다. 이러한 시기에서의 아동문학작가들에 의한 '동화' 집필은 융이 언급했듯이, "유아기 기억의 회상과 정신 행동의 원형적 방법의 재현은 보다 넓은 시야와 보다 큰 의식의 확장-만약 우리가 상실한 것과 새로 얻은 내용들을 의식의 마음에서 동화하고 통합하는 데 성공한다면-을 창조할 수 있다."[45]처럼 작가들에게는 어떤 의미에서는 동화 집필이라는 예술 활동을 통해 그러한 상실을 메꾸어 보다 나은 삶을 구현하고자 하는 욕구의 발현이었는지도 모른다.

프로이트는 인간은 살면서 유아기나 어린 시절의 특성 성향으로 퇴행하는 것을 보여준다며, "좀더 정확히 말하면, 이 경향이 가능성의 형태로 여전히 존재하며, 언제든지 퇴행이라는 방법으로 정신적 에너지를 공급받아 다시 활동할 수 있음은 분명하다"[46]며 퇴행을 통한 에너지의 회복에 대해 언급하고 있는데 본고에서 고찰한 「반야의 가면」과 「어머님의 선물」의 경우가 여기에 해당한다고 볼 수 있다.

'퇴행', '회상'의 의미를 계속해서 융의 분석을 빌러 작품에 적용해보면 "이와 같은 회상은 프로이드가 오래 전에 간파한 것처럼 어떤 경우에는 현저한 치유적 효과를 가질 수 있다."[47]처럼 「반야의 가면」나 「어머님의 선물」의 경우는 죽을 위험에 처해

---

44) 융, 위의 글, p.100.
45) 융, 위의 책, p.102.
46) 프로이트, 김석희 옮김, 「집단심리학과 자아 분석」, 『프로이트 전집 15- 문명 속의 불만』, 열린책들, 1997, p.162.
47) 융, 앞의 책, p.102.

한 소년은 재생을 하게 되고, 시련에 처한 한 소년의 경우 관계 회복을 향한 새로운 시작으로 이어가고 있다고 볼 수 있으며 이를 통한 내면 성장을 통한 새로운 출발로 이끌어가고 있다.

## 6. 나오며

지금까지 1920년대에 발간된 문예잡지 『어린이』와 『도우와』에 게재된 동일한 모티프를 띠는 두 편의 동화인 모모타 소우지의 「반야의 가면」과 마해송의 「어머님의 선물」을 통과의례의 관점에서 고찰했다. 더불어 「어머님의 선물」의 주인공인 상봉이와 「반야의 가면」의 쵸키치, 이 두 소년과 어머니와의 관계, 소년들이 퇴행하는 연령대에 초점을 맞추어 심리학적 비평방법론을 적용하여 살펴보았다. 전환기에 해당하는 7살 시점에 맞이한 급작스러운 어머니의 죽음이 소년들의 내면에 고착된 상태로 남아, 위기 상황에 직면했을 때 소년들을 어머니의 사망 시기인 원초적인 시점으로 퇴행시키고 있음을 알 수 있었다. 소년들은 자신들을 퇴행으로 이끈 그 근원적인 시점으로 회귀하여 어머니와의 재회(「반야의 가면」의 가면, 「어머님의 선물」의 꿈속에서의 선녀)를 통해 위험에 처하거나 죽을 고비에 맞이하지만 그에 직면함으로써 7살 시절의 고착에서 풀려나 다음 단계로 이행하고 있음을 알 수 있었다. 계속해서 소년들이 인생의 전환점이 되는 특수한 경계점에 해당하는 연령대에서 경험하는 일련의 체험을 통해 통과의례를 거치며 비약적인 변화와 성장을 감행하고 있음을 알 수 있었는데, 이는 인생의 다음 단계로의 이행이나 편입을 위한 재편성, 재생, 재건, 재탄생을 위한 내적 체험이었음을 확인할 수 있었다.

1920년대 초에 아동문예잡지 한국의『어린이』와 일본의『도우와』에 발표된 동화 속에서 동일한 모티프나 동시대적인 발상이 발견되는 것은 지금까지 언급한 특성을 비롯해, 특히 한국과 일본에서 창작 동화가 집필되기 시작하는 시기였다는 점, 제도로서의 통과의례가 소실된 시기였다는 점 등이 각각의 동화 속에 반영되어 있기 때문이었음을 고찰 가능했다.

아울러 통과의례에 관련된 관점에서 생각할 때 인간의 보편적인 삶이 지속되는 한, 시대적인 배경이 유사한 모습이 되풀이 될 경우, 동화들 속에서 보여준 그런 내적 체험을 통한 성인식, 성장과정 및 심리 상태는 어느 특정 시기에만 해당되는 것이 아니라 지금 우리들의 모습에서도 계속되고 있는 모습일지도 모른다.

## 〈참고 문헌〉

1. 기본 자료

百田宗治, 「般若の面」,『童話』(제2권 제2호), 1921년 2월.

마해송, 「어머님의 선물」, 『어린이』(3권 12호), 1925년 12월.

2. 논저

関英雄, 『児童文学論』, 新評論社, 1955.

『雑誌『童話』復刻版別冊《解説・執筆者一覧》』, 岩崎書店, 1982.

칼 구스타브 융 편, 이부영외 역, 『人間과 無意識의 象徵』, 집문당, 1983.

C.G. 융, 융 저작 번역위원회 번역, 『영웅과 어머니 원형 8』, 솔출판사, 2006.

프로이트, 김석희 옮김, 『프로이트 전집 15 문명 속의 불만』, 열린책들, 1997.

지그문트 프로이트, 이윤기 옮김, 『프로이트 전집13 종교의 기원』, 열린책들, 2003.

村瀬学, 『未形の子どもへ一人生四苦八苦から一』, 大和書房, 1989.

______, 『13歳論;子どもと大人の「境界」はどこにあるのか』, 洋泉社, 1999.

河合隼雄, 『昔話の深層 ユング心理学とグリム童話』, 講談社+$\alpha$ 文庫, 1994.

________, 『<心理療法>コレクションⅥ 心理療法入門』, 岩波書店, 2010.

李符永, 『개정증보판 분석심리학-C.G. Jung의 인간심성론』, 一潮閣, 1998.

______, 『韓國民譚의 深層分析-分析心理學的接近』, 집문당, 2000.